スウィングの90%は
球を打たずに
マスターできる

練習は
インパクトゾーン
だけでいい!

栗林保雄・著

時間のないアマチュアゴルファーがいつも80台!
それにはこんな秘訣があった。

目次

はじめに　8

第1章　今までのゴルフ理論は「理論」ではなかった　11

スウィングは「ねっこ」を比べなければわからない……12
ヒッティングの習得《しゅうとく》が上達《じょうたつ》への最短コース……14
フルスウィングの練習があなたのスウィングを破壊している……14
動画を見ても動作はわからない……16
【実験1】右肘《ひじ》の位置と向きで「飛ぶ」「飛ばない」……18
トップで右脇を開けることは飛ばす秘訣の一つ……20
【実験2】スライスの根本原因《こんぽんげんいん》は強大な力を誇る身体の回転だった！……22
身体の回転＋ピストンスナップがゴルフの神髄だ……24
【実験3】小さな動きで脅威の飛距離　ピストンスナップ……26
手のバック動作を側面から見る……28
左手は自分の「思わく」より遠い位置を通す必要がある……30
スナップバックは「上まわり軌道」……32

【実験4】「上まわり軌道」で理想の軌道が現れる……34
〝軸〟は根が深かった……36

第2章 グリップは握らない 39

クラブは握らない。ただ支えるだけ……40
アドレス時の基本形グリップ……42
左右別々のパーフェクト・グリップ……44
ピストンと腕振りのグリップの違い……46
下コックを生かす左右のグリップ……48
クラブを両手で支える……50

第3章 グリップの「働き」 51

ピストンスナップの実態……52
右手（右前腕）の動きを作る単純動作……54
左腕の「突《つ》っ支《か》い棒《ぼう》」でスライスを撲滅《ぼくめつ》……56
左手と左腕《さわん》の動作……58
【実験5】ボールペンでスナップを実感……60
【実験6】グリップの呪縛《じゅばく》を解《と》く……62

前腕（手首）の左捻りはプラスの速度を生む……64

第4章 スウィングの中枢《ちゅうすい》 ヒッティング 67

同じ速さで「強い速さ」と「弱い速さ」……68
ヒッティングの構え……70
アドレス前傾姿勢《ぜんけいしせい》の法則（前傾姿勢の絶対条件）……72
ヒッティングに必要な八つの動作……74
右ヒップターンでバックスウィング……76
【実験7】「右膝下右捻《みぎひざしたみぎねじ》り」を体感する……78
直角にした右足と右軸に合わせた右膝を、右下半身をまわす礎《いしずえ》にする……80
まずはウェッジで、スウィングの中枢「ヒッティング」をマスターする……82
腰はまわさない　足（下肢《かし》）で動かす……83
手や腕が身体の仕事を奪《うば》ってはならない……84
手や腕を振らなくても打面《フェース》の向きは自動的に制御される……86
手の向きと打面《フェース》の向きは同調している……88
手や腕を振らない切り返し……90
右ヒップターン逆転に続けて左ヒップターンで更に加速……92
身体の回転がクラブを平面《へいめん》から追い出す……94

口に出して「右・戻す・左」テンポ・リズム・タイミングを覚える練習 96
手を動かす「かんどころ」 98
別々に働く、左右の腕 100
神の領域は分水嶺（左軸）が支配 102
一流プロゴルファーのグリップはなぜ、身体の遠くを通るのか 104
切り返しを手で行わない特訓 106
クラブヘッドを加速する仕組み《メカニクス》 108
「肩と両手」二つの滑車で飛ばす 110
ヒッティングの距離感を養う 112
合わないライ角《かく》がスウィングを破壊《はかい》へ導《みちび》く 114

第5章 フルスウィングとヒッティングの違い 117

フルスウィングは胸の回転を追加 118
フルスウィングは多段加速 120
ドライバーで構《かま》える 122
バックスウィングは四つの運動で行う 124
フルスウィングの手や腕の動作 126
バックスウィングにおける手や腕の役割 128

手や腕の動作を頭に焼き付けるドリル……130
左肩甲骨《けんこうこつ》の遊びをなくす「飛ばしのわざ」……132
頭の高さと腰が回る量の関係……134
飛ばしの主力《しゅりょく》「胸をまわす」……136
胸の右回転に同調して両肩と「右手右肘」を一緒に上げる……138
真っ先に覚えたい三つの「原動機」……140
加速動作はバックスウィングの終盤にすでに始まっている……142
ダウンスウィングの前半……144
「クラブを立てる」本当の意味……146
オンプレーンの状態を作るコツ……150
切り返しから左右前腕《さゆうぜんわん》左捻《ひだりねじ》り……152
切り返しは右ヒップターン逆転で開始……154
フルスウィングの左ヒップターンは突然、止まってしまう……156
フルスウィングの中枢《ちゅうすう》はヒッティング……158
【実験8】困ったことに「平面」は見えない……160
左力点を胸の回転と左肩で引き寄せる……162
左力点に働く物理現象……164
直線軌道の秘訣……166

神の領域はまさに本能と理性の闘い……168
身体の回転と手の動きは、正反対の事をしなくてはならない……170
インパクトゾーンの軌道……172
なめらかに減速し、フィニッシュへ導く……174
フルスウィング練習のまとめ……176

あとがき 178

参考資料 181

体重配分で球筋《たますじ》の高低《こうてい》を変える……182
スウィングプレーンの概念《がいねん》……184
手や腕の動作について……186
スライスの主な原因……188

はじめに

題名の『練習はインパクトゾーンだけでいい！』について

本書は、ゴルフ開闢《かいびゃく》以来の謎であった〝ゴルフのねっこ〟ともいうべき「見えない動作」や「知られざる動作」を解き明かしたものです。

これらの必須動作を、まずはボールを打たずに個々にマスターし、その上でもっとも重要な「ヒッティングエリア」（インパクトゾーン）の練習をしていただきたい。その強い思いから「練習はインパクトゾーンだけでいい！」という題名となりました。

スウィングを構成する小さな動作の詳細な解明自体がすべて新発見なのですが、その動作を一つひとつマスターし繋《つな》げていくことでスウィングを習得する方法も、まさにイノベーションではないかと自負しております。

本書では、加速の仕組みとそのために必要な動作を具体的に解説していますから、間違いなくもっと飛ぶようになります。アマチュアの最大の悩みであるスライスも、多数の原因とその具体的な対策を明らかにしているので、確実に直すことができます。

さりとて、スウィングの習得が簡単だとは申しません。しかしながら「今も昔も暗中模索《あんちゅうもさく》の状態」を、本書が唯一《ゆいいつ》打開したといえるのです。

頂点を極めた哲人や帝王は最もやさしい方法でボールを打ち、アマチュアは最も難しい方法でボールを打っています。

　哲人ベン・ホーガンは「ゴルフは単純、それを知るには時間がかかる」と述べ、「打ち方」を知れば、驚くほど簡単で如何《いか》に単純かを語りました。そのホーガンや、帝王ジャック・ニクラスでさえも、クラブヘッドを動かす際の「加速・軌道・打面開閉」を三位一体《さんみいったい》でコントロールする「仕組み」を解明できなかったし、それは現在にいたるも明らかにされていなかったのです。

　本書は、その仕組みと詳細な動作をできるだけ辞書にのっている言葉で判りやすく説明することに努めたものです。ゴルフ特有の内容不明の言葉を避けなければならず、言葉の紛れを防ぐために医学用語などもほんの少し使わざるを得ませんでした。

　一例ですが、飛行機を説明するときにエンジン、プロペラ、胴体、主翼、尾翼、燃料、空気、などの言葉がなければ、説明することも作ることもできません。ゴルフについては、スウィングの説明に必要なそれらに相当する言葉が元々なかったのです。

豪打を放つ優雅なスウィングに腕を振る動作は禁物

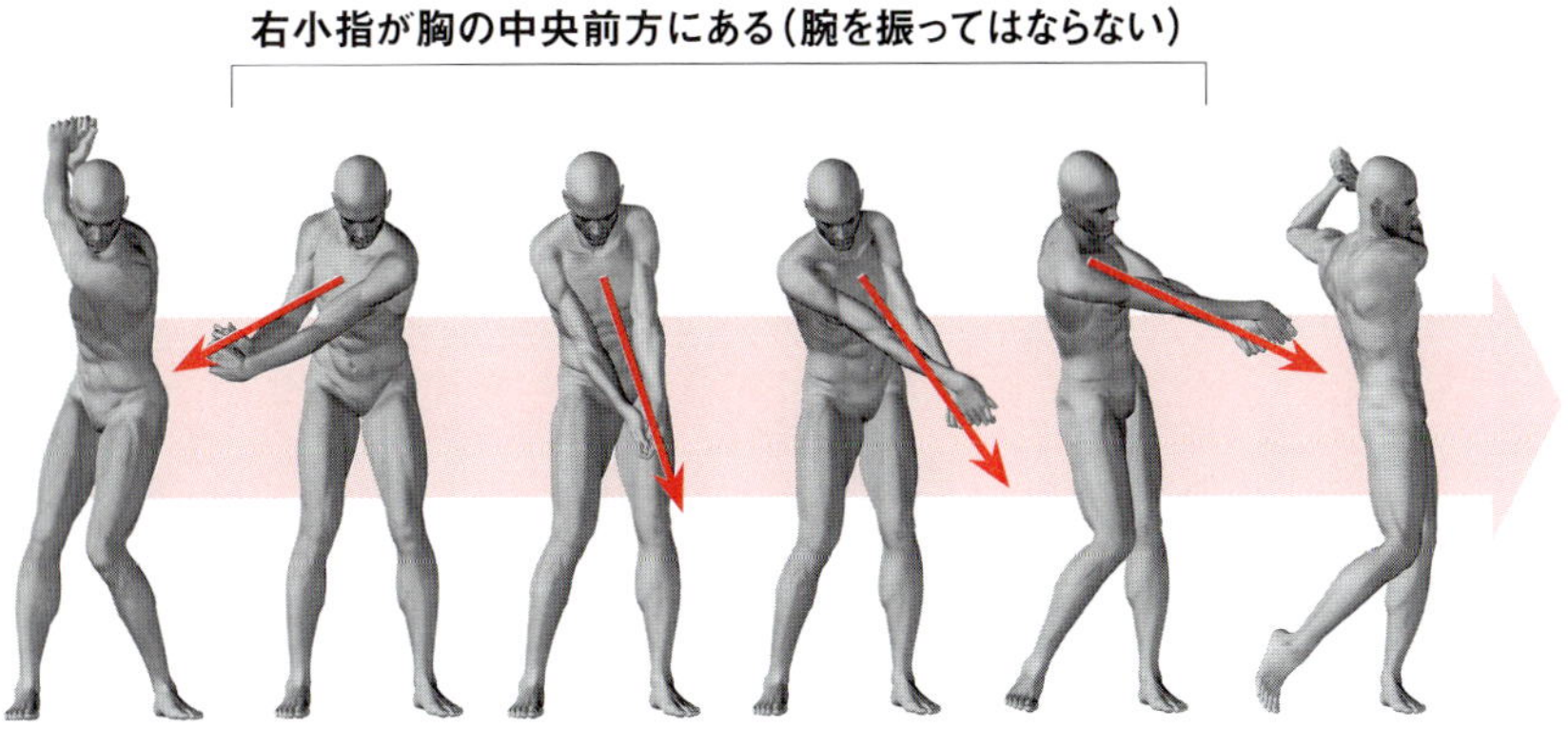
右小指が胸の中央前方にある（腕を振ってはならない）

身体の回転を主力にクラブを動かす。それは読み進む中で明らかになります

その実態は、身体をまわすことや、手・腕・肩を動かすことや、クラブヘッドを加速する仕組みについては、何も判っていなかったと述べた方が早い。

さらに、上達を阻《はば》んだ根の深い問題は、スウィング理論と呼べるものが無かったことです。明らかに間違った「理論らしきもの」を誰かが述べても、誰もそのことに敢《あ》えて触れようとしません。それはゴルフに関心のある力学や運動学の有識者にとっては容易に否定できるものなのです。しかし、否定するときには正論を述べなければならず、それを見いだすことが困難で沈黙しているにすぎません。それが現実で、その傾向はまだ少しは続くことでしょう。

前著「遅く始めたゴルファーは『型』から入れ！」（ゴルフダイジェスト新書）や「ゴルフ潜在《せんざい》軌道理論」（日本経済新聞出版社）は理論に光をあてたものです。本書は「動作」を浮き彫りにしたもので「具体的で詳細な動作」と「加速する仕組み」が整合している唯一の「規準スウィング」を解説したものです。そこに示した動作そのものは、原理や摂理《せつり》を外さない範囲で各個人に違いがあって良く、それは当然なことであり、各個人の身体は微妙に異なるからです。

お読みになると同じ文言が繰《く》り返し出てきます。それは繰り返し読むことでシナプス（脳が運動信号を受信や発信をする端子）の早期連係を計る狙《ねら》いもあるのです。スウィングは動作の全てが絡《から》み合って連動しています。たとえ判らないところがあっても巻末まで一気に読み通してから第1章へお戻り下さい。本書は、上達するための手引《てび》き書ですが、ゴルフの実態や現状を知るための「読み物」としても重要な役割を果たしています。

頁《ページ》を頻繁《ひんぱん》に繰らなければならないことを、ご容赦下さい。

著者　栗林保雄

第1章

今までのゴルフ理論は「理論」ではなかった

物理学が理論物理と
実験物理に分かれているように、
ゴルフも理論と実践（実験）が
クルマの両輪の関係で
進歩していかなければならない。

スウィングは「ねっこ」を比べなければわからない

ゴルフの摩訶《まか》不思議は、「ボールを打つ作業はできる」のに一流プロや彼らを指導するティーチングプロでさえもクラブヘッドを加速する「仕組み」と「その作業」を説明できないことです。

従ってスウィングは、各人が工夫をして何とか打てるようになった一人一派のスウィングになり、その状態が百年も続いているのです。その各人が思いつくままに打ち方を説明しようとしてきたのです。

そこから生まれてきたものは特定部分の方法論のみで、しかもその中には無意識の動作さえも含まれている。ですから後続者はあまりにも情報量が少なすぎて上達できない（ヒントや示唆のみ）。

スウィングは身体全体に配置された各動作（力を発揮する仕組み）が絡《から》み合い、連動しています。それぞれの動作には異なる役割があるのに解き明かされていません。

それを厳しく述べるなら、従来のゴルフレッスンの全ては、スウィングの三大要素である「加速、軌道、打面《だめん》開閉」と「動作」との因果関係を示せずにいるのです（打面開閉＝クラブフェースのオープン・クローズ）。

それゆえに、ゴルフスウィングは〝神秘のベールに包まれている〟とか〝インパクトゾーンは神の領域〟とまでいわれ、詳細な動作の解明を退《しりぞ》けてきたのであり、腕振りスウィング（手打ち）がいつの間にか常識のように定着してしまったことは、ある意味でやむを得ないことだったのかも知れません。だからこそ「動作」が合理か非合理かを判断する材料、あるいは規準スウィングの確立が急がれるのです。

何事もそうであるように、その本質を見極めるには一つだけを知ってもその「良さ」「悪さ」がわかりません。それは異なる二つを並べ、比べて初めてわかるものなのです。ゴルフについては、残念ながら二つを比べるチャンスがなかったと断言します。

もちろん世界ランキング上位者のスウィングと、他のスウィングを映像で比べることは容易です。

しかし、それらは外見的なものばかりです。内面的な見えない「ねっこ」は比較しようもなく、良くも悪しくも映像で捉《とらえ》えたスローモーションや立体映像など肉眼で見えることに限られています。

その捉え方には重大な見落とし（欠陥）があって、スウィングで最も重要な「ねっこ」の部分で比較検討されたことはありません。その善し悪しで違いを知らなければならないのです。

身体をまわす強大な力は、肩や腕や手やクラブを含めて「まるごと一括」でまわします。その力がクラブヘッドを進める方向は、「クラブヘッドが走るべき平面」となんらの関係もありません。身体をまわす強大な力はクラブヘッドをボールの方へは動かしてくれないのです。それなのに、身体を強くまわさなければボールは飛んでくれない。その矛盾を解決しなければなりません。

ねっこの解明は、新旧を問わず世界中のあらゆる「名だたる打法」を合理的に修正することをも可能にしたのです。

「腕を振った」スウィング

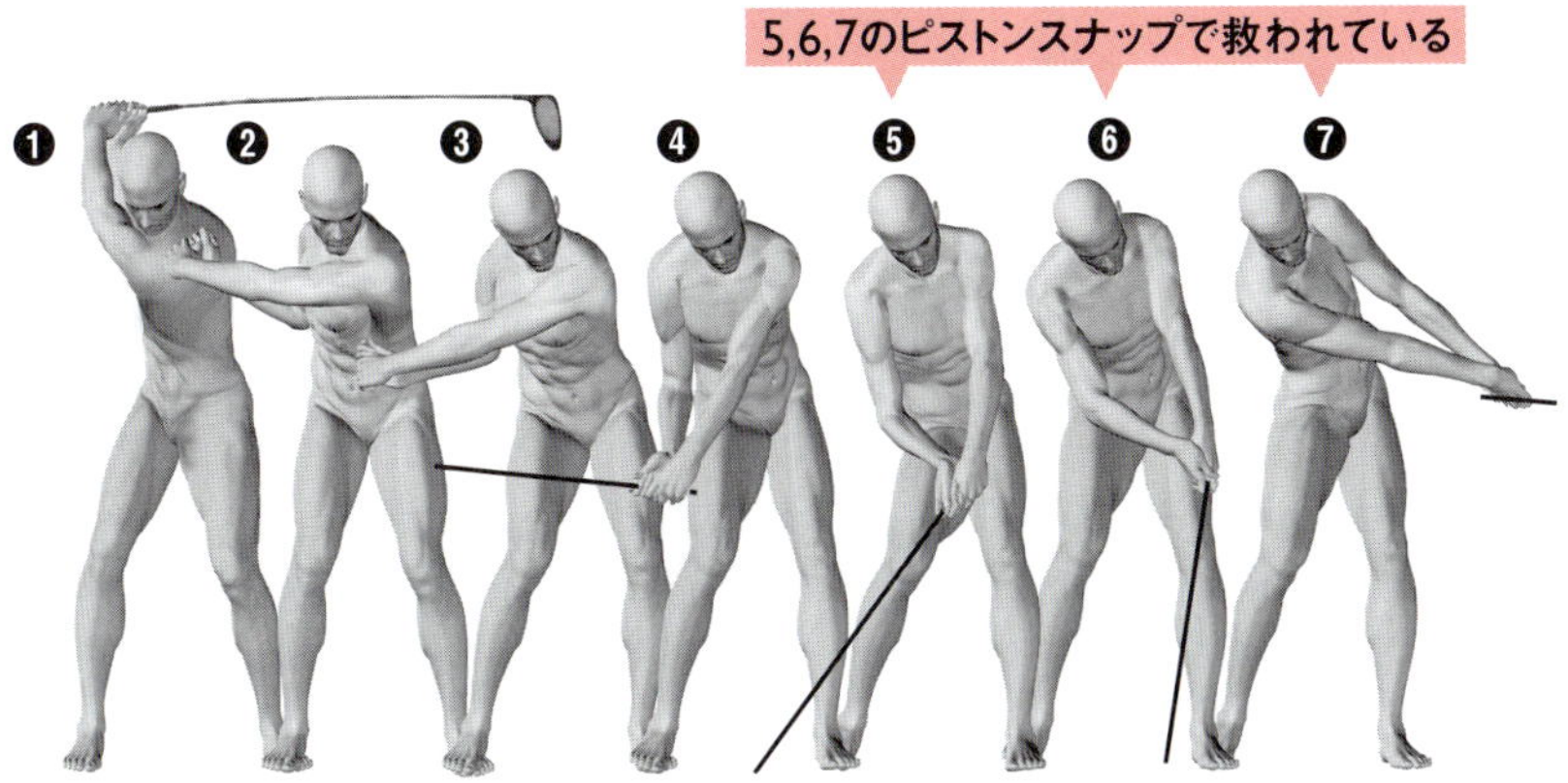

イラストは、とある世界ランキング上位者のスウィング。本来の①～⑥は下半身の捻転を主力にしてクラブを動かさなければならない。③～⑦では右手小指が胸の中央前方にあるべきで、⑤～⑦で胸（体幹）をまわしながらピストンスナップを行わなければならない。このスウィングは①～⑥で腕を主力にしてクラブを動かしている

ヒッティングの習得が上達への最短コース

最短期間で上達し、遠くへ飛ばすにはどうすればよいか。

答えは簡単明瞭です。〝神の領域〟とまでいわれ、誰にも説明できなかった左図の身体全体の〝詳細な動かし方〟を本書で覚えてしまえば良いのです。

ヒッティング
手を振る動作があってはならない

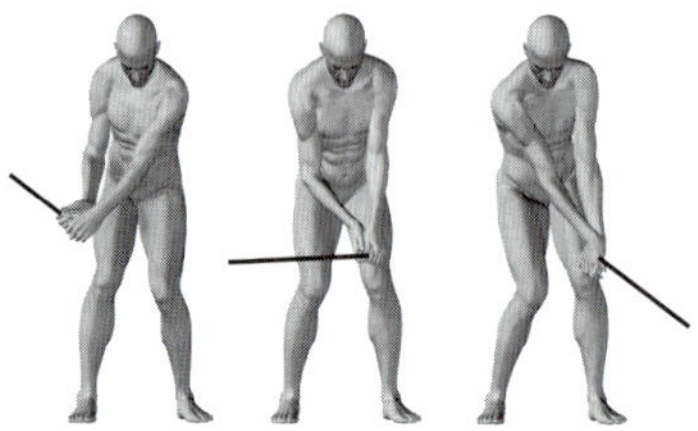

ここは、区間を表す言葉はあっても、その作業を表す言葉はなかったのです。なぜなら、ボールを打ち抜く作業がどのような仕組みでクラブヘッドを加速しているか、それを解き明かせなかったし、まして「幾多の動作」を言い表す言葉は作りようがなかったのです。

そこで、ボールを打ち抜く作業を「ヒッティング」と呼ぶことにすると、構えてからボールを打ち抜くまでの各区間ごとの「作業の名称」が出揃います。

フルスウィングは、アドレスしてバックスウィング、ダウンスウィングに続くヒッティングで、クラブヘッドを加速する作業は終わり。あとはフィニッシュへ導く「作業」があるのみです。

ヒッティングは、ダウンスウィングを伴《ともな》わない小さいスウィングを表す言葉として作ったもので、「ダウンスウィングを含まず、両手両腕をいささかも左へ振らないスウィング」と、定義します。目的は、無駄な動作を排除してヒッティングに必要な動作を確定し、その詳細を明らかにすることです。

フルスウィングの練習があなたのスウィングを破壊している

ボールを打つ作業をフルスウィングで覚えようとすることは得策ではありません。仮に、知識を得ないままフルスウィングから練習を始めたら、ほとんど例外なしに運動神経は手に集中してしまう。

それは本能的なもので、誰もが真っ先に手や腕でクラブヘッドを加速してしまうのですが、それが一番の困りもので、「ねっこ」の問題のかなり大きい部分を占めているのです。

フルスウィングから始めると、どうすればクラブを速く振れるかに腐心《ふしん》して、切り返しから手や腕の全力を出してしまうのも問題です。

遠心力や知識不足がスウィングの形を破壊して、いわゆる「タメ」が無い形になってしまう。

青木功プロが述べた、「タメを作って」「ふところを広く」、それは的確な表現です。

そのときに何が起きているか、その際の極めて詳細な動作とクラブヘッドを加速する仕組みをこれから解き明かして行きます。

更《さら》に述べれば、「ヒッティング」の詳細を知らなければ、フルスウィングの練習はできるはずが無い、と述べた方が正直なのです。

もちろん、三大要素の何かを犠牲にしたスウィングなら可能ですが、それは、どこかに弱点があるスウィングとなります。

例えば、スライスやフェードは打てるが、フックやドローは打てないとか、長打を放つことは上手いけれどグリーンまわりで多彩な技を駆使できないとか、体格に見合った飛距離がでない、等々です。

その様なことを避《さ》けるために、急ぐべきは「ヒッティング」の習得です。

ヒッティングにはスウィングに必要なほとんどの要素が詰まっています。ヒッティングを「独立した一つの小さなスウィング」として覚える事がすべての打ち方をつかむ近道なのです。

それには、身体をまわす詳細な動作を真っ先に覚えなければどうにもなりません。

ですから当分の間ボールを打つ練習はできません。自宅で下半身や手や腕の動作を個別に確実に理解することが急務です。

動画を見ても動作はわからない

図1の②→③は神の領域とまでいわれた、いわゆるインパクトゾーン、ヒッティングの動きです。①→③の運動はコマ撮り連続写真を見ても、その動作を的確に捉える事は不可能に近いことです。

ボールを打つ作業の幾多《いくた》の動作は、足元からグリップにいたるまですべてが絡み合って連動し、姿勢の保持や運動に関わる数え切れないほどの筋肉が一斉に働いているのです。

何処《どこ》まで細かく分割しても見えるものはすべて「外見」であり、その中にひしめいている「動作」は見えません。すると多くの人達はＤＶＤ（動画）にして見せて欲しいといいます。ところが、**ＤＶＤなどの動画も「外見的な総合運動」を見せているにすぎず幾多の動作は見えません。**

ゴルフスウィングに限っては、ＤＶＤを見れば動作がわかる、と思うのは錯覚に等しいのです。

特にゴルフは外見に現れた総合運動（作業）を見ても、幾多の動作はわかりません。

それはあたかも自動車のエンジンが「動作を行った」ことで車輪がまわっていることに似ています。

一例ですが、〝腰をまわす〟〝腰をまわせ〟は、ゴルフに最適な「腰をまわすエンジン」の存在を知らずに車輪（腰）をまわせといっているのと同じことです。

特にグリーン周辺でクラブヘッドが抵抗を受けやすいラフからのショットを行う場合は、身体（腰）の回転量と強弱緩急を調整してクラブヘッドの動きをコントロールする必要があります。「腰をまわす感じ」や「腕による振り幅調整」では距離の調整ができません（ロブショットなども同じ）。

動画でも捉《とら》えられない根本的な動作を皆様方に知って頂くことが本書の使命。

ですから「外見に現れる動き」を作り出す多くの動作や要素を徹底的に浮き彫りにしていきます。

皆様には、それらの動作を習得して頂き、まずは「運動①→②→③」をマスターして欲しいのです。

図1

スウィングはDVDでも幾《いく》つの動作で動いたかわからない

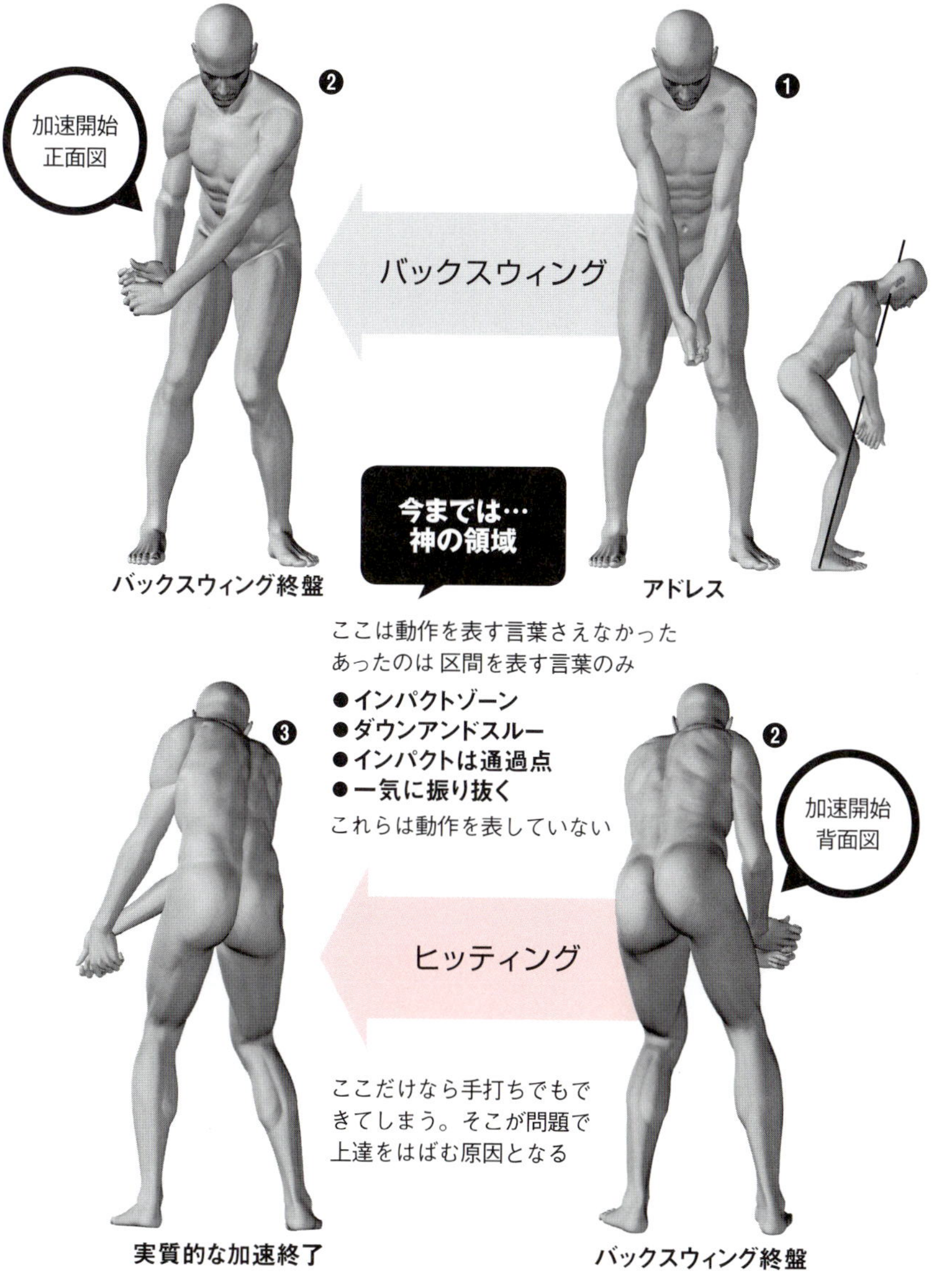
❷
加速開始
正面図
❶
バックスウィング
バックスウィング終盤
今までは…
神の領域
アドレス
ここは動作を表す言葉さえなかった
あったのは 区間を表す言葉のみ
●インパクトゾーン
●ダウンアンドスルー
●インパクトは通過点
●一気に振り抜く
これらは動作を表していない
❸
❷
加速開始
背面図
ヒッティング
ここだけなら手打ちでもできてしまう。そこが問題で上達をはばむ原因となる
実質的な加速終了
バックスウィング終盤

右肘の位置と向きで「飛ぶ」「飛ばない」

ヒッティングについて詳しく解説する前に、右肘《ひじ》の位置に関する実験をして見ましょう。右肘の位置と向きは飛ばして曲げない合理スウィング（規準スウィング）を確立する根幹の一つであり、それが身体の強大な回転を手に伝えられるか否かを決めてしまうのです（新説）。

図2のように右肘を胴に向けて身体をまわすと右上腕が捻られて、身体の回転が手に伝わらない。

なぜなら、右上腕をローリング（回転）させる筋肉は身体をまわす筋肉に比べて圧倒的に少ない。だから人に手を軽く押さえられただけで、あたかも金縛りにあったが如くに身体をまわせない。

ほとんどの人達が右肘を胴へ向けて右上腕がローリングする図2の形にしてしまう。

それは身体の強い回転を手に伝えない構造なので、必然的に腕振りに頼ったスウィングにならざるを得ないのです。

図2 身体の方へ向いた右肘は力を伝えない→飛ばない

実験1

右上腕を捻る筋肉は弱すぎる

右肘が胴へ向き右上腕がローリングするとボディターンの強い力を手に伝えられない。すると右手を〝指数本〟で押さえられただけでも身体をまわせない。それは古武術や護身術にも通じるようだ

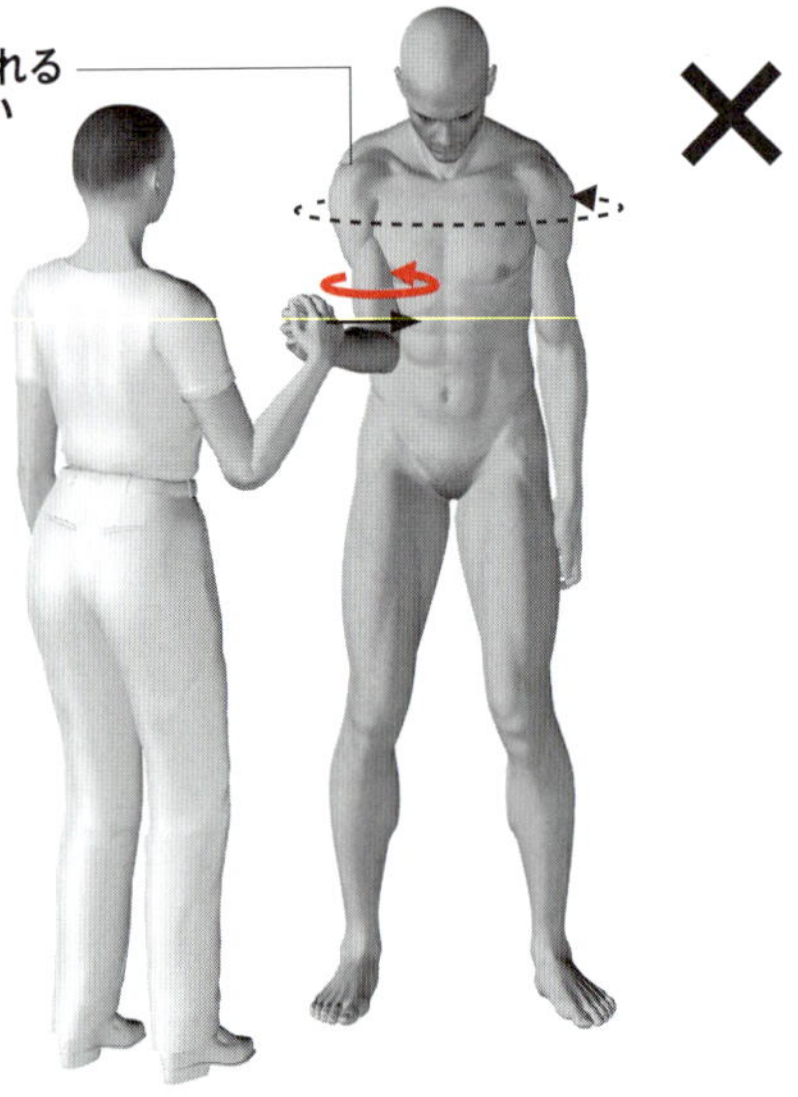

脇を締めると腕振りになる

身体の回転の力を使えないので、腕振りに頼ったスウィングとなる

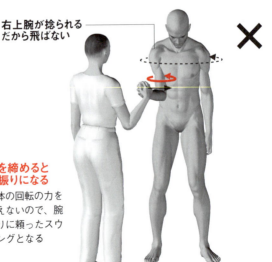

右肘を胴へ向け、脇を締める原因は「そうすれば強く打てる」の「思い込み」にあり、合理的な方法を知らないことにあるのです。

身体の回転を伝える右肘の位置と向き

図3のように右肘を右後方に向けると右脇を緩めても開いても右上腕（肩から肘）がローリングしないので、身体の強い回転が右前腕（肘から手首）を介して手に伝わりクラブに伝わります（新説）。

すると、後に述べる「ピストンスナップ」でボールの飛距離が圧倒的に伸びるだけでなく、身体の強い回転を緩急《かんきゅう》をつけて行う「ピストンスナップ」が、グリーンまわりの多彩な技をも可能にしてくれるのです。ですから右前腕（右肘）の位置と向きの違いに注目しなければなりません。

その違いは驚くべきものです。力が伝わらない図2と、力が伝わる図3を必ず実験して確かめてください。

図3 右肘を右後方へ向けると力が伝わる→飛ぶ

実験1

〝脇を締めろ〟は世紀にまたがる真っ赤な大ウソ

右肘を右後方へ向けると上腕がローリングしない（捻られない）。すると身体の強い回転が手に伝わる。これは、規準スウィングの確立に欠くことのできない重要な要素の一つ

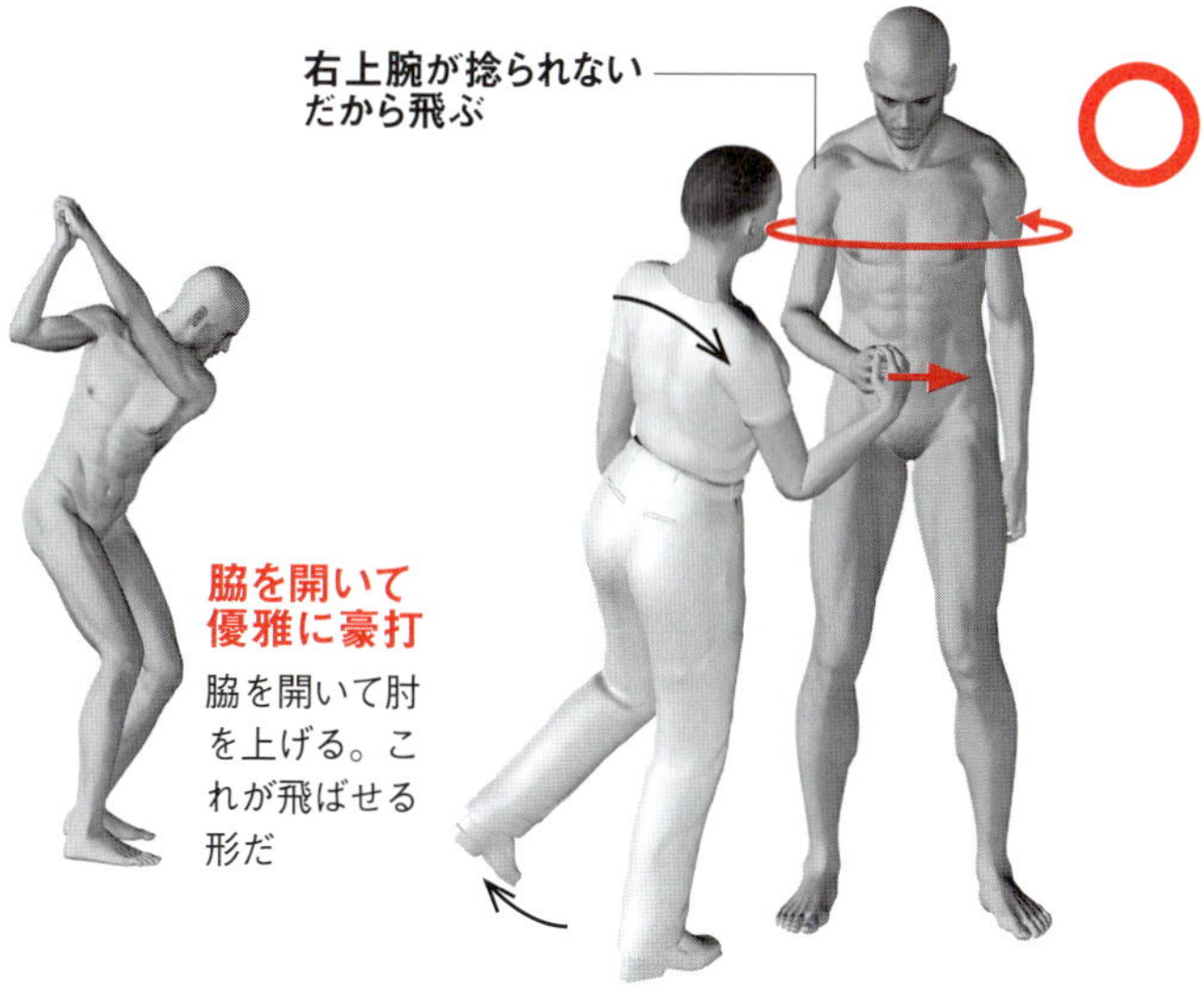
右上腕が捻られない
だから飛ぶ
脇を開いて
優雅に豪打
脇を開いて肘を上げる。これが飛ばせる形だ

トップで右脇を開けることは飛ばす秘訣の一つ

図4のように右手と右肘を一緒に上げ下げして右肘が描く円弧の接線に右前腕を揃えると、右上腕がローリングしないので身体をまわす強い力が右前腕を介して手やクラブに伝わります（ダウンスウィング）。

インパクトゾーンでは「刻々とまわる胸の中央前方」へ右前腕を進めてピストンスナップを行うと、円弧の接線は❶から❷に変わりながら、身体の回転が終始効率良く手に伝わります。

スポーツは切磋琢磨《せっさたくま》で最終的には物理の法則に行き着くようですが残念なことに「フライングエルボー」はセオリーにはなりませんでした。

【新説】強大な力を誇る身体の回転を高い伝達効率で手やクラブに伝えるには、バックスウィングで両肩と右手右肘を一緒に上げ、ダウンスウィングで一緒に下げて（右脇の開き具合を変えて）、右上腕の捻り（ローリング）をなくさなければならない。

図4 右前腕は円弧の接線上で動かす→飛ぶ

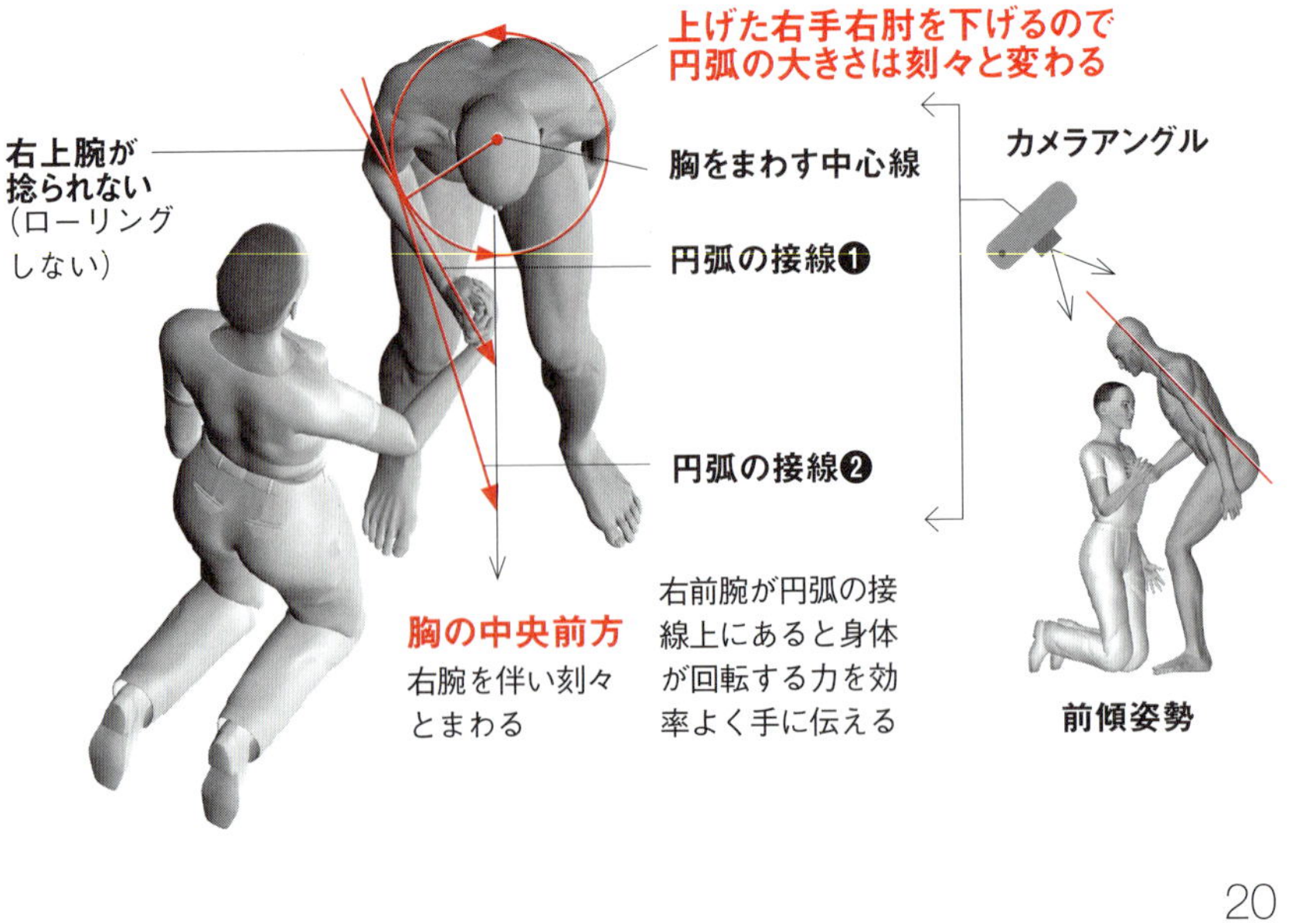
上げた右手右肘を下げるので
円弧の大きさは刻々と変わる
右上腕が
捻られない
(ローリング
しない)
胸をまわす中心線
カメラアングル
円弧の接線❶
円弧の接線❷
胸の中央前方
右腕を伴い刻々
とまわる
右前腕が円弧の接
線上にあると身体
が回転する力を効
率よく手に伝える
前傾姿勢

図5は、ピストンスナップと名付けた右前腕の胸の中央前方への直線的な動きを現しています。

これは多段加速の最終段階で、〝加速、軌道、打面開閉〟を三位一体でコントロールすることを可能にする動きです（新説）。

しかも、肝心《かんじん》なインパクトエリアで最大の加速度を得られるので飛距離が伸びます。

〝胸の中央前方〟は、「へそ」や「ベルトのバックル」の位置ではありません。

胸をまわして胴を捻ると胸の中央前方と「へそ」の位置が大幅にずれます。

ピストンスナップスウィングが優れているのはその仕組みにあり、クラブヘッドを加速する「その動作」でクラブヘッドが平面上で合理な軌道を描き、打面開閉をも自動的にコントロールしてしまうところにあるのです。

「今までとは、まったく違う動きだ。打てそうもない」と思うでしょう。ところが心配はご無用です。

まずは身体の回転を見てみましょう。

図5　飛ばして曲げない ピストンスナップ

右前腕と右手は胸の中央前方へ捻りながらの直線運動（ピストンスナップ）。胸の中央前方は身体がまわるにつれて刻々に変わる。この打ち方が加速と軌道と打面の開閉を三位一体でコントロールできる唯一の方法

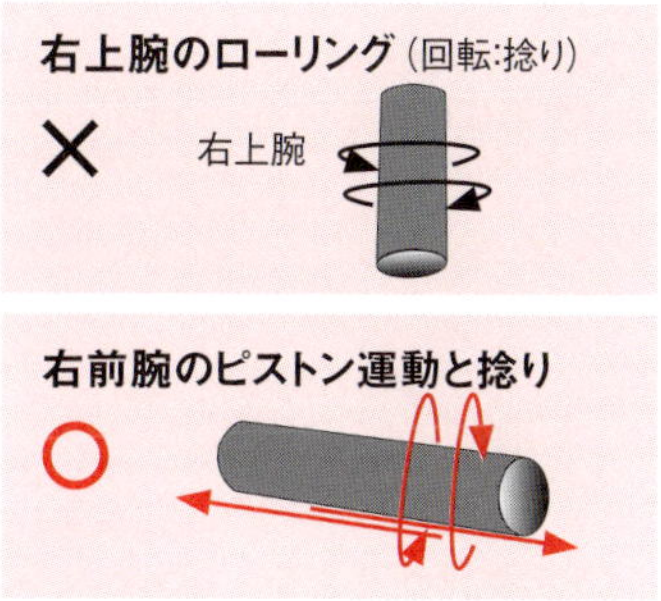

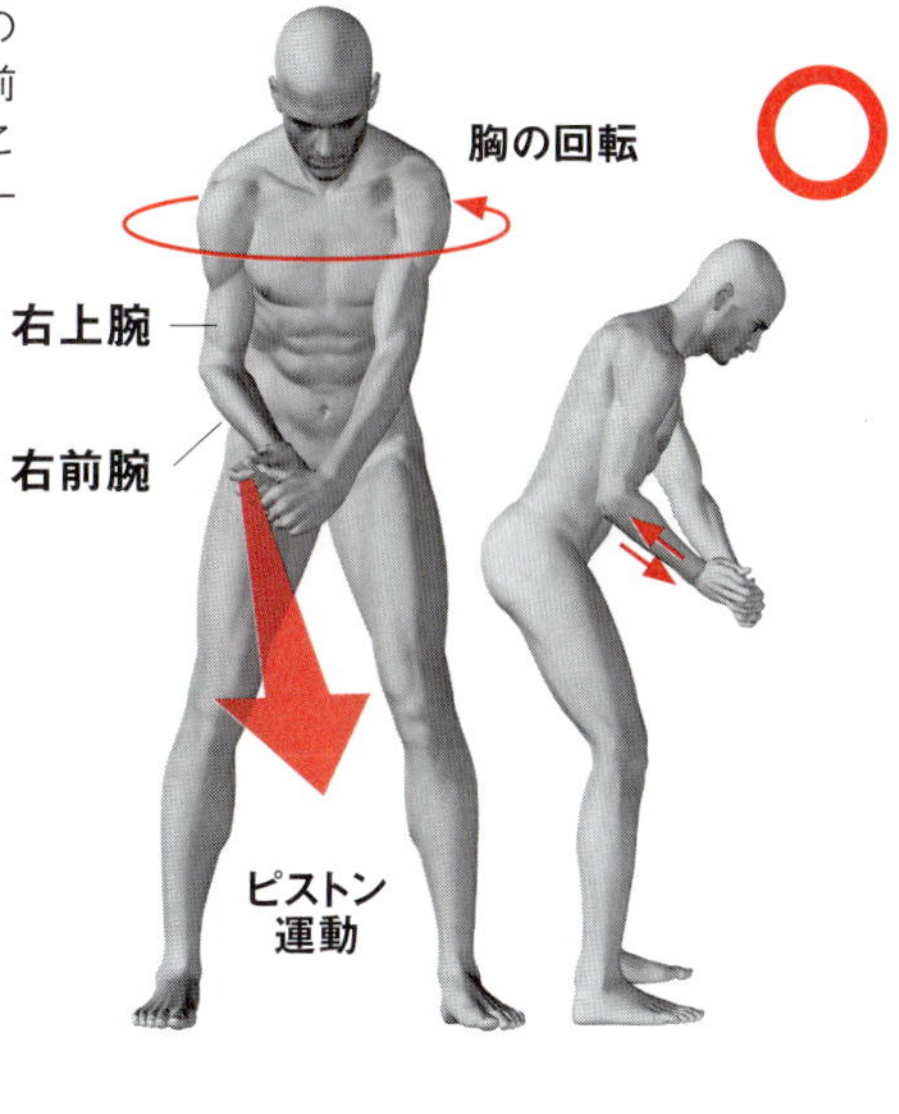

スライスの根本原因は強大な力を誇る身体の回転だった！

　腰や胸をまわすとクラブヘッドは必然的にインサイドインの軌道で走ります。

　身体をまわすと、手を動かしているときも動かさない時も、ボールの方向とは無関係の円軌道の力が発揮されます。

　それがダフリ、スライス、引っかけ、トップなどの根本的な原因ですが、その円軌道を確かめて、その事実をしっかりと把握しなければなりません。

　図6を見てください。まずは、クラブヘッドをスタンスの中央前方に置いて手や腕を固定します。

　クラブヘッドの軌道を見るために胸を非常にゆっくり右へまわすとクラブヘッドは打面を閉じながらインサイドに上昇して限界に達します。

　そこから胸を逆にまわすとクラブヘッドはインサイドから打面の向きを戻しながら下降します。

図6

胸を回して「イン・イン軌道」を確かめる

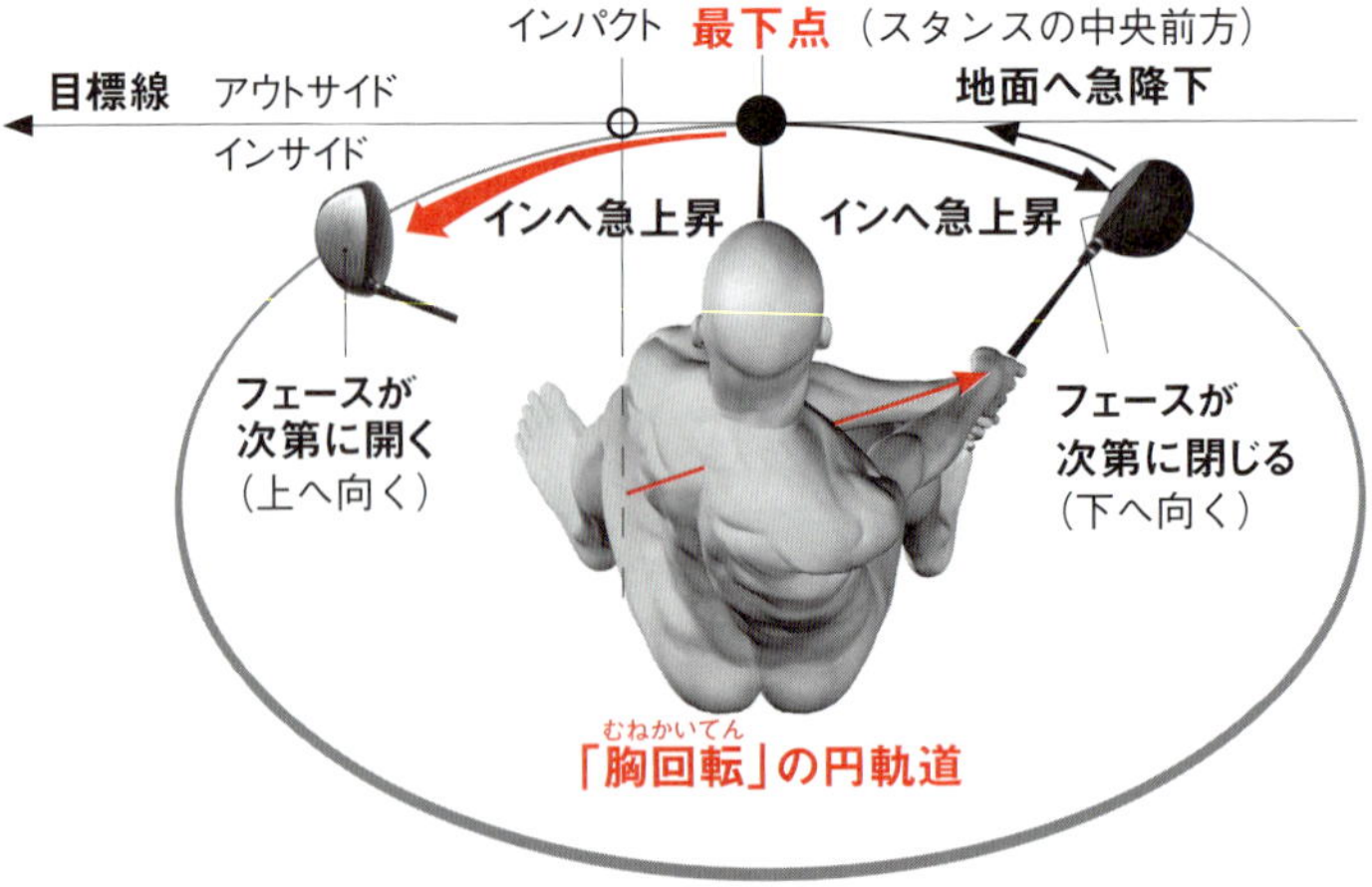

インパクト
最下点（スタンスの中央前方）
目標線
アウトサイド
インサイド
地面へ急降下
インへ急上昇
インへ急上昇
フェースが
次第に開く
（上へ向く）
フェースが
次第に閉じる
（下へ向く）
「胸回転《むねかいてん》」の円軌道

手や腕を固定して胸をまわすとインサイドインの軌道が見える　実験2

するとクラブヘッドは図6のようにスタンスの中央前方で最下点に達し、通過したとたんに打面を開きながらインサイドへ上昇します。

同じ事を普通の速さで行うとクラブヘッドは右足前方で地面に激突する宿命です。

ダフらせないためには、手や腕でクラブヘッドを持ち上げなくてはなりません。

ところが、身体の回転はスタンスの中央前方（最下点）を通過したとたん、クラブヘッドをインサイドへ打面を開きながら上昇させます。

その結果、「手や腕でクラブヘッドを持ち上げる」動作に「身体の回転がクラブヘッドを上昇させる」動作が加わります。これが〝すくい打ち〟の正体です。この動きを誘発する身体の回転こそが、ダフリやスライスの根本原因ですが、強大な力を誇る身体の回転を利用しなければスウィングは成り立たないのです。

それでは、どうすればこの問題を解決できるのか。次頁をご覧ください。

インパクトエリアではピストンスナップが身体の回転で描く円軌道を直線軌道にする

身体の回転は腕より強い力を発揮する。それを最大に利用しなければならない。だがその特性は諸悪の根源でもある。クラブヘッドがインサイドへ上昇してスライスになってしまう事は世界的に共通な悩み。その際に、フェースが開けば大スライス、閉じれば左へ引っ掛けフックとなる。その主たる原因が、最大のパワーを誇る胸の回転にある。最下点がスタンスの中央前方なら、そこへボールを置けばいい、と短絡的に考えてはいけない。ボールを左踵内側の線上に置いてピストンスナップをすれば最強の加速度を得られる。しかもインパクトエリアを目標線に沿った直線軌道にできる。だから飛んで曲がらない。

身体の回転+ピストンスナップがゴルフの神髄だ

身体の回転は強烈な力を発揮します。しかし、それはあらゆるミスショットの根源でもあります。

身体の右側ではインサイドから地面に向けてクラブヘッドを急降下させてダフらせ、クラブヘッドがスタンスの中央前方を通過すると、打面（フェース）を開きながらインサイドへ急上昇させてしまう。その功罪併せ持つ身体の回転をどうすれば「ヒッティング」に取り込めるのでしょう。

そのためには、身体の回転を加勢に手や腕でクラブヘッドを加速しながら、打面を閉じつつアウトサイドへ下降させればいいのです。

これが「ピストンスナップ」（図7）です。

スタンスの中央前方をクラブヘッドが通過したとたんに身体の加速回転は、打面（フェース）を開きながらインサイドへ急上昇させる。

そのときに手や腕がピストンスナップをすれば、

図7 身体の回転とピストンスナップで直線軌道を作る

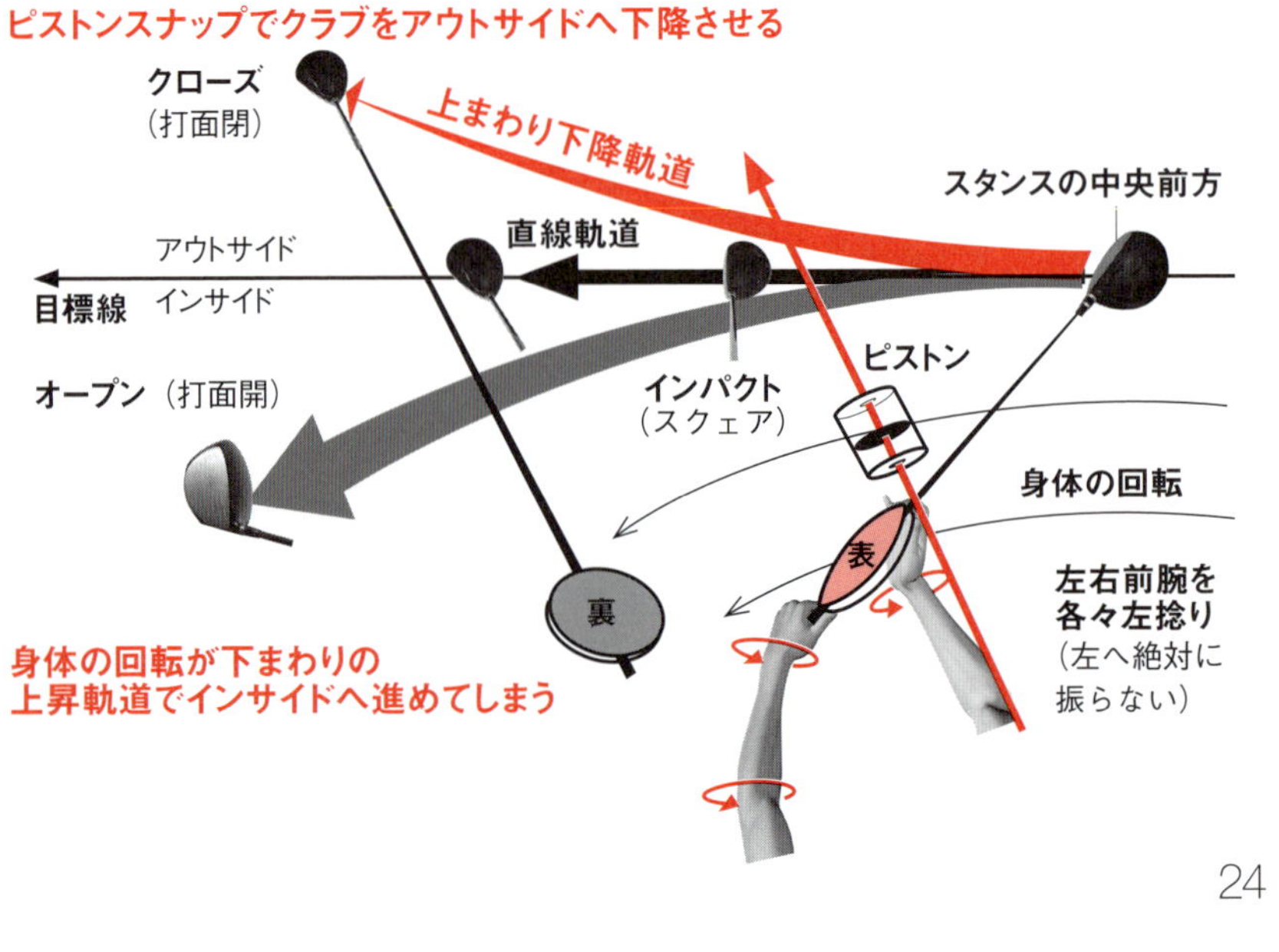

クラブヘッドは上まわり下降軌道（参考図）で、打面（フェース）を閉じながらインサイドからアウトサイドへ下降します。

インパクトでは、身体の回転「下まわり上昇軌道」とピストンスナップによる「上まわり下降軌道」が必然的に合成されることで、自然と直線軌道が得られ、打面がスクェアから次第に閉じる動きをします。

直線軌道で打面を閉じながら打つので適度なバックスピンが掛かる。だから飛んで曲がりません。しかも最大の加速度を伴って、つぶれたボールをシャフトで押しながら打ち抜くので驚くほど飛ぶ。それがピストンスナップの凄さです。「加速と軌道と打面開閉」を三位一体でコントロールする「仕組み」を備えているピストンスナップ。ピストンスナップ以外にこれほど動いてくれる手や腕の動作は見当たりません。世界中のありとあらゆる打法は「暗中《あんちゅう》模索《もさく》の状態でこれ（スウィング原理）を追い求めていた」といえるのです。

参考図 〝これぞゴルフの神髄〟その仕組み（メカニクス）を詳細な動作で明らかにします

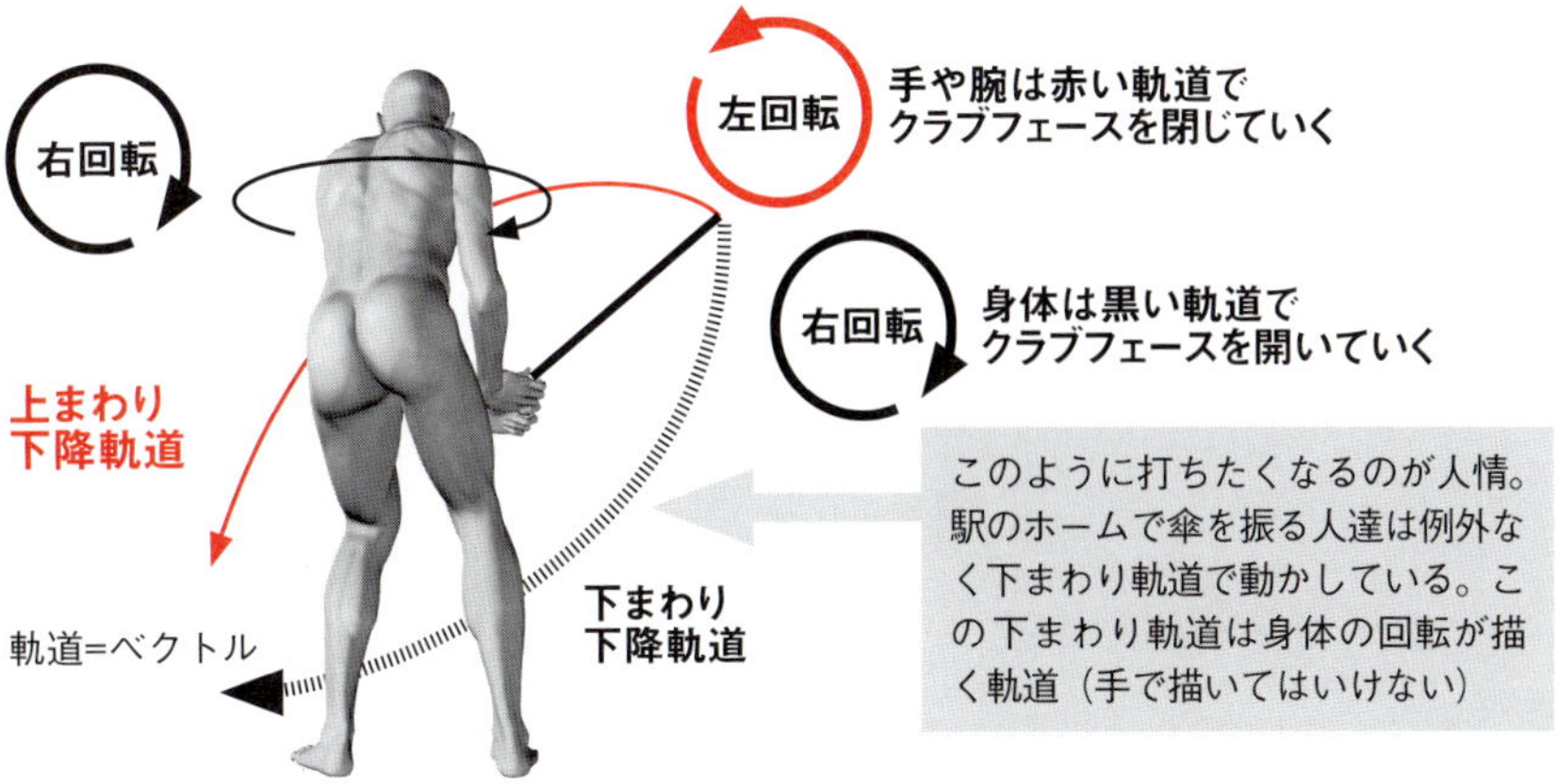
右回転
左回転
手や腕は赤い軌道でクラブフェースを閉じていく
右回転
身体は黒い軌道でクラブフェースを開いていく
上まわり下降軌道
このように打ちたくなるのが人情。駅のホームで傘を振る人達は例外なく下まわり軌道で動かしている。この下まわり軌道は身体の回転が描く軌道（手で描いてはいけない）
下まわり下降軌道
軌道=ベクトル

まさに、ここにボールを簡単に打てるゴルフの神髄が秘められている。それを詳細な動作で紐解けば打つことは簡単。ベン・ホーガンいわく「それを知るには時間が掛かる」

小さな動きで脅威《きょうい》の飛距離
ピストンスナップ

では、ピストンスナップとはどのような動作でしょうか。それは意外にも、手や腕を左右へいささかも振りません（ゴルフの「神髄《しんずい》」に関わる）。

まずは左腕を一直線に伸ばして胸との相対位置を死守し、右腕を動かせる範囲を制限する歯止めにします。

図8のように構えた①から、ピストンスナップを行うためのバック動作を行い②の状態にします。

右腕は一直線に伸ばした左腕の歯止め効果で棚《たな》（右人差し指の付け根）が約10cm動いて限界に達します（それ以上は動かせない）。

クラブの長さによって変わりますが、このわずか10cmの動きでクラブヘッドは1m以上も動きます。

限界に達した②から単純に逆行するピストンスナップで①に戻りインパクト、となるのです。しかし、このときの右肘は折れています（極めて重要）。

図9の②→③のように、右肘を伸ばしながらスナップ動作を限界まで行うと、クラブヘッドはインパクト直前から長い直線軌道（いわゆるライン出し）を描きつつ大きな加速度を得ながらボールを打ち抜きます（24頁図7）。

打つときの棚（力点）は、約15cmほどしか動きませんが、クラブヘッドは1・5ｍほど加速されるのです。インパクトゾーンの手と腕の動作に限れば、これで「ほとんどすべて」であり、ここに現れていない動作は左手をスウィングプレーン（平面）へ上げる動きと、その逆行（左手を身体に近づける動き）ぐらいのものです（意外にもこれが極めて重要）。

たったこれだけの動作を身体の回転を主力にして動かすと、クラブヘッドは3ｍ以上も動きます。右手の棚をわずか15cm動かすだけで、クラブヘッドは20倍の動きをするというわけです。

この身体の回転＋ピストンスナップが、まさにゴルフの神髄！　といえるのです。

図8 手を右へ振らずにバック動作

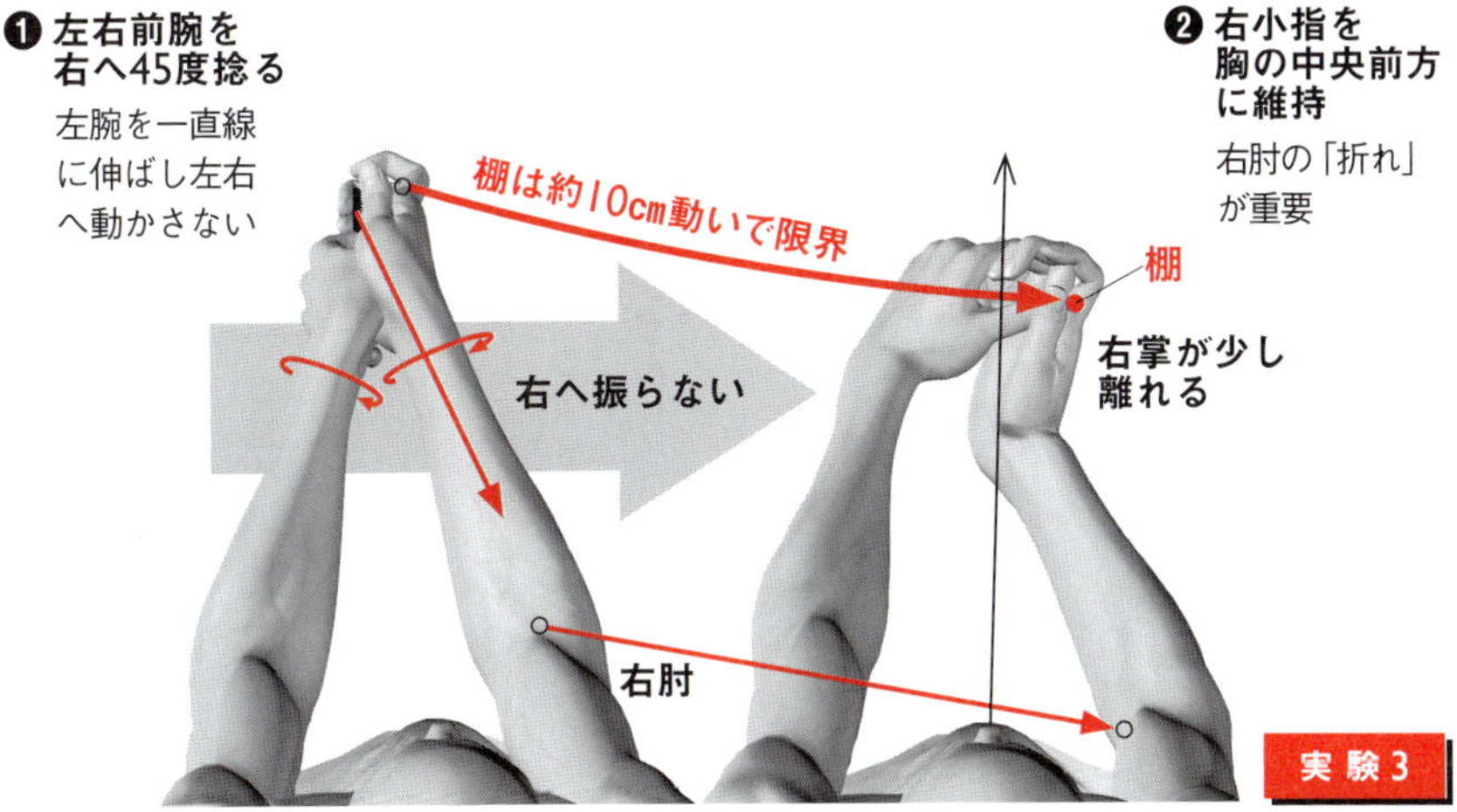

図9 ピストンスナップ

クラブを棚で胸の中央前方へ押すと棚は
❷から❸へ約15cm動いて限界

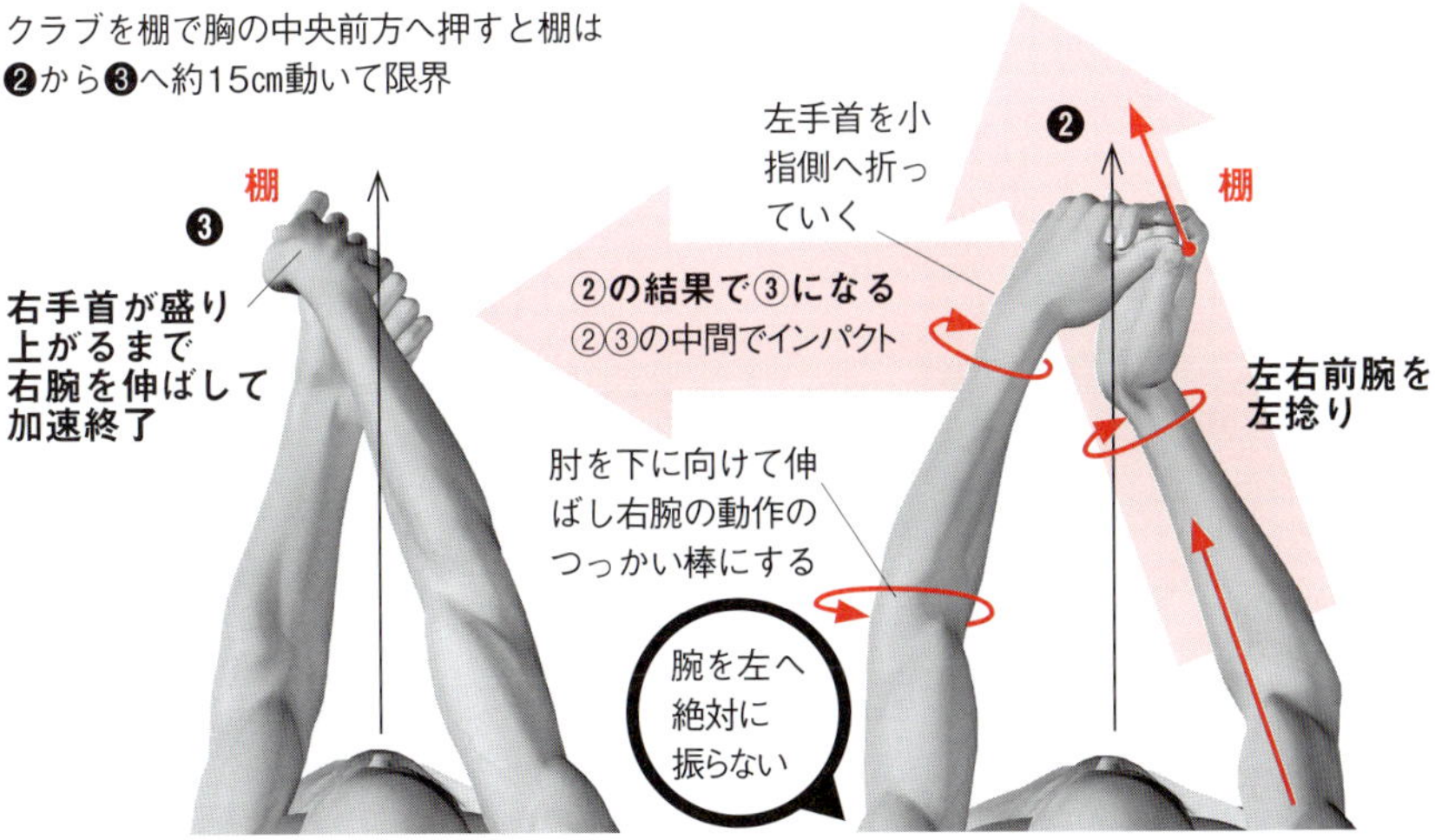

手のバック動作を側面から見る

バックスウィングをしようと思った瞬間に本能が手や腕を振り上げてしまう。それは「身体の回転」を奪う最悪の動きです。

ピストンスナップを行うためのバック動作は左腕で歯止めを掛けるので手や腕を右へ振り上げることができません。その代わりに身体をまわします。

極めて小さなバック動作を身体の右側から見てみましょう。

図10の①→②がそれです。柔軟にした左手首をボールの方へ突き出して左腕を一直線に伸ばし、胸との相対位置を死守すると、それが右腕の動きの歯止めになって右腕の動きをセンチ単位で制限します。

そのときの右小指は胸の中央前方に維持しなければなりません（参考図の右）。そのうえで、

●右手首を親指側へ折る（コック）
●右手首を甲側へも折る（谷ヒンジ）
●左右前腕を右捻りに45度

図10 ピストンスナップのバック動作

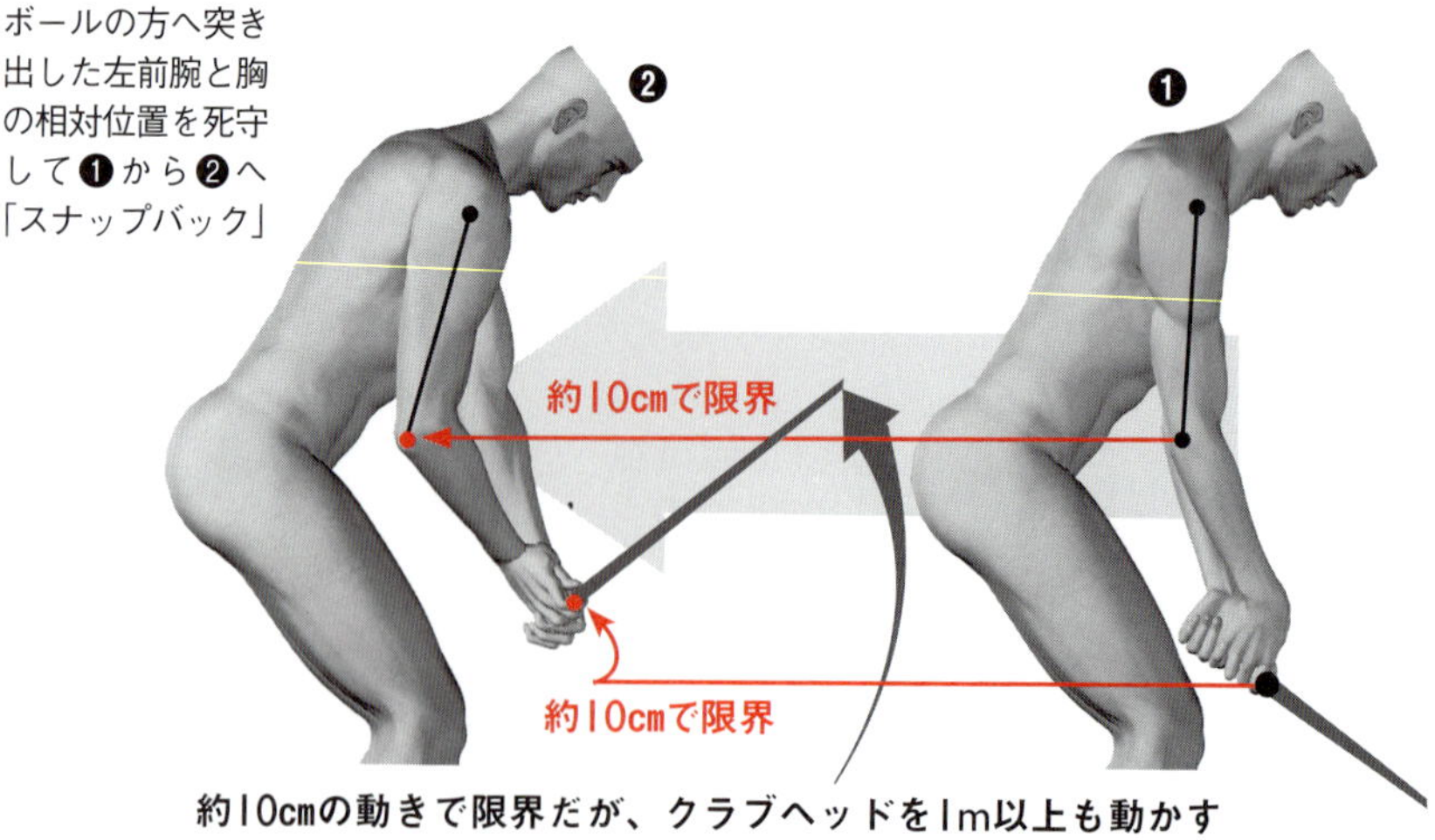

ボールの方へ突き出した左前腕と胸の相対位置を死守して❶から❷へ「スナップバック」
❷
❶
約10cmで限界
約10cmで限界
約10cmの動きで限界だが、クラブヘッドを1m以上も動かす

●右肘を胴の右後方へ引く（参考図左）
●左前腕不動で左手首を右手の動きに追従《ついじゅう》させる

すると、右肘や右人差し指付け根は、左腕による歯止め効果で図10の黒点から赤点へ約10㎝ほどしか動きません。その際に右手と左手の一体感をなくしてズラします。それがまことに良いのです。

①から②へ、**たった10㎝ほど動いて限界ですが、右中指・薬指の第3関節（指の先端関節）でクラブヘッドを右上方へ1ｍも動かします。**

それはクラブの長さで異なりますが手の動きの約10倍です。

このピストンスナップのバック動作を**「スナップバック」**と呼ぶことにします。

この技術はどの番手のクラブでも同じです。ドライバーは勿論のこと、ごく短いアプローチにも共通する基本動作です（新説）。

参考図 スナップバック後の右肘《ひじ》と右小指の位置

右小指を胸の中央前方に維持して右肘を胴へ向けない

❷の背面図 **❷の正面図**

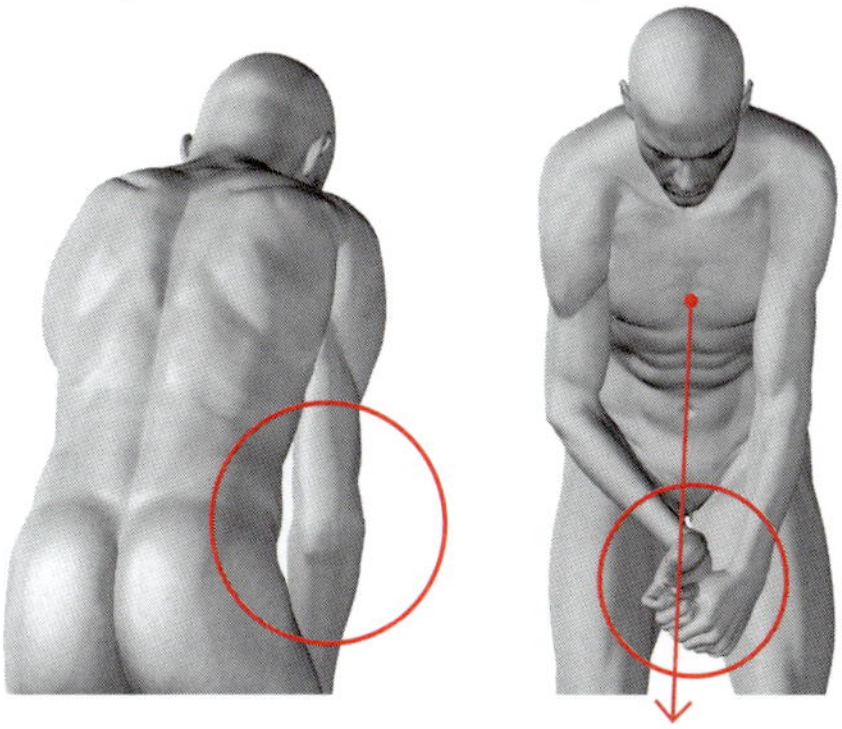

右肘を胴の右後方へ向ける（実験1）

右小指を胸の中央前方に維持

右手首の動作
- **コック**（親指側へ折る）
- **谷ヒンジ**（甲側へ折る）
- **右前腕を右捻り45度**

左手首の動作
- **自力でコック。あるいは右手と右肘の動きに追従させる**
- **左前腕を右捻り45度**

左右の手は必然的にズレる（詳細62頁）
伸ばした左腕を不動（30頁）
手やクラブは身体の回転で移動

左手は自分の「思惑」より遠い位置を通す必要がある

ゴルフでは、身体から遠い豆粒ほどのスウィートスポットでボールを打たなければなりません。ですから左手や左腕はスナップバックの歯止め効果に加えて「平面」を定規として活用し、その動きを厳しく規制しなければなりません（手や腕はどこへでも自由に動かせてしまう）。

一方、身体の回転がクラブヘッドを動かす方向は、軸（37頁）が機械的に勝手に決めてしまいます。

平面の傾斜角度（図11）は、持ったクラブの長短とアドレス前傾姿勢の法則（72頁）で必然的に決まります。

両肩を狭め、ハンドダウンで構えたときの肩とボールを結んだ直線が平面の傾斜を示します。

その直線を目標線を底辺とする四角い平面として捉《とら》えます（参考図の左）。

柔軟に動く左手首を、ボールの方へ突き出して左

図 11 左手を上げて平面に乗せる

前傾姿勢の法則とクラブの長短で必然的に前傾と平面の傾斜が決まる

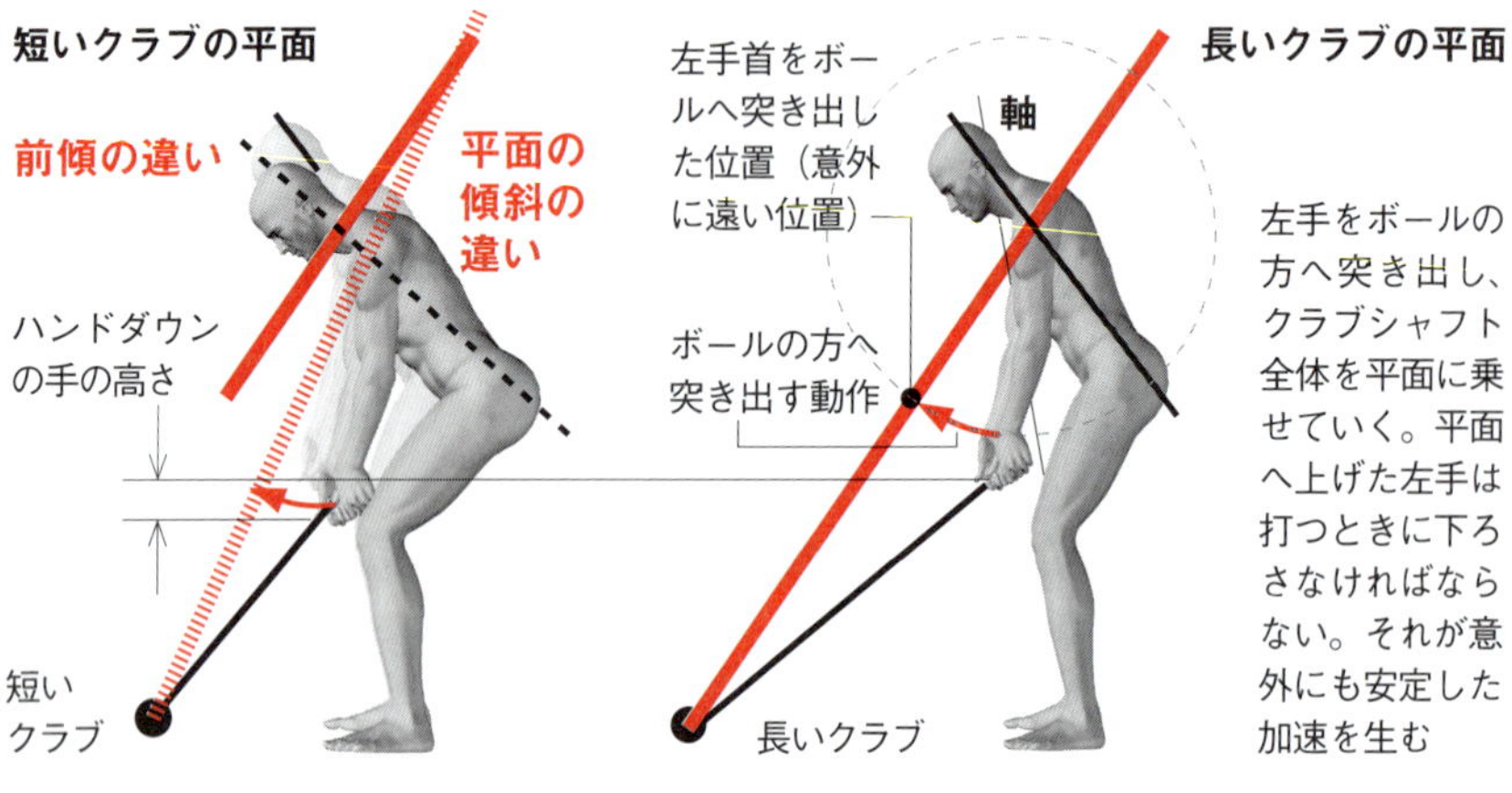

短いクラブの平面
前傾の違い
平面の傾斜の違い
ハンドダウンの手の高さ
短いクラブ
左手首をボールへ突き出した位置（意外に遠い位置）
軸
ボールの方へ突き出す動作
長いクラブ
長いクラブの平面
左手をボールの方へ突き出し、クラブシャフト全体を平面に乗せていく。平面へ上げた左手は打つときに下ろさなければならない。それが意外にも安定した加速を生む

腕を一直線に伸ばすと平面（スウィングプレーン）に乗った状態になるので左手が進むべき平面がわかります。そのうえでスナップバックを行うと、クラブシャフト全体を平面上で進めることができます。

留意点は、平面が見えないことと、「平面上の左手」が身体から「意外に遠い」ことです。

「左手首をボールの方へ突き出し……」は、左手とクラブシャフトとスウィングプレーンの関係を理解するための一つの方便です。

実際のバックスウィンは身体の回転とスナップバックの両方でクラブシャフト全体を平面上に導かなければなりません（詳細後述）。

【参考】私事で恐縮ですが、オンプレーンでクラブを動かすために、平面に見立てた木枠を作って太極拳のようなスローモーションで身体をまわしながら手や腕を動かし、その速さを次第に速くしました。

それは「無駄をはぶいた動作」を確定するのに想像以上に効果がありました。

参考図 ダウンスウィングは左手を平面上で動かす

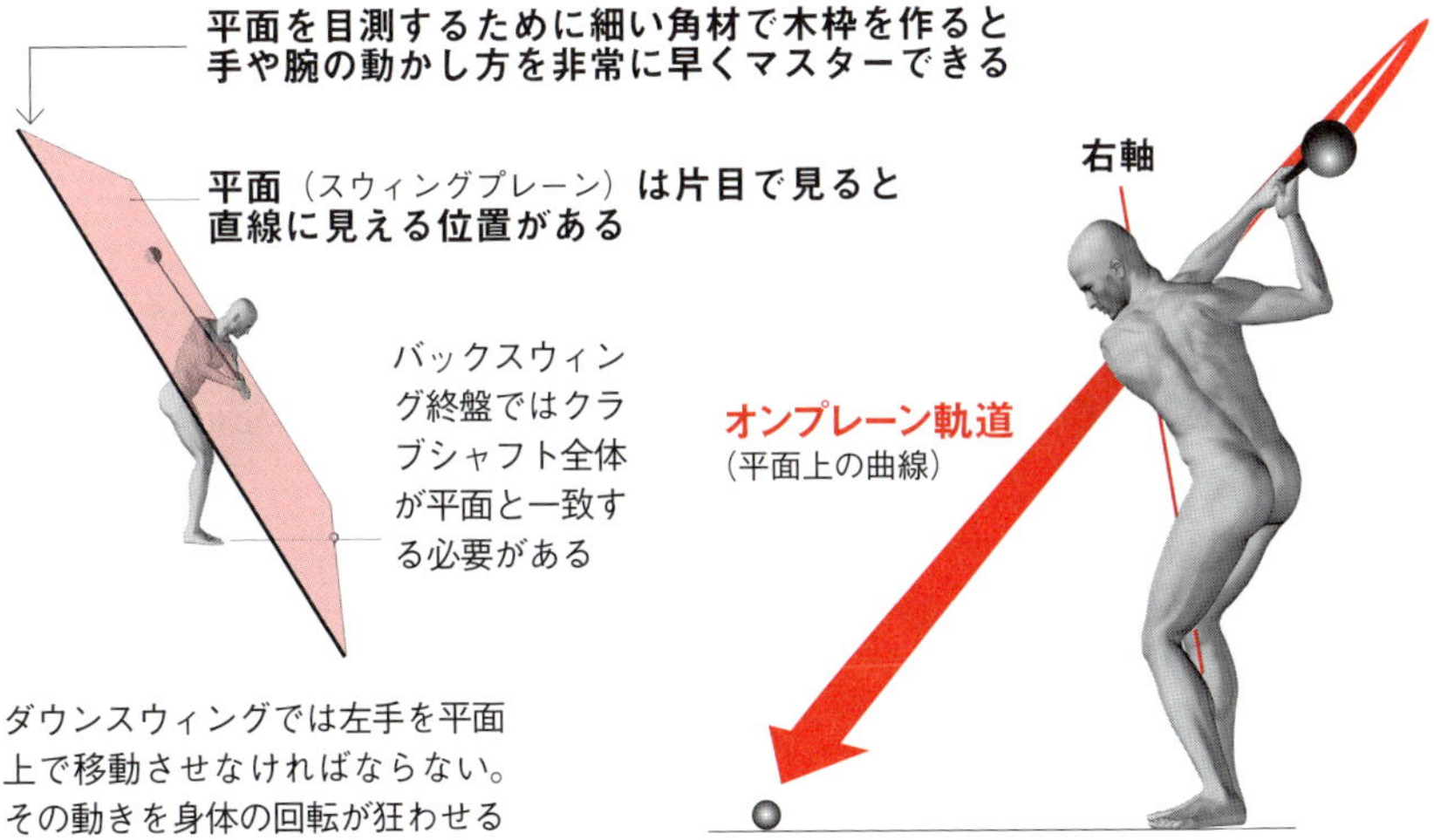
平面を目測するために細い角材で木枠を作ると
手や腕の動かし方を非常に早くマスターできる
平面（スウィングプレーン）は片目で見ると
直線に見える位置がある
バックスウィング終盤ではクラブシャフト全体が平面と一致する必要がある
右軸
オンプレーン軌道
（平面上の曲線）

ダウンスウィングでは左手を平面上で移動させなければならない。その動きを身体の回転が狂わせる

スナップバックは「上まわり軌道」

図12のようにバックスウィングで自然に手を振り上げると、クラブヘッドの軌道は「下まわり軌道」(新説)になってしまう。それでオンプレーン軌道を描くことは絶対に不可能です。

なぜなら、身体の回転がクラブヘッドを進める(バックさせる)軌道も「下まわり軌道」ですから、二つの下まわり軌道をどのように調整したとしてもオンプレーン軌道にはできないからです。

更に述べると、自然に手を振り上げる動作には右上腕を捻る動きが入ってしまう。すると切り返し以降で身体の回転を手やクラブに伝えられないばかりか、クラブフェースのオープン・クローズのコントロールもできません。

身体の回転が描く「下まわり軌道」と、手や腕が描く「上まわり軌道」の両方で「理想軌道」を作らなければならないのです(左上の参考図)。

スナップバックを行うと上まわり軌道(図13)が必然的に現れ、それが平面上の軌道を可能にします。

図12 自然に手を振れば「下まわり軌道」

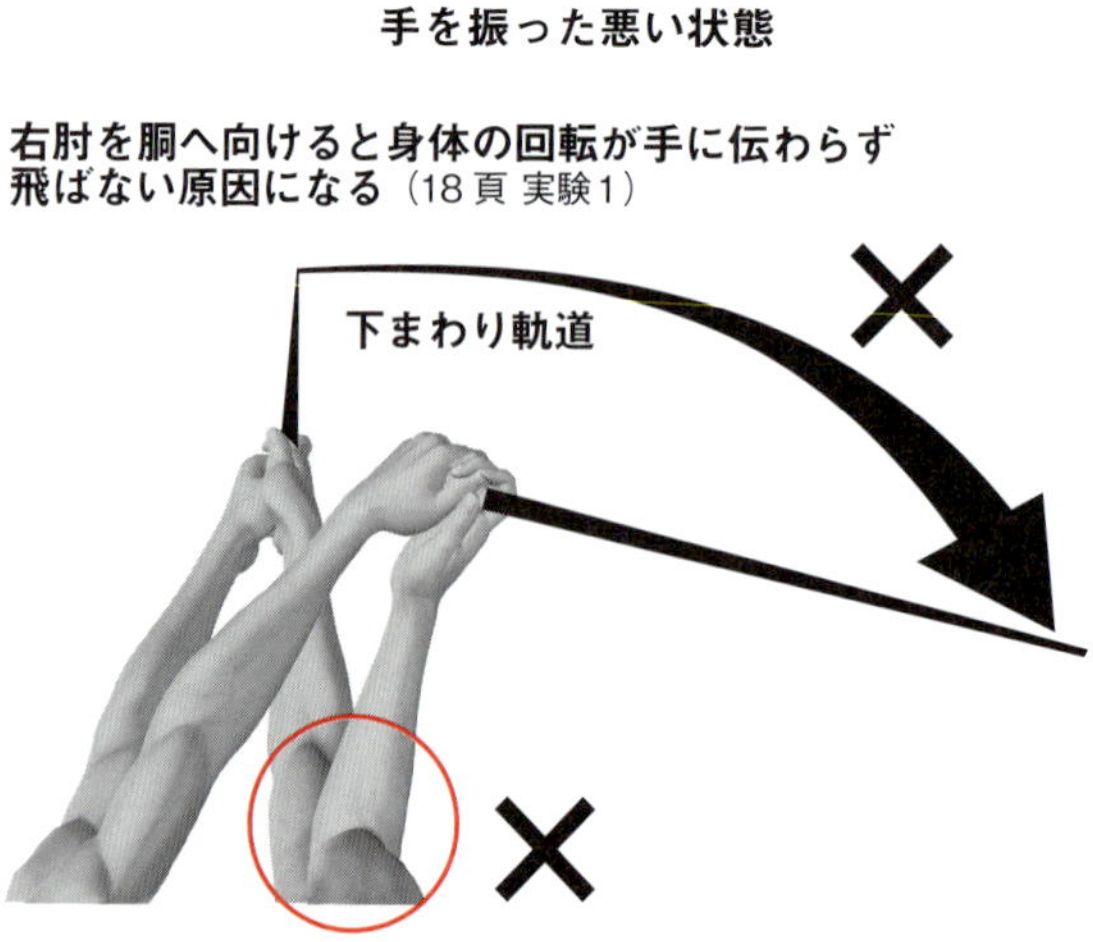
手を振った悪い状態
右肘を胴へ向けると身体の回転が手に伝わらず
飛ばない原因になる(18頁 実験1)
下まわり軌道
×
×

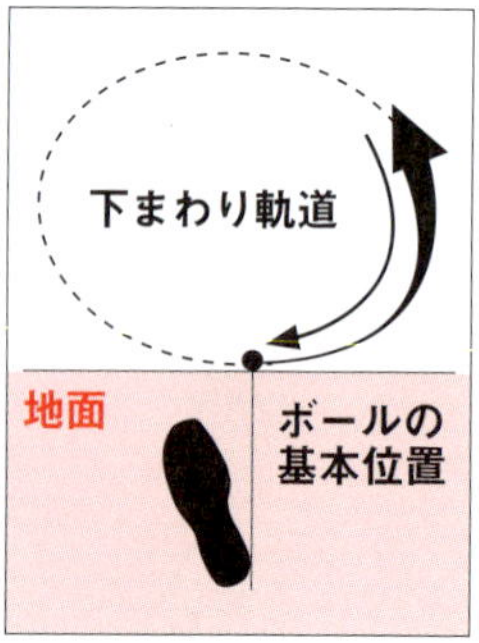
下まわり軌道
地面
ボールの
基本位置

下まわり軌道でクラブを動かすと「オンプレーン軌道」にできない

それは世界中の「あらゆる打法」の根本であるべきもの。それがスウィング原理の一端です（左図）（新説）。

クラブを握って左右の手を一体にすると、有効な「上まわり軌道」を描き難い。手は左右別々の動きで両手が互いにズレることも必要です（62頁）。

参考図 上まわりと下まわりで理想軌道が現れる

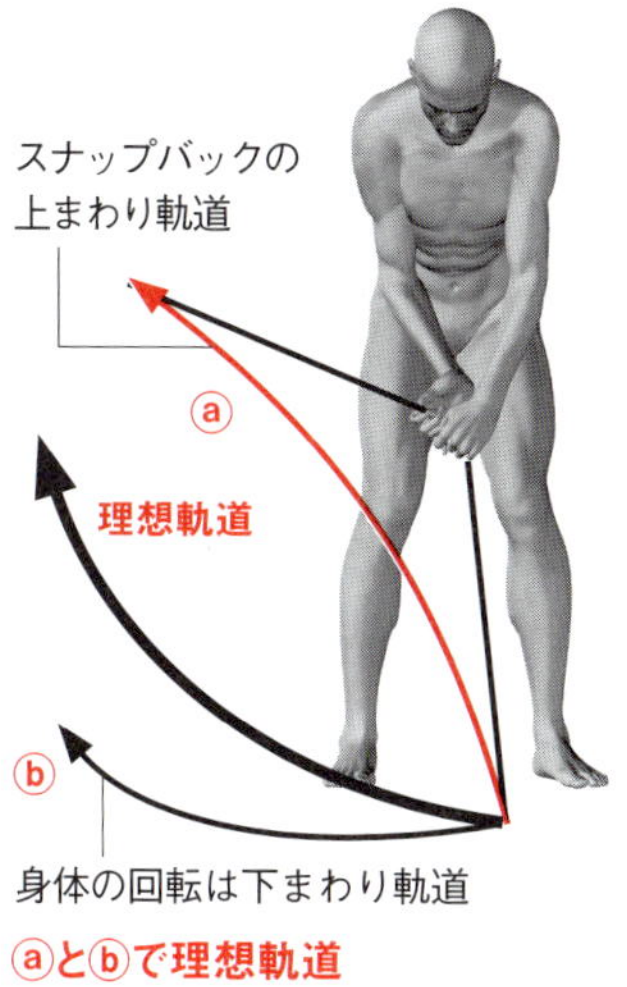
スナップバックの
上まわり軌道
ⓐ
理想軌道
ⓑ
身体の回転は下まわり軌道
ⓐとⓑで理想軌道

図13 スナップバックで必然的に「上まわり軌道」

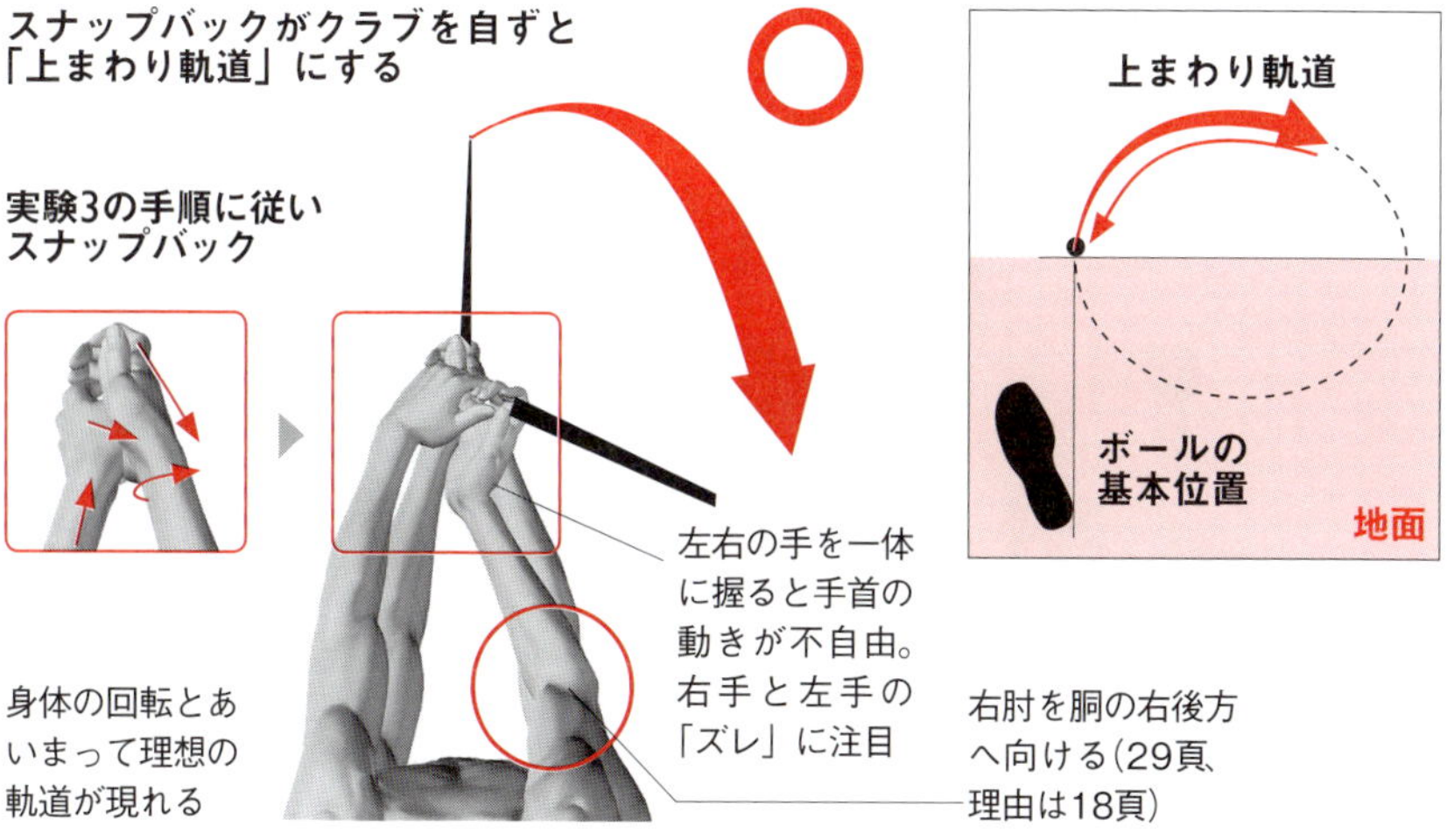
スナップバックがクラブを自ずと
「上まわり軌道」にする
実験3の手順に従い
スナップバック
左右の手を一体
に握ると手首の
動きが不自由。
右手と左手の
「ズレ」に注目
身体の回転とあ
いまって理想の
軌道が現れる
右肘を胴の右後方
へ向ける（29頁、
理由は18頁）
上まわり軌道
ボールの
基本位置
地面

「上まわり軌道」で理想の軌道が現れる

ピストンスナップの「上まわり軌道」について、もう少し詳しく解説しましょう。

スナップバックではまず、左手首を柔軟にして左前腕《ぜんわん》をボールの方へ突き出し（左手を平面へ上げる30頁図11の動作）、左腕を一直線に伸ばします（左肘を下へ向けると一直線に伸ばしやすい）。

右腕や左腕を左右へ振らず、右肘《ひじ》を胴の右後方へ向けることに留意して下さい（19頁実験1）（新説）。

図14のようにウェッジを持ったアドレスの状態①で身体をまわさずにスナップバックを行い、身体が正面に向いたままの②の状態から、身体を左へまわしつつ胸が少し左へまわったタイミングでピストンスナップを開始し、ボールを打ち抜きます。身体を右にまわさずにスナップバックのみを終えた②から、「腰と胸を一体」にした状態で身体を左回転させ、胸が左へ開きかけたタイミングで「逆行A」を始めると、上手い具合にボールを打てます。

図14 身体の回転を主力に ピストンスナップで打つ

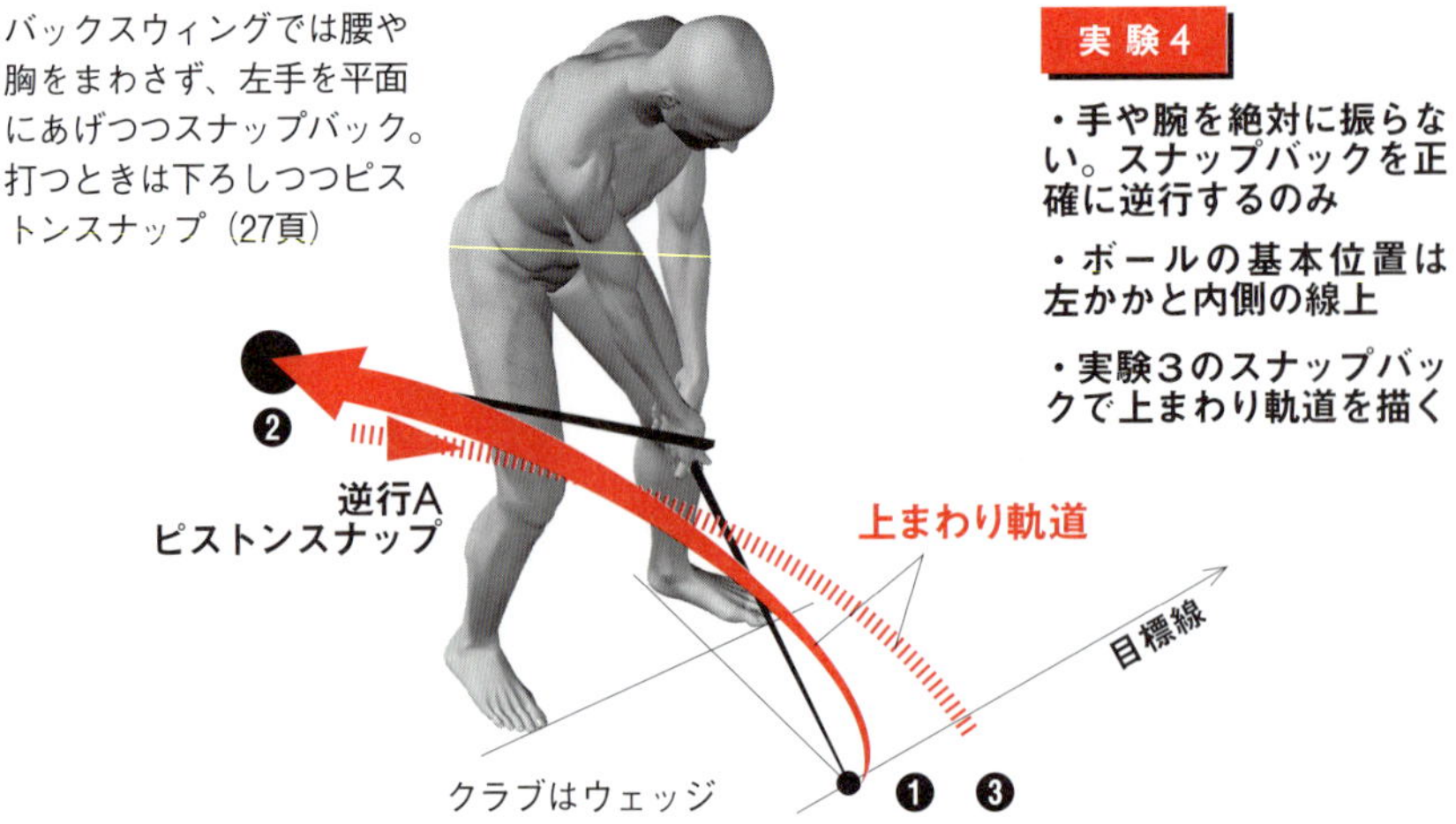

バックスウィングでは腰や胸をまわさず、左手を平面にあげつつスナップバック。打つときは下ろしつつピストンスナップ（27頁）
実験4
・手や腕を絶対に振らない。スナップバックを正確に逆行するのみ
・ボールの基本位置は左かかと内側の線上
・実験3のスナップバックで上まわり軌道を描く
❷
逆行A
ピストンスナップ
上まわり軌道
目標線
クラブはウェッジ
❶
❸

身体をまわすとクラブヘッドは必然的に「下まわり軌道B」を描きます（解説図）。少し遅れて「逆行A」の上まわり軌道をそこに加えると、クラブヘッドがその中間を走って理想軌道Cが現れる。

するとダフらず、すくい打ちにならずに、いわゆるダウンブローになるのです。

初めはダフって打てないでしょう。その場合は身体の回転をゆっくり行いつつピストンスナップの開始を遅らせ、胸が左へ開く度合を大きくして、左肩（肩甲骨）を上げづつ背骨の方へ動かしながらピストンスナップでボールを打ちます。

その際に左手首を小指側へ折る「下コック」（新造語）を大胆に行い、その開始するタイミングと度合と緩急を調整します。

留意点は、体を先にまわし始めることと、決して手を左へ振らないことです。これで手打ちの時とは違うここちよい打球音と共にボールが簡単に舞い上がります。

解説図 これはまさにマジックだ!! AとBで理想軌道Cが現れる

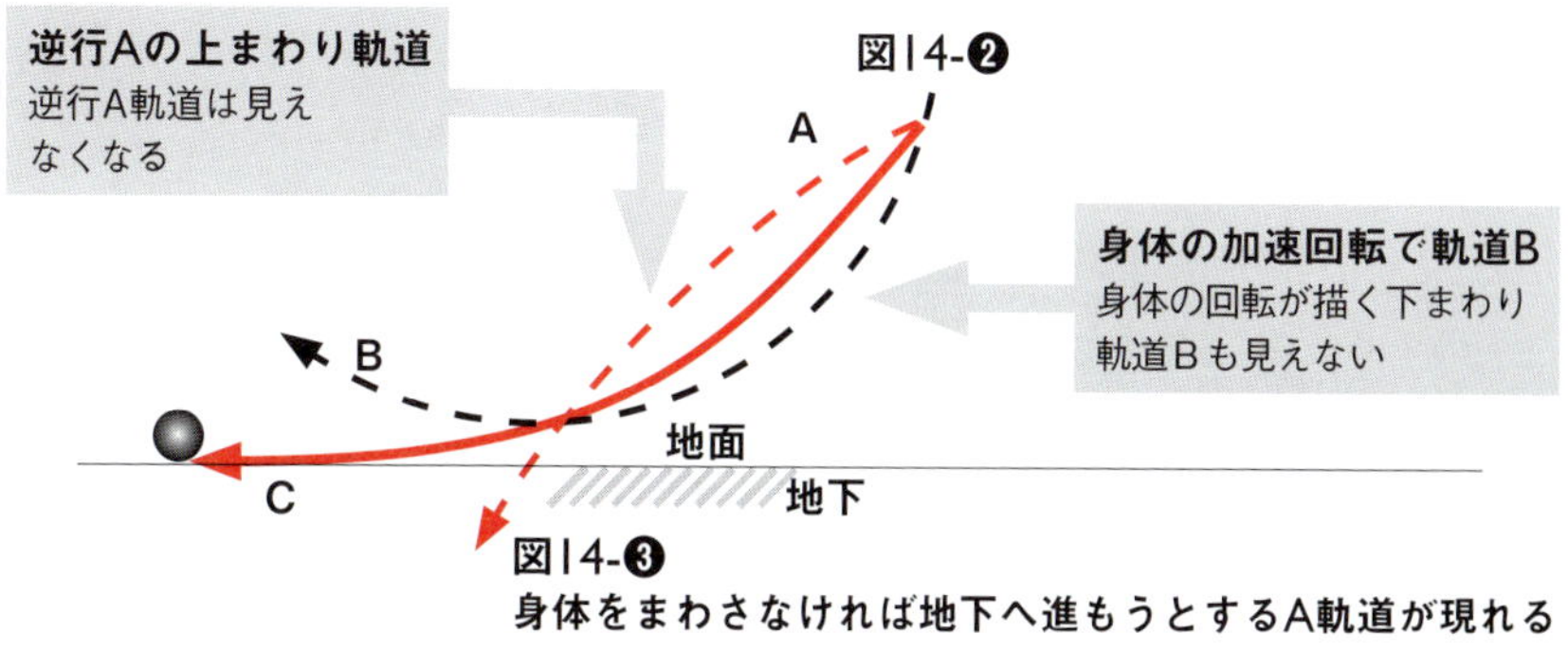
逆行Aの上まわり軌道
逆行A軌道は見えなくなる
図14-❷
A
身体の加速回転で軌道B
身体の回転が描く下まわり軌道Bも見えない
B
地面
C
地下
図14-❸
身体をまわさなければ地下へ進もうとするA軌道が現れる

図14の❷の状態から腰を左へまわし、胸が半開きのタイミングでピストンスナップを開始して下コック（左手首を小指側へ折る動作）を大胆に行う。するとボールを簡単に打てる。ダフる場合は、ピストンスナップの開始を遅らせ、下コックの緩急を調整する。手を振らずに身体をまわす

〝軸〟は根が深かった

スウィングの「軸」もインパクトゾーンと同様に根が深い問題です。

クラブヘッドを加速する「仕組み」の解明や、「理論そのもの」を阻《はば》んできた最大級の要因が軸を発見できなかったことにあります。

何ら意味のない「ただのタテ線」を書いて、「これが軸だ」と述べているのが現状なのです。

このことは野球のバッティング解析でも同様な状況にあると思われます。

ゴルファーが求める**軸は身体をまわすときの中心線です**（図15）。

それは図15のⒷの消しゴムのように二つの針先で支えた二点を通る回転の中心線であり、始点も終点もない宇宙をつらぬく理論上の直線です。

Ⓑの消しゴムに外部から力を加えると、各部位がその直線を中心にまわり、軸と直交する（直角にまじわる）同心円の軌道（軌跡）を描きます。

図15のⒶの右下半身の捻転（後述の「右ヒップターン」）は右足を踏ん張るので、Ⓑのように全体をまわすことはできません。右足が回転を束縛して右膝下が捻られるので、正確には「捻転」となります（特定した部位を見れば回転や旋回）。

支点1（第1頸椎《けいつい》）は、脳で制御する位置の固定です。

支点2の右足関節（略：足首）は、右足に体重が掛かって動かせないことによる固定です。

右下半身の捻転は、手や腕やクラブを含めた右足首から頭の付け根までが回転体であり、それを回転体外部（左膝・左下肢《かし》）がまわします。

軸の発見で身体の回転によるクラブヘッドの軌道（軌道＝ベクトル）を誰もが解析できるようになったことは「ゴルフの世界的な金字塔」と確信しています。

その最大のメリットは、身体の回転でクラブヘッドが動く方向を表すことが可能になり、スウィングの仕組み及びミスショットの原因と対策を詳細に検討できるようになったことです。

図15-A 右下半身の捻転は右軸を中心に身体をまわす

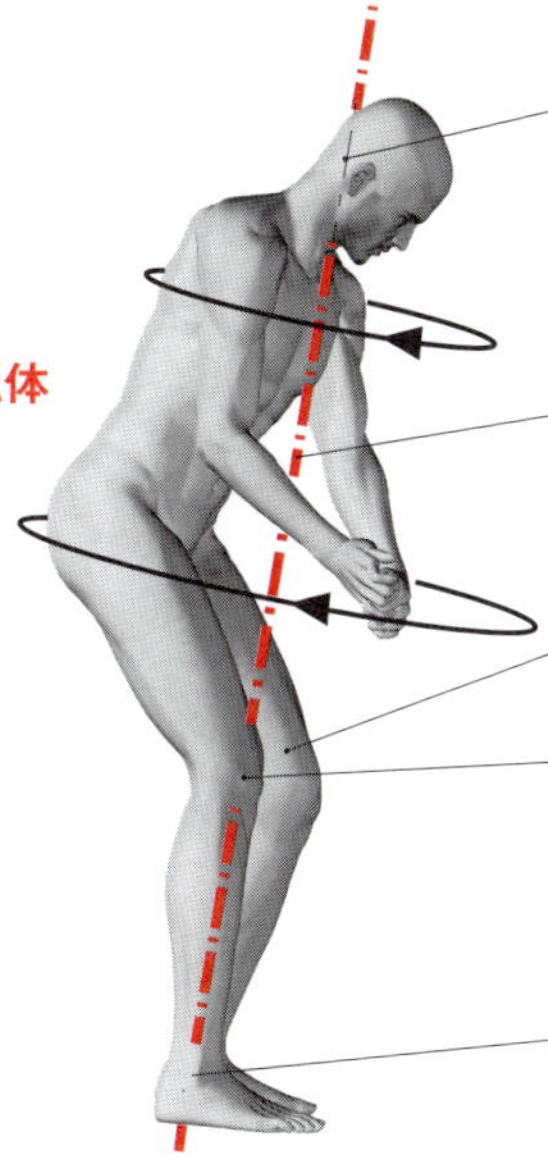

右足首から
頭の付け根までが
回転体
回転体
支点1 頭の付け根
（第1頸椎）
右軸《うじく》（回転の中心線:回転軸）
二つの支点を通る
見えない直線
左下肢《かし》（感覚は、膝の動作）
右軸に合わせた右膝
右膝を軸から外すと右膝がゆれて
安定しない…打球も不安定
支点2 右足首（実際は右足関節）

身体（腰）**を左膝の動作でまわすと複合回転をする**

腰は右軸を中心に15度前後旋回して限界に達し、更に右股関節を支えに30度前後まわる

図15-B 2ヵ所で支えた「消しゴム」の回転（単純な回転）

軸は回転の中心線（二ヵ所の支点を通る見えない直線）。回転体に外部から軸方向以外の力を加えると回転する。回転させる力は回転体を押す位置と方向で回転効率が変わる

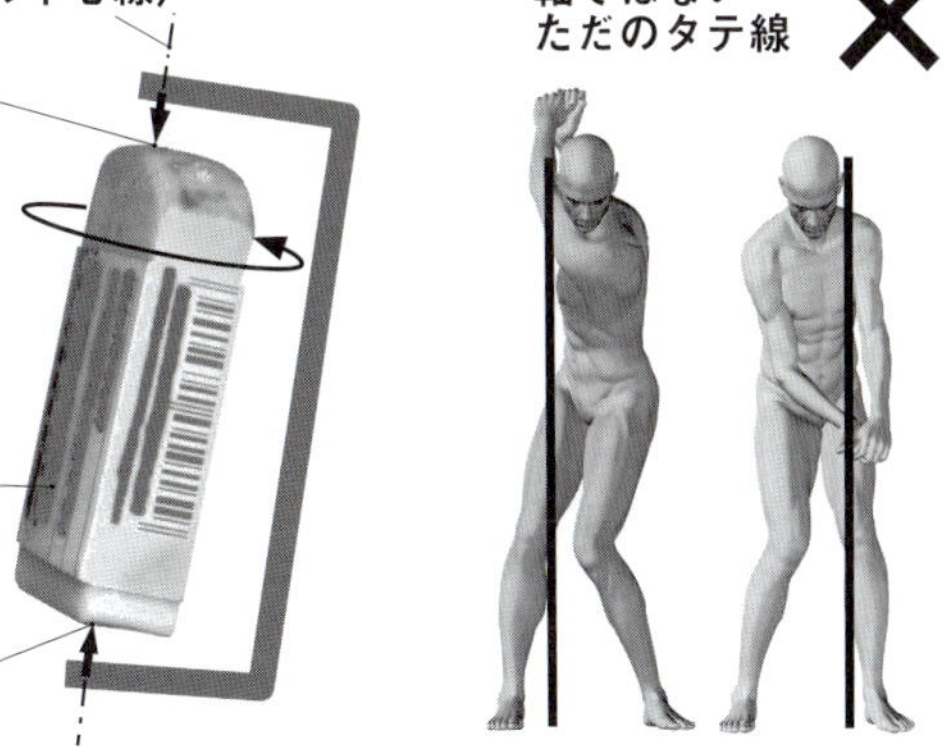

軸（回転の中心線）
支点1
消しゴム
（回転体）
支点2
軸ではない
ただのタテ線

初めて自転車に乗ろうとしたときを思い出してみてください

皆様にお勧《すす》めしたいことは、最初はたとえおわかりにならないところがあっても最後まで一気に読み通すことです。なぜなら本書では、身体全体が連動して幾多の動作が絡《から》み合うゴルフスウィングを、何ページにもわたって展開しているからです。そのあとでページを頻繁《ひんぱん》に繰って各動作を理解せざるを得ないのです。「読んでわかった」は、その通りに動かせた、動いた、ことによるもので、それは脳の多数のシナプス（運動信号の送受端子）が配線《はいせん》を延《の》ばしあって繋《つな》がっている状態です。

人体は、いかに単純な動作でも複数の筋肉が同時に働いているのです。経験したことがない動作は、その動作に関わる複数のシナプスが繋がっていない状態であり、その場合は本書をお読みになられたときに「理解できるがその様に動かない」あるいは、「その動作をまったく理解できない」ことになります。

未経験の動作は、複数のシナプスが配線を延ばしあって繋がろうとするときに少し時間が掛かります。

自転車に初めて乗ろうとするときのように、あせらず、あきらめずに、気長《きなが》に頑張って頂きたいのです。

第2章

グリップは握らない

クラブを如何に支えるか
グリップはすべての動作に連動している
グリップには
独自に加速する仕組みがある

クラブは握《にぎ》らない。ただ支えるだけ

グリップもゴルフの「ねっこ」に関わって、避けては通れない関門です。

〝グリップ〟は本来、クラブの部品、あるいはクラブを〝支える〟ものなのですが、〝握る〟に翻訳《ほんやく》したことに問題があったようです。

薪《まき》を割ったり杭《くい》を打つときは道具を、掌《てのひら》を使って握ります。同様に腕振りスウィングも掌を使って握ってしまうのであり、「にぎる」は悪い表現です。

ゴルフはクラブ操作が独特です。握るとクラブを左の参考図に示した棚（右手の力点、略：右力点）へ乗せることは不可能で「握ること自体」が、強かろうが緩《ゆる》かろうが欠陥グリップとなるのです。

棚は右人差し指に連なる「掌の骨」の頂部であり、人差し指の骨の底部です（第1関節）。

もし仮に、クラブを握るとクラブが右掌に掛かり、必然的に人差し指の骨の底部（42頁）である棚を使えません。

アドレスではクラブを中指・薬指の第3関節（先端の関節）と左手で支え、バックスウィング終盤では棚と「中指・薬指の第3関節」と左手で、下りてくるクラブを受け止めます（トップで安定した制御が可能になる）。

加速の最終段階では棚と、「右中指・薬指の第3関節」と「手首」でスナップを働かせてクラブヘッドを加速します。

先人が述べた教訓の〝小鳥を包むように〟はあまりにも有名です。それは握らないことを表す苦心の言葉であったと思われるのですが、緩く握っても強く握っても棚を活用できなければ機能不全です。

両手でグリップした狭い範囲の中にも加速構造（スナップ）が秘められています（詳細後述）。

左手は「小指・薬指・中指」と「左掌の小指側下方の厚み」でクラブを支えます。それも掌を使って「握りこむ」感覚ではありません（詳細後述）。

グリップは、強く握ろうが緩く握ろうが「掌で握る形」が悪く、駄目なものはダメなのです。

参考図 ピストンスナップを可能にする右手グリップ

ピストンスナップは、人差し指の付け根の棚（掌の骨の頂部）でクラブを押し続ける。握ればグリップ機能を失う

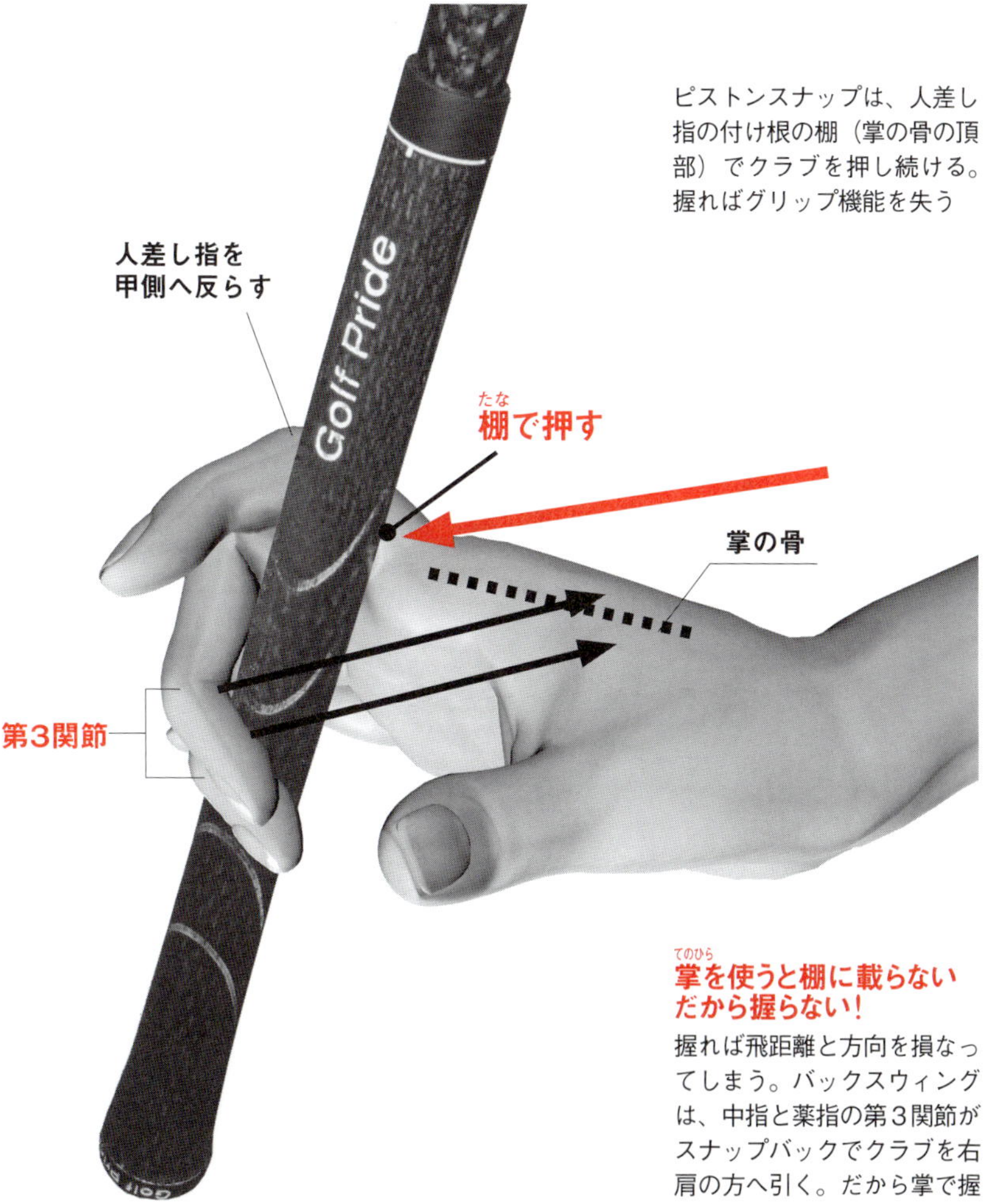

掌《てのひら》を使うと棚に載らない
だから握らない！

握れば飛距離と方向を損なってしまう。バックスウィングは、中指と薬指の第3関節がスナップバックでクラブを右肩の方へ引く。だから掌で握る必要がない

アドレス時の基本形グリップ

構えたときのグリップは、ピストンスナップスウィングも腕振りスウィングも外見的には同じに見えます。しかし、その実態はまったくの別ものです。

皆様もご存知のようにクラブを握る手の形や方法なら、半世紀も前から多くの名手がイラストや写真で明らかにしています。しかし、それは外見的なものばかりです。

掌《てのひら》を開いてクラブをあてがい、〝このように〟などと説明する事も含めて、そのすべてが外見的な状態を示すことに終始して、グリップの機能が説明されたことは一度たりともなかったのです。

厳しく述べるなら、今まで「グリップと加速と軌道と打面開閉」の相関関係が説明されたことはありません。

クラブ操作の方法で手とクラブの接点（支点、力点）が変わります。グリップによってクラブヘッドが如何に加速されるか、が重要なのです（新説）。

図16 アドレス時の基本形グリップ

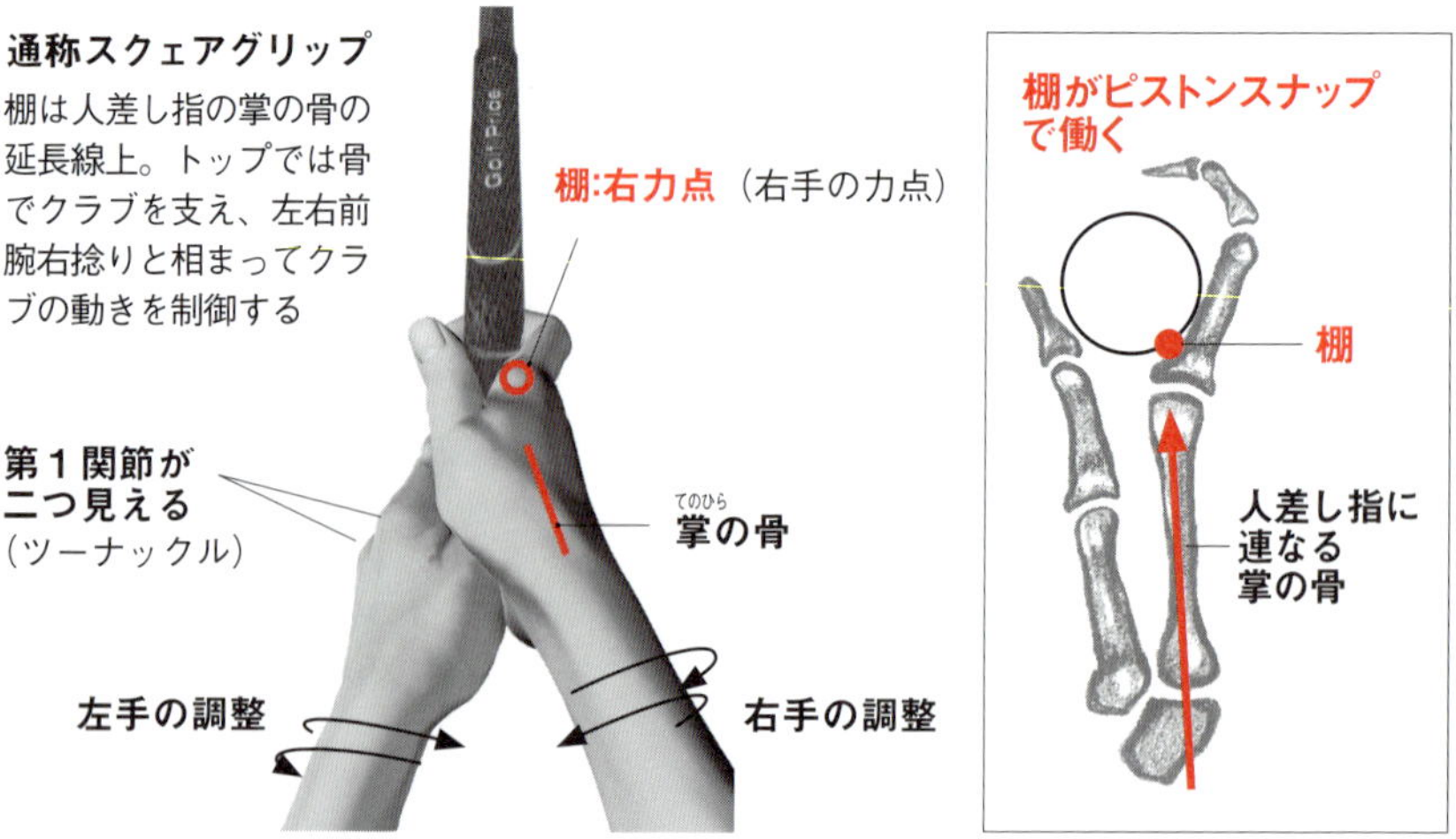

通称スクェアグリップ
棚は人差し指の掌の骨の延長線上。トップでは骨でクラブを支え、左右前腕右捻りと相まってクラブの動きを制御する
棚:右力点（右手の力点）
第1関節が二つ見える（ツーナックル）
掌《てのひら》の骨
左手の調整
右手の調整
棚がピストンスナップで働く
棚
人差し指に連なる掌の骨

名言の一つに〝ゴルフはグリップに始まりグリップに終わる〟がありますが、「グリップの形」が同じに見えても、クラブを操作する方法がわかっているか否かで、その機能はまったく別物になり、あたかも未知の世界にワープするかの如くに激変するのです。

図16に示したグリップを〝アドレス時の基本形グリップ〟と呼ぶことにしますが、〝基本形グリップ〟をスウィング中に崩さないように見える人達と、スウィングの進行にともない基本形グリップを崩す人達のグループに分かれます。

いずれにせよ、クラブの支え方や動かし方で、「加速・軌道・打面開閉」を三位一体でコントロールしなければなりません。

そのためには、グリップする〝形〟のみでなく、左手、右手、それぞれのグリップの働きを知らなければならないのです。

その極めて詳細な機能と動作を後述しますが、先ずは順を追ってお読みください。

参考図 トリガーフィンガー

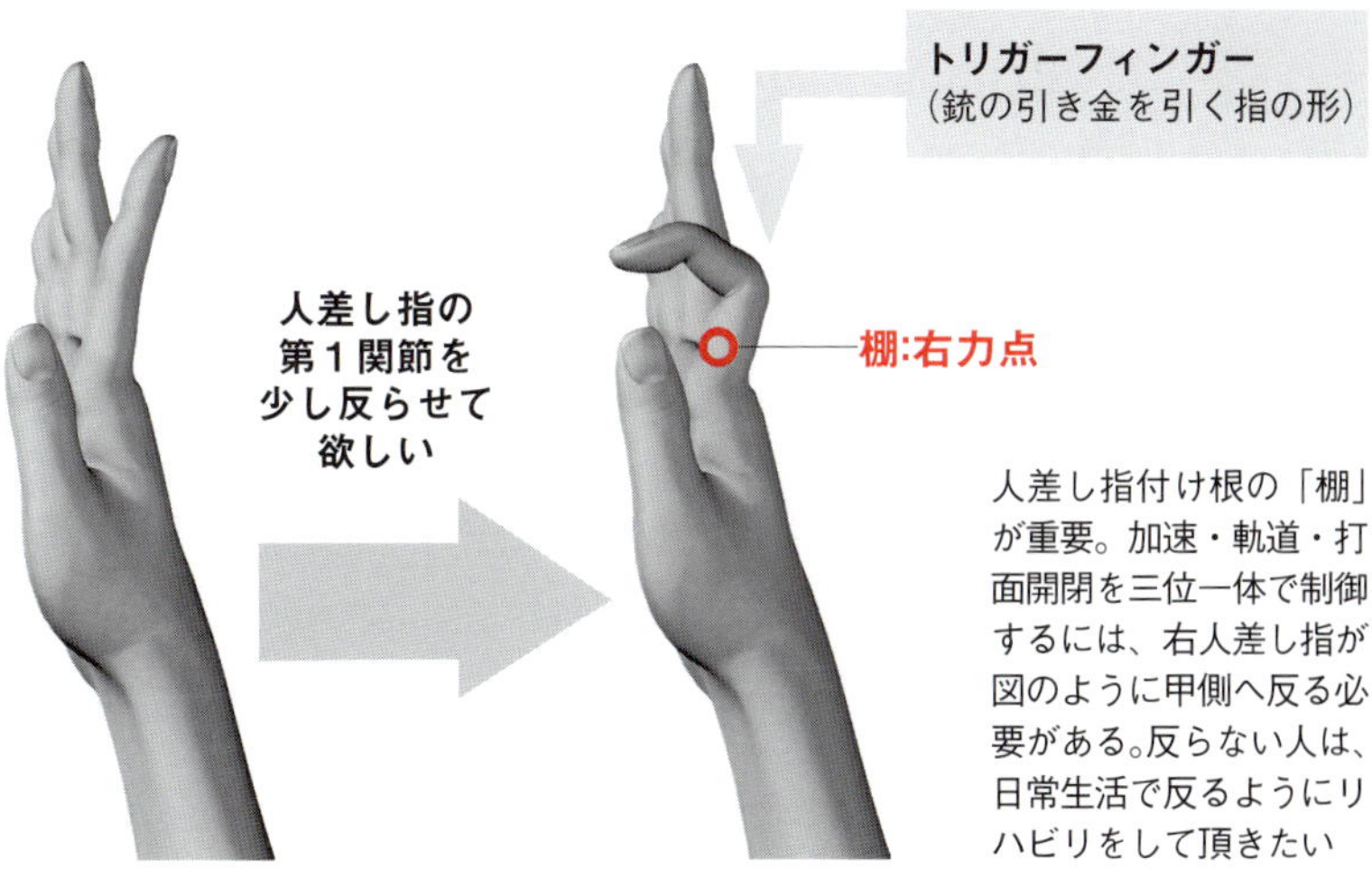
トリガーフィンガー
(銃の引き金を引く指の形)
人差し指の
第１関節を
少し反らせて
欲しい
棚:右力点

人差し指付け根の「棚」が重要。加速・軌道・打面開閉を三位一体で制御するには、右人差し指が図のように甲側へ反る必要がある。反らない人は、日常生活で反るようにリハビリをして頂きたい

左右別々のパーフェクト・グリップ

従来、グリップの名称は「オーバーラッピング」「インターロッキング」「テンフィンガー」のように右手と左手が一体となったものです。その他にも名称は山ほどありますが忘れて良いでしょう。

グリップは、右手と左手が各々異なる働きをします。しかるに、左右一体の名称はその実態を感じさせません。そこで右手と左手のグリップに別々の名前を付ける試みをしました。

左手グリップを、パーフェクト・パーム・グリップ（図17）と呼ぶことにします（略：PPグリップ）。これは「オーバーラップ」「インターロック」「テンフィンガー」のすべてに適合します。

【解説】小指と薬指と図に示した掌《てのひら》下部の厚みの部分で〝輪〟を作ります。すると、グリップ（クラブ）の末端へ太くなる形（テーパー）が働いて、「左掌」で握り締めなくてもクラブを安定して支えられ、

図17 パーフェクト・パーム・グリップ【左手】

PPグリップ【Perfect Palm Grip】
掌《てのひら》で握り込まない
厚み
左力点
輪を締める強さ　1　2　3

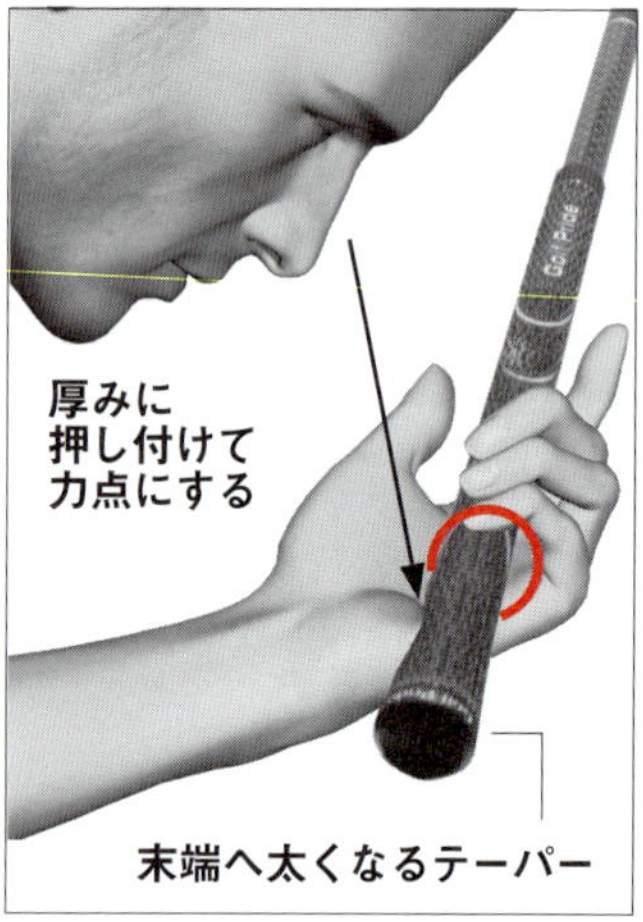
厚みに
押し付けて
力点にする
末端へ太くなるテーパー

ピストンスナップを行う際の力点（場合によっては支点）になります。

それだけでクラブが抜け出ることもないし、最強の加速を行えます。

何よりも手首が自力や他力で柔軟に動いてクラブヘッドの平面軌道を維持できます。

右手グリップを、パーフェクト・フィンガー・グリップ（図18）と呼ぶことにします（略：ＰＦグリップ）。これも「オーバーラップ」「インターロック」「テンフィンガー」のすべてに適合します。

【解説】　バックスウィングの終盤では骨がクラブを支え、インパクトゾーンでは骨がクラブを押して加速します。ですから「握る力」は不要であり厳禁です。言い換えれば握った力で加速をしてはいけません（詳細後述）。

図に示した掌の赤印まで「握り込む」と、掌の骨が邪魔をしてトップでクラブが棚に載らず、ピストンスナップを行えません。

図 18　パーフェクト・フィンガー・グリップ【右手】

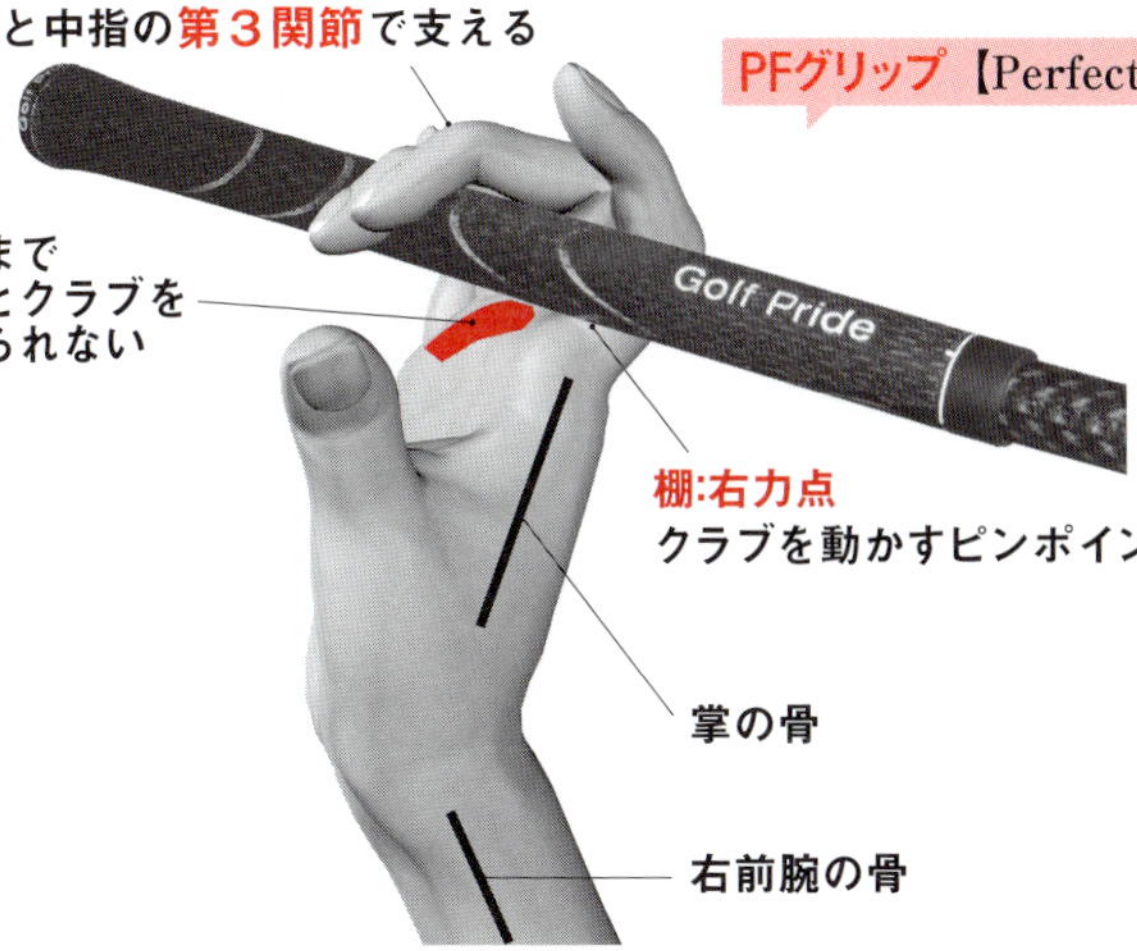
薬指と中指の第３関節で支える
PFグリップ【Perfect Finger Grip】
掌《てのひら》の上部まで
握り込むとクラブを
棚に載せられない
クラブを動かすピンポイント（骨で支える）

ピストンと腕振りのグリップの違い

〝ロングサム・グリップ〟（図19）は、腕振りスウィングに多く見受ける左手のグリップです。サムは親指をいい、ロングは長く出っ張っていることです。

なかなか上達できない人達のグリップはロングサムであり、ほとんどが例外なしに掌《てのひら》も使ってグリップを強く握ってしまいます。

このグループの人達は〝握らない〟を理解することが困難なようです。

なぜなら、腕振りスウィングは〝すべての指〟と〝掌〟でクラブを強く握らなければクラブヘッドを加速できないし、腕振りのフルスウィングにおける切り返しでは強く握らなければクラブを支えられません。

ですから握らないグリップは、想像することさえできない情況にあるのです。

ピストンスナップがクラブヘッドを加速する仕組

図 19 腕振り（手打ち）はロングサムになってしまう

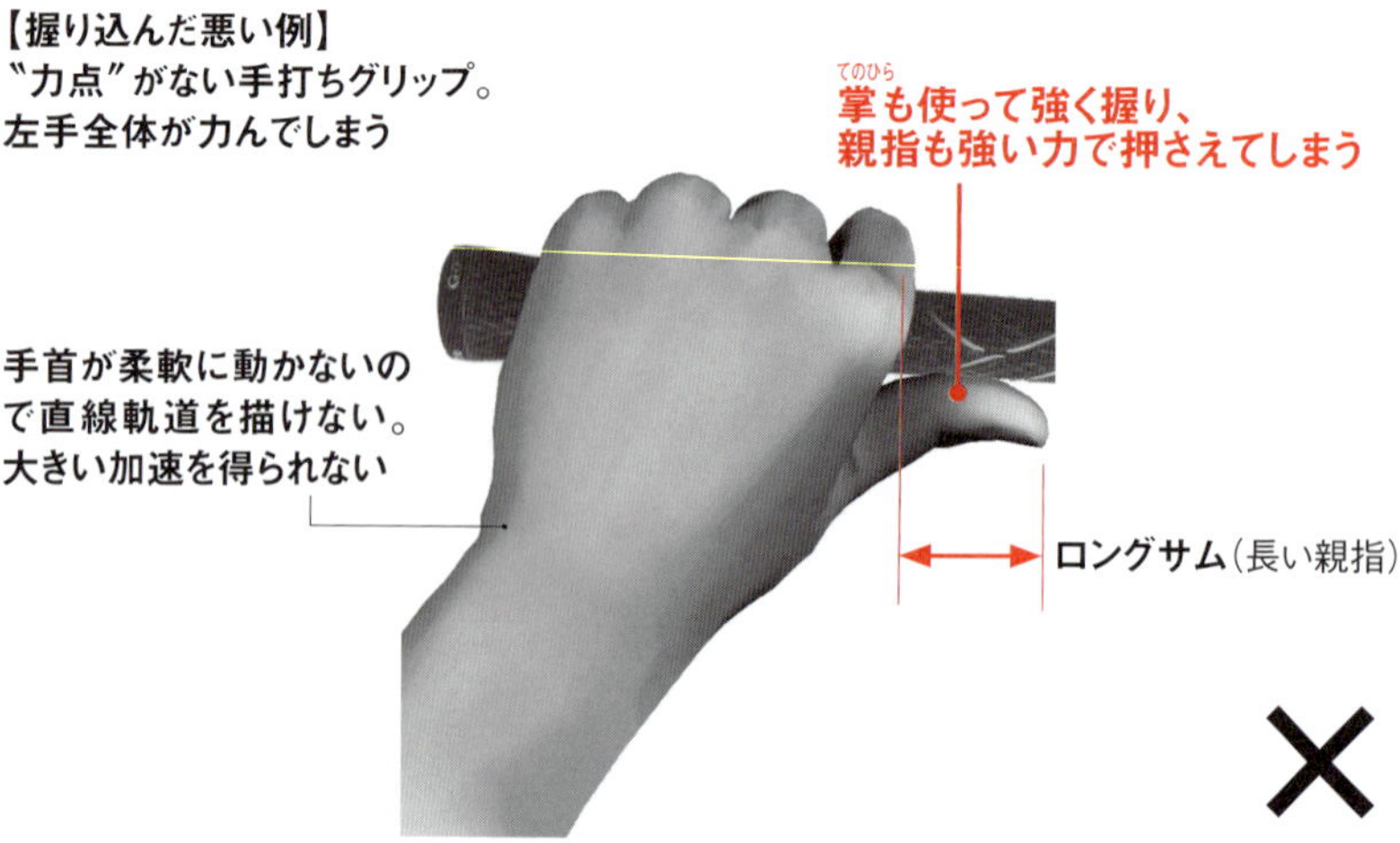
【握り込んだ悪い例】
〝力点〟がない手打ちグリップ。
左手全体が力んでしまう
掌《てのひら》も使って強く握り、
親指も強い力で押さえてしまう
手首が柔軟に動かないので直線軌道を描けない。大きい加速を得られない
ロングサム（長い親指）
×

みを知らなければ、最強の加速と直線軌道が両立する〝握らないグリップ〟はできません。

ピストンスナップは右手や左手が別々の動きで想像を絶する働きをしています。その際の身体の総合動作を、第4章のヒッティングで習得しなければなりません。

親指の出っ張りが短いショートサム（図20）はピストンスナップに最適なグリップです。

ところが、これは〝最も頼りないグリップ〟に感じられるのです。

しかし実際は、それが〝最強の飛ばし〟と三位一体のコントロール（9頁）を可能にします。

もし仮に、ショートサムでは〝弱々しくてクラブを振れない〟と感じたら、あなたのスウィングは腕振りスウィングであり、悪名高い手打ちスウィングになっていることと思われます。

さらに必然的に「左肘《ひじ》引け」にもなっていることと思われるのです。

図20 ピストンスナップはショートサム

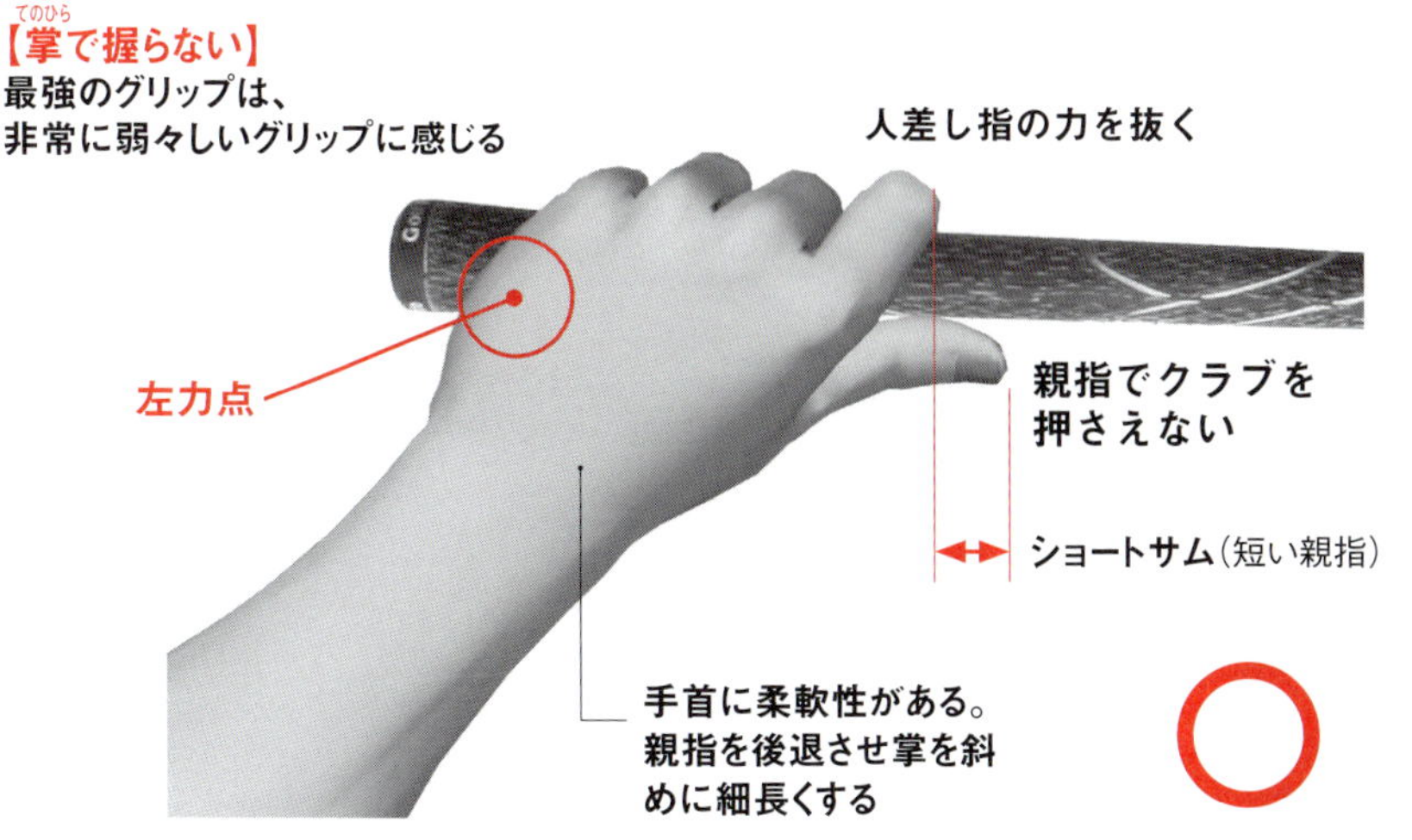
【掌《てのひら》で握らない】
最強のグリップは、
非常に弱々しいグリップに感じる
人差し指の力を抜く
左力点
親指でクラブを
押さえない
ショートサム（短い親指）
手首に柔軟性がある。
親指を後退させ掌を斜
めに細長くする

下コックを生かす左右のグリップ

下コック（手首を小指側へ折る動作、新造語）を最大に行ったときに、ショートサムの方が左前腕とクラブシャフトで作る角度が狭いので、柔軟に動く手首とあいまってクラブヘッドの軌道形状を自由に調整出来るというメリットもあります（図21）。

ダウンスウィングではクラブシャフト全体を平面上で進めることを可能にし、インパクト直前からクラブヘッドをアウトサイドへ下降させ、直線軌道獲得にも貢献します。

指と掌で握った×印のパームグリップ（図21の右）でも練習を重ねれば何とか打てる。それが何十年も上達できない災いの元なのです。

しかし、フルスウィングは身体の回転を順次下から行って何回も加速します。

左手グリップは左力点（左手の力点）にクラブを押しつける小指と薬指に力が入る程度であり、左力点が他力で動きます。その左手は、掌を斜めにすぼめ

図21 左手グリップと下コックの関係

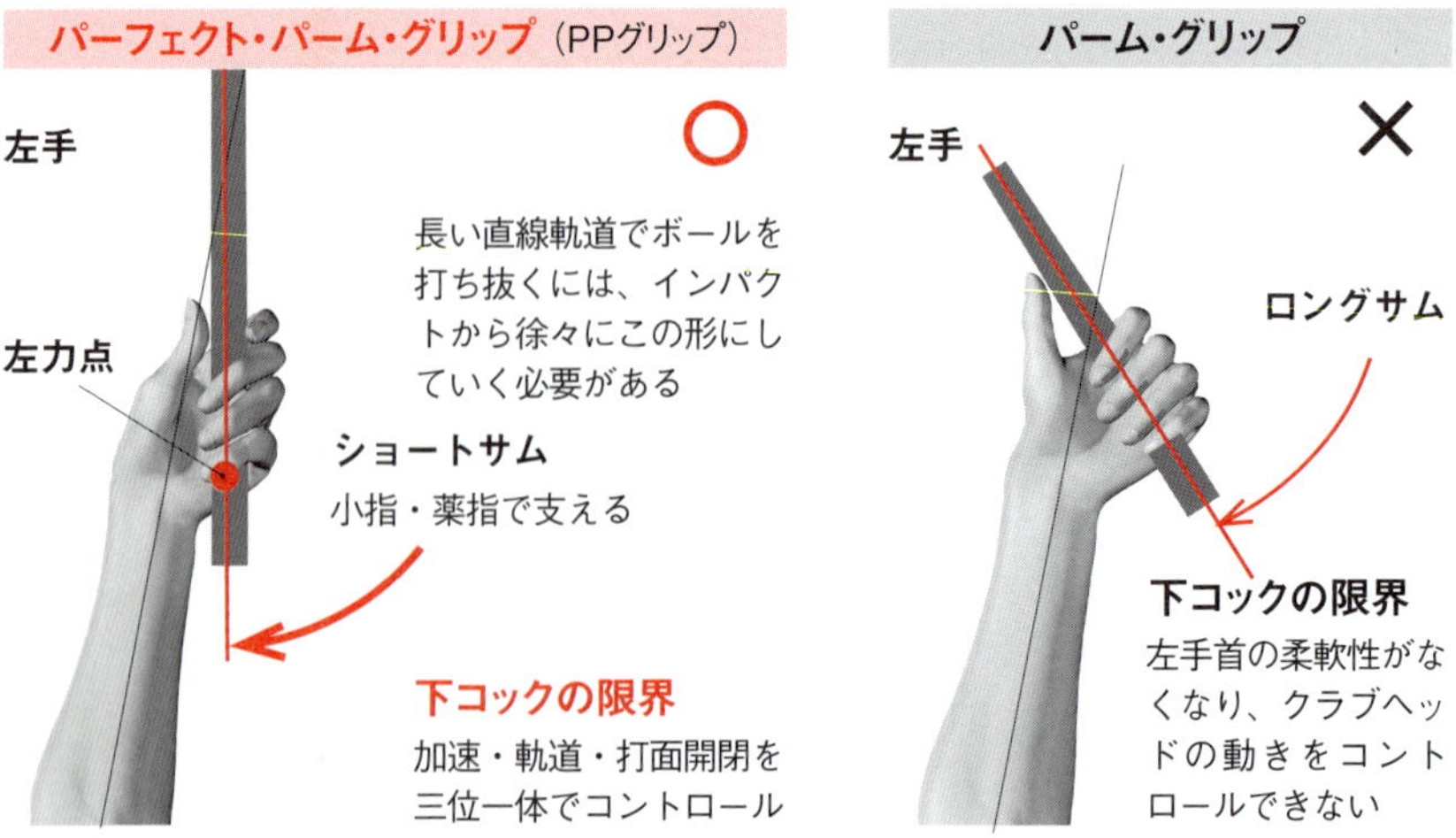
パーフェクト・パーム・グリップ（PPグリップ）
○
左手
長い直線軌道でボールを打ち抜くには、インパクトから徐々にこの形にしていく必要がある
左力点
ショートサム
小指・薬指で支える
下コックの限界
加速・軌道・打面開閉を三位一体でコントロール
パーム・グリップ
×
左手
ロングサム
下コックの限界
左手首の柔軟性がなくなり、クラブヘッドの動きをコントロールできない

て親指が出っ張らないショートサムとなります。

ショートサムは図21のように下コックの限界でシャフトと前腕の角度が少ない。するとインパクト前後の軌道の高さを調整しつつ直線軌道で加速できるのです。ロングサムで握ると、左手首のコックの柔軟性がなくなり平面上で走ろうとするクラブヘッドの慣性を妨《さまた》げる力が働いてしまうし、インパクトエリアでは軌道の高さ調整が困難です。

左手を硬くしてクラブヘッドが平面上を走ろうとする慣性を妨げてはいけません。右中指と薬指を深く握ると図22の赤塗り部にクラブが掛かり、掌の骨が邪魔をしてクラブが棚（41頁）に載りません。するとピストンスナップは困難です。

名手達のアドレス時の右中指と薬指は、クラブが掌に掛からないように握り込まずに浅く支え、アドレスでは下図のように「下コック」を利かして腕と逆傾斜の角度を付けています。この形が加速を終えた身体の左側で現れます。コックして最大の下コック。そこに〝働き〟があるのです。

図22 アドレス時に右手の下コックがことのほか重要

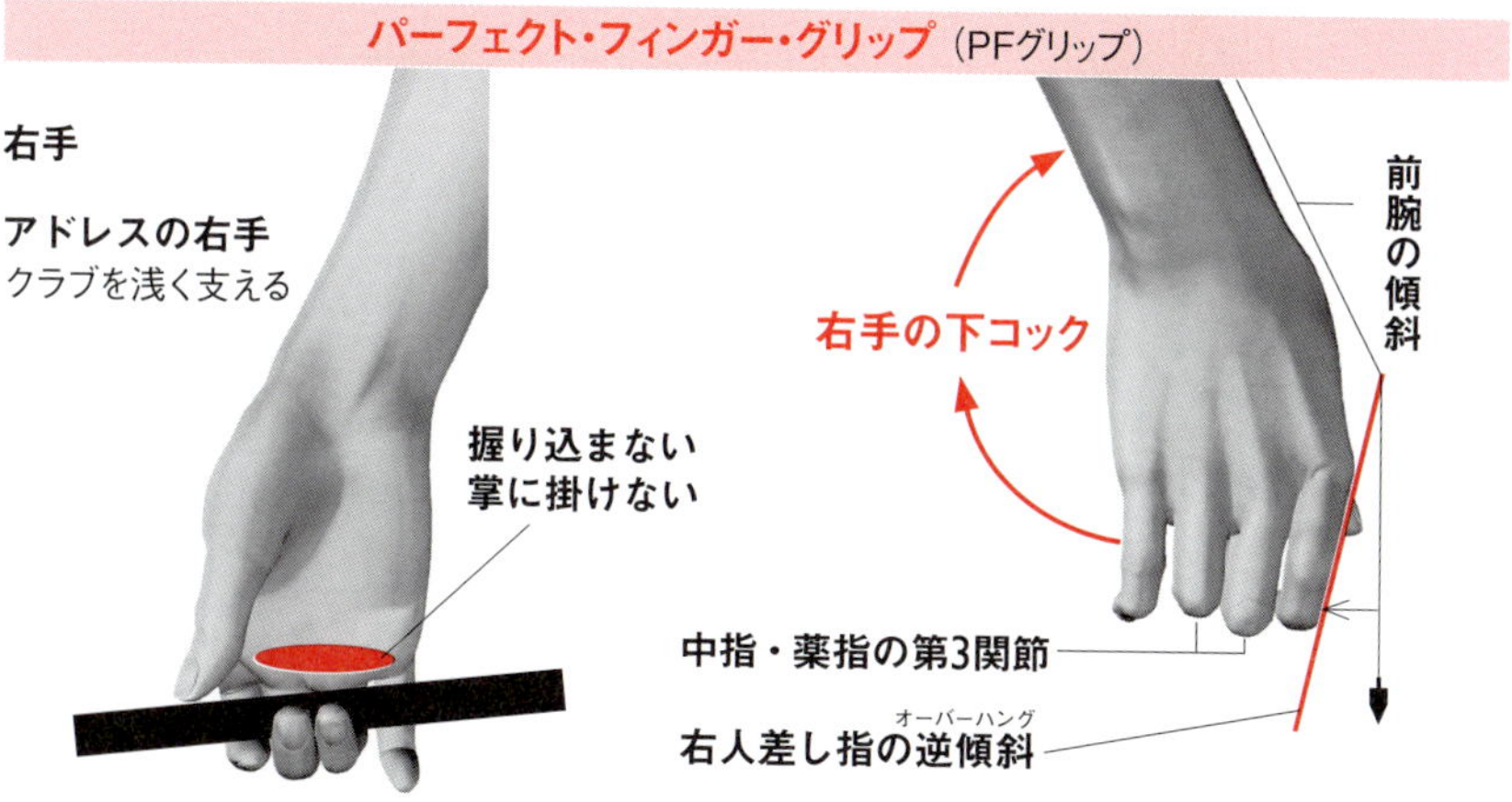
パーフェクト・フィンガー・グリップ（PFグリップ）
右手
アドレスの右手
クラブを浅く支える
握り込まない
掌に掛けない
右手の下コック
前腕の傾斜
中指・薬指の第3関節
右人差し指の逆傾斜《オーバーハング》

※この形が加速終了時にも現れる

クラブを両手で支える

アドレス時の基本形グリップは、右手の生命線に左手の親指を合わせて完成させます（図23）。

左右の手を組むときに49頁《ページ》図22のオーバーハングの形を活かさなければならない。留意点は、右手中指と薬指を「握り込まない」ことです。右手首を「下コック」して、右中指と薬指の第3関節でクラブを浅く支えます。

握り込むと右人差し指付け根の骨（棚）を利用できず、切り返しではクラブを制御できないし、ピストンスナップを行えません。ショートアプローチでは活き活きとした切り返しが困難です。

クラブを持つ位置（長さ）は、飛距離の打ち分けや地面の傾斜などで変わります。

肝心な事は右手と左手が別々な動きをしなければならないことであり、両手の一体化は困りものです。それは休眠グリップといった方が良いかも知れません。

図23 左親指を右手の生命線に合わせて組む

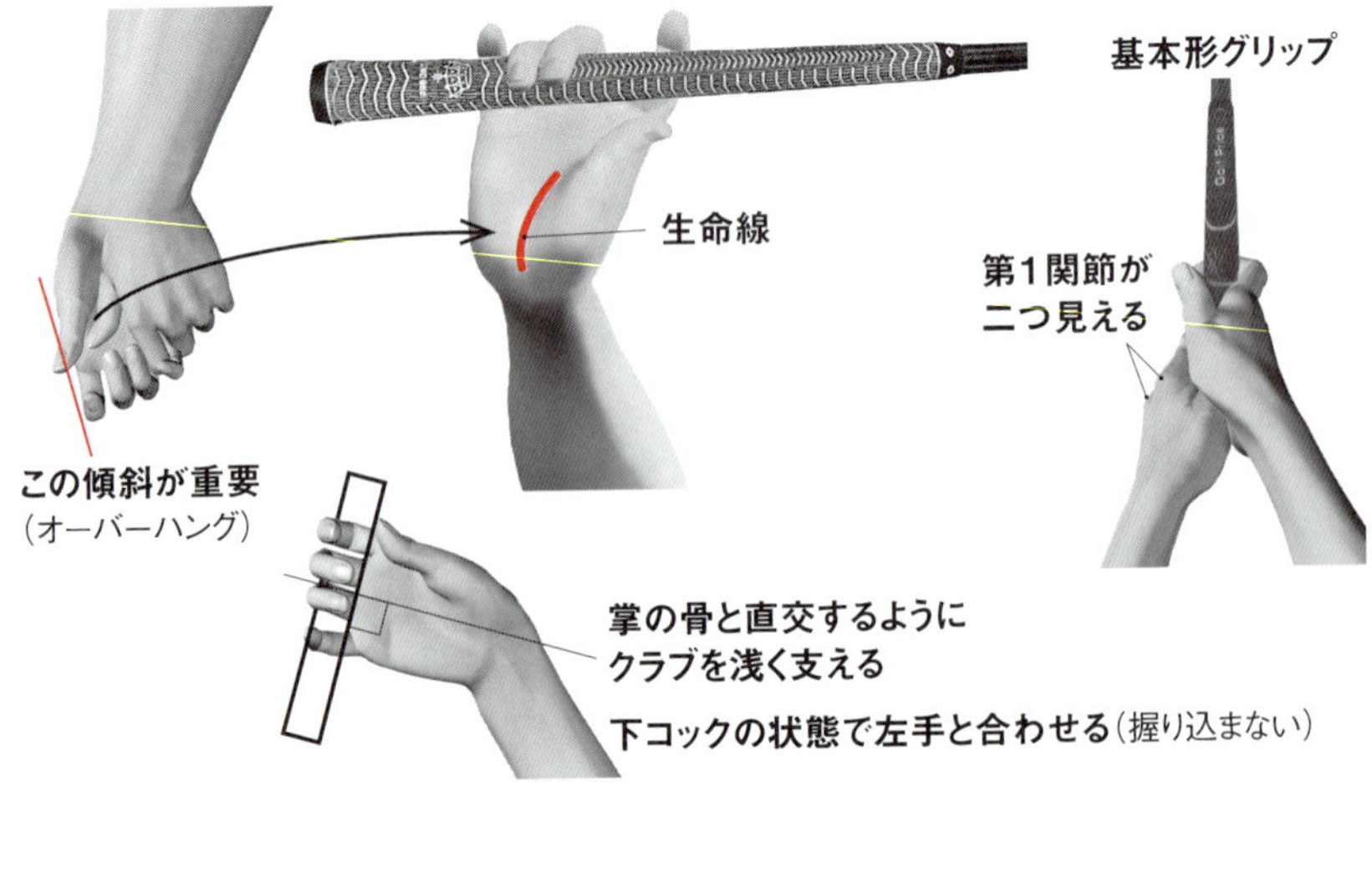
基本形グリップ
生命線
第1関節が
二つ見える
この傾斜が重要
(オーバーハング)
掌の骨と直交するように
クラブを浅く支える
下コックの状態で左手と合わせる(握り込まない)

第3章

グリップの「働《はたら》き」

クラブを「べったり握らず」
ピンポイント（力点）で操作する
左右の手は別々の動作でズレて当然
左力点をUターンさせると
クラブヘッドが激走する

ピストンスナップの実態

ゴルフのスナップは、常識的なスナップ（野球などのスナップ）とはまったく異なる別もので、本書での本来の名称は「変則スナップ」ですが記述は「変則」を省略しています。

ピストンスナップで重要な事は「腕を振らない」「クラブを手首や腕の力のみで操作しない」ことです。なぜなら、クラブを操作する主力は身体（体幹）の加速回転なのです。

ピストンスナップは、全身のいくつもの単純動作が絡み合った「運動」ですが、それを端的《たんてき》に表したものが「右前腕を胸の中央前方へ動かすピストン」「右手首のスナップ」です。しかし、その実態は左腕を一直線に伸ばして「つっかい棒」として使う、右肩（右肩甲骨）を前方へ動かす、左肩（左肩甲骨）を上げつつ背後へ動かす、左右前腕の左捻り、などが「付きもの」です。これがピストンスナップを行うときの「手・腕・肩の運動（アームアクション）」であり、

図 24 ピストンスナップの概略

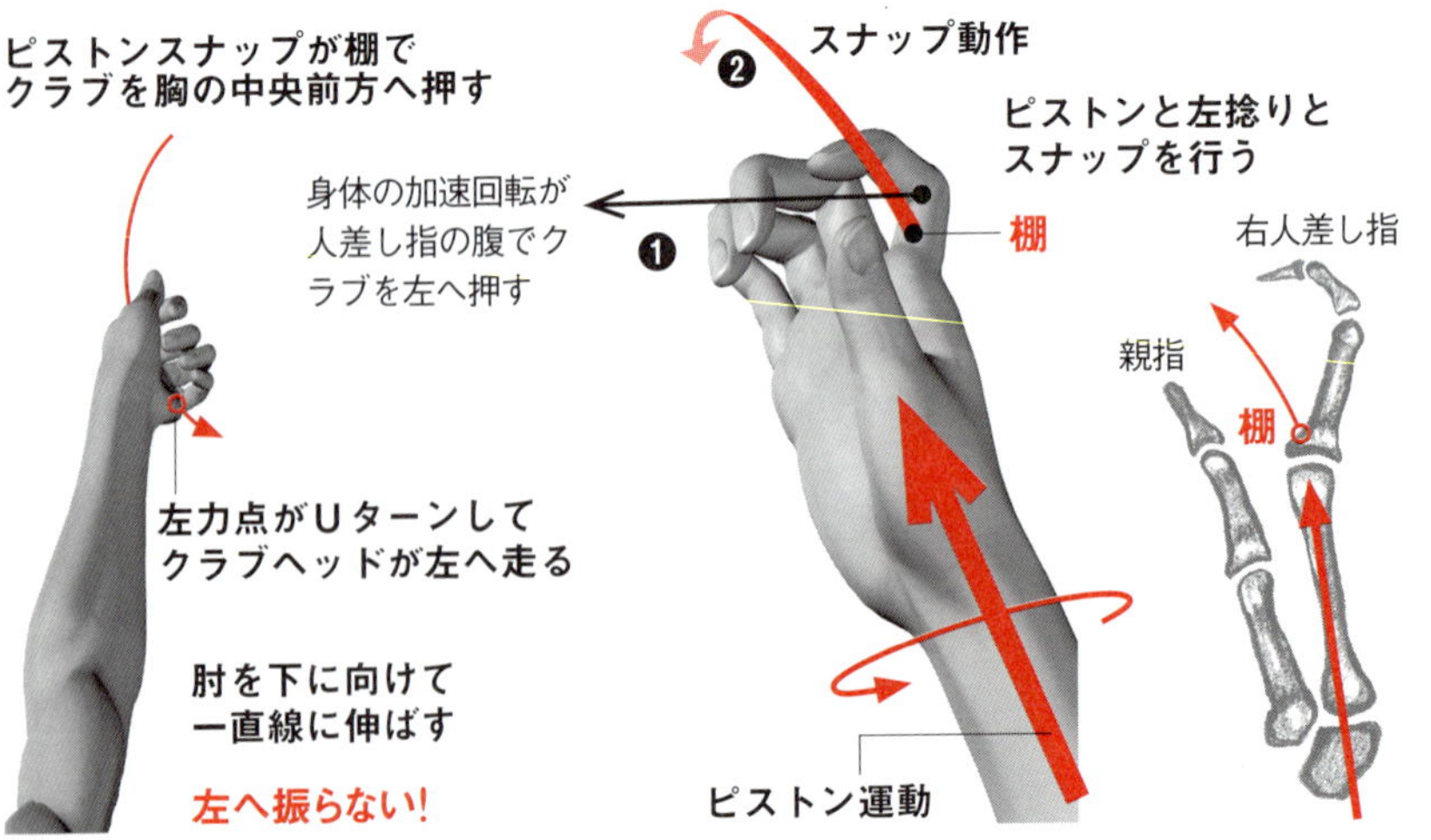

それらを省略して「ピストンスナップ」と述べています。その「手・腕・肩」を胸（胸郭《きょうかく》）が回転運動で一括して動かさなければ、ピストンスナップは成立しない仕組みになっているのです。

図24と参考図は、グリップの機能を含むピストンスナップと身体の回転の関係を大まかに表したものです。これはクラブヘッドがスタンスの中央前方を通過した以降の動きを説明しています。

右手を介した身体の回転の働きにより（図24の①）、クラブヘッドは下まわりの軌道で、クラブフェースを開きながらインサイドへ上昇します（参考図）。

ピストンスナップの右力点（図24の②）がクラブを胸の中央前方へ押すと、クラブヘッドは②の上まわりの下降軌道を描きながら打面を閉じつつアウトサイドへ下降します。

①と②の働きで、クラブヘッドは打面がスクェアになり直線軌道を描いてボールを打ち抜きます（参考図）。①と②の軌道は見えなくなって③の軌道が現れるということです。

参考図 二つの見えない軌道（潜在軌道①と②）でクラブを動かす

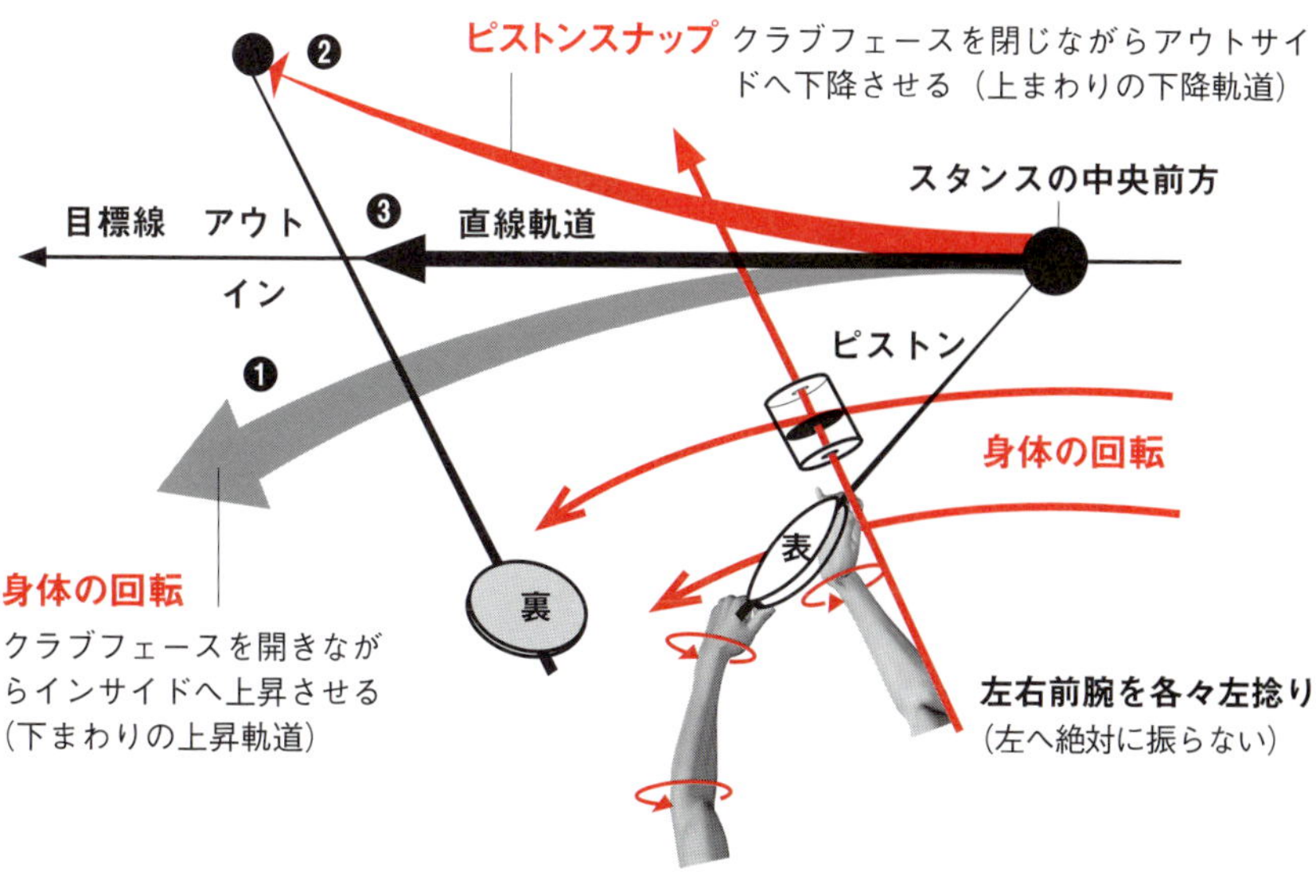

ピストンスナップ クラブフェースを閉じながらアウトサイドへ下降させる（上まわりの下降軌道）
❷
スタンスの中央前方
目標線 アウト
❸
直線軌道
イン
ピストン
❶
身体の回転
表
裏
身体の回転
クラブフェースを開きながらインサイドへ上昇させる（下まわりの上昇軌道）
左右前腕を各々左捻り
（左へ絶対に振らない）

右手（右前腕）の動きを作る単純動作

ピストンスナップから単純動作を取り出すと、その実態が浮き彫りになります。上まわりの上昇軌道が上まわりの下降軌道に変わることさえもピストンスナップの単純動作によるものです。ピストンスナップに必要なグリップは45頁《ページ》に示したパーフェクト・フィンガー・グリップです。

まず、バックスウィングの右手の動作から単純動作を取り出してみましょう（図25）。①右手首を親指側へ限界まで折る「コック」、②甲側へ限界まで折る「谷ヒンジ」、③右前腕（右手首）を右捻り、の三つです。

①で右前腕とクラブシャフトがほぼ直角になりますが、②と③で直角が崩れることはありません。この三つの単純動作に右肩甲骨《けんこうこつ》の動作と右肘の動作を加えることでオンプレーン軌道が可能になり、特に③の「右前腕右捻り」が直角を崩さずに、尚且《なおか》つオーバースウィングを防ぎます。その①②③のそれぞ

図 25 トップでクラブを支え スナップを行える右手

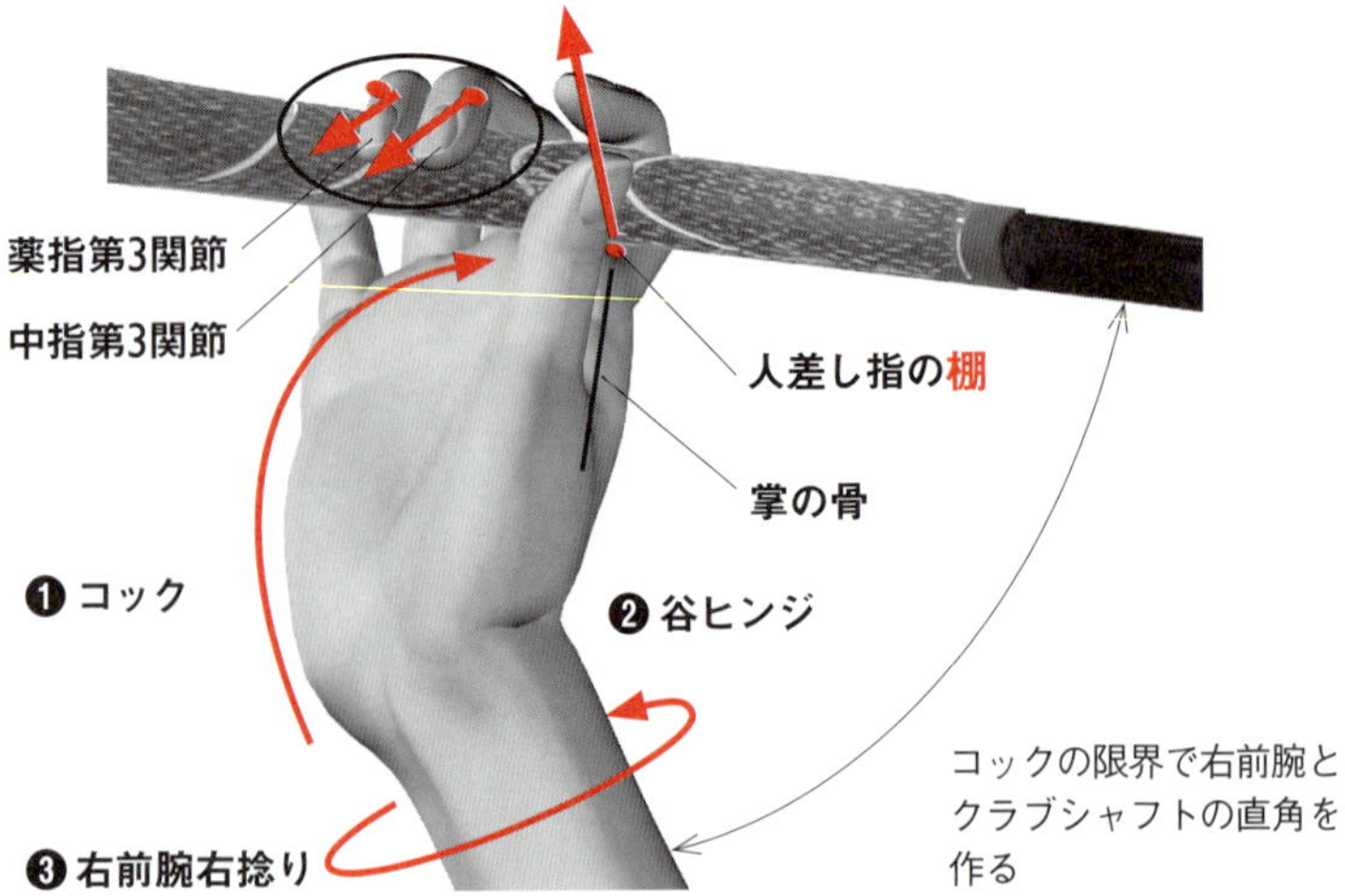
薬指第3関節
中指第3関節
人差し指の棚
掌の骨
❶ コック
❷ 谷ヒンジ
❸ 右前腕右捻り
コックの限界で右前腕とクラブシャフトの直角を作る

れがスナップバックの単純動作です。

図26は、ピストンスナップの開始と終了を示したもので、インパクトはその中間にあります。

その際、クラブヘッドを平面上の直線軌道で進めるには右手と左手を「ズラし」(62頁)、右肘を伸ばしていかなければなりません。

ピストンスナップを開始するタイミングは胸が左へ開き始めた「その時」です。

そのピストンスナップから単純動作を取り出すと①「コック」を戻す、②更に小指側へ手首を折る(下コック)、③「谷ヒンジ」を「山ヒンジ」にする、④右前腕を左回転に捻る、⑤右前腕を胸の中央前方へ出す(右肘を伸ばす)、という五つの動作となります。

それらはスナップバックで行った各動作の単純な「逆行」とその延長です。

ピストンスナップは「左肘を下に向け左前腕と左上腕の骨を一直線」に並べて「つっかかい棒」にすることが条件です。その詳細を次頁で明らかにします。

図26 ピストンスナップの右腕

胸の中央前方へ
ピストン運動と変則スナップ

●感覚は、まさに直線運動。手を上下にあおらず、手首の力に頼らず胸の回転とコラボレーション

●ドライバーでは、腰や胸の回転が弱いと左へ飛ぶ。ピストンスナップが弱いと右へ飛ぶ。ピストンスナップのタイミングと強弱緩急が重要

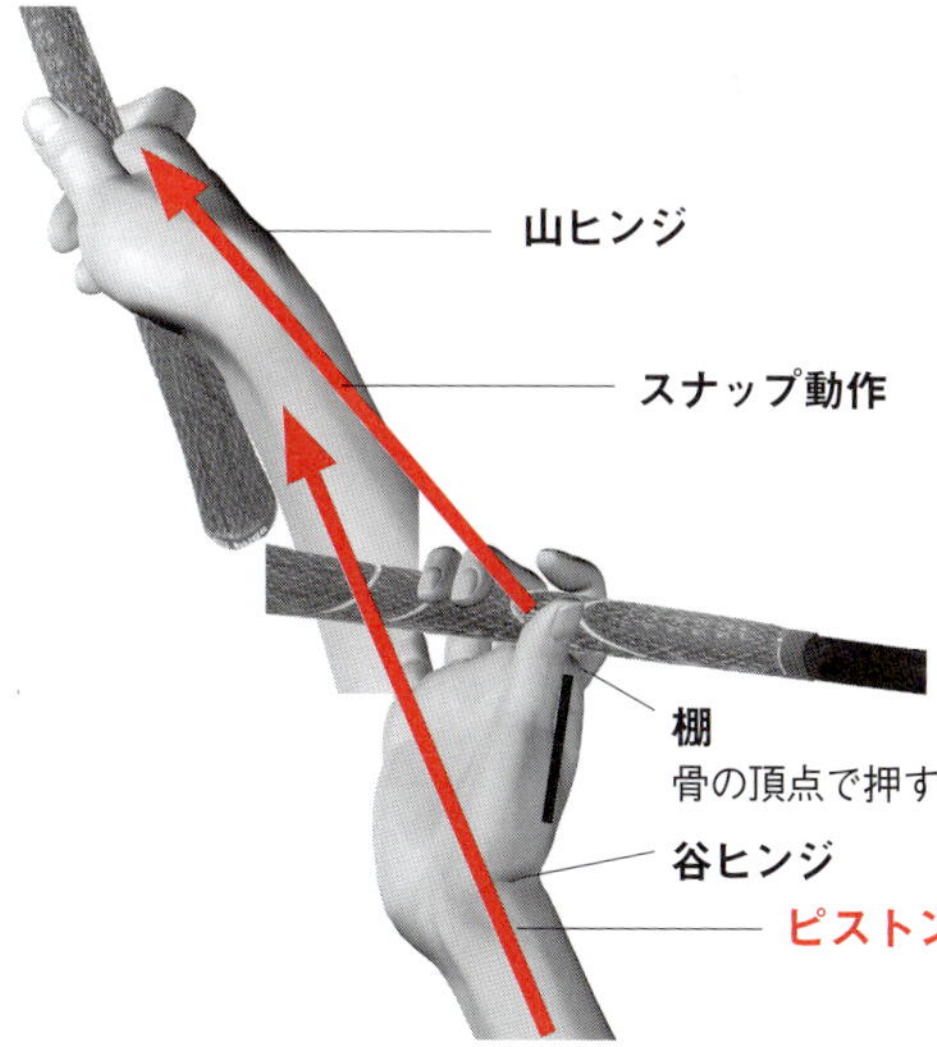

左腕の「つっかい棒」でスライスを撲滅《ぼくめつ》

ピストンスナップを行うときに左肘《ひじ》を下に向けると左腕を伸ばしやすくなり、左上腕と左前腕の骨が一直線になります（図27）。

その左腕がピストンスナップを行う際の強固な〝つっかい棒〟となり、右肘を十分に伸ばすことができるのです。

そのつっかい棒（左腕）は、胸の加速回転と左肩の動作が左力点を引き寄せるための「連結棒《れんけつぼう》」の役割も果たします。

左腕が伸びていれば、最先端の左人差し指（右小指）を回転の支点にして、右手首の谷ヒンジを山ヒンジに変えながら右手の「棚」が約15㎝ほど胸の前方へ出ていきます。

結果、右肘が驚くほど伸びて、右力点（棚）は胸の中央前方へ遠ざかり、クラブヘッドをアウトサイドへ下降させます。

その際に、左手首の下コックの度合調整と左手首

図27 左腕を「つっかい棒」にしてピストンスナップ

つっかい棒の先端を支えにしたスナップ動作で右腕が驚くほど伸びて右手が右肩から遠ざかる。その結果でクラブヘッドがアウトサイドへ下降する

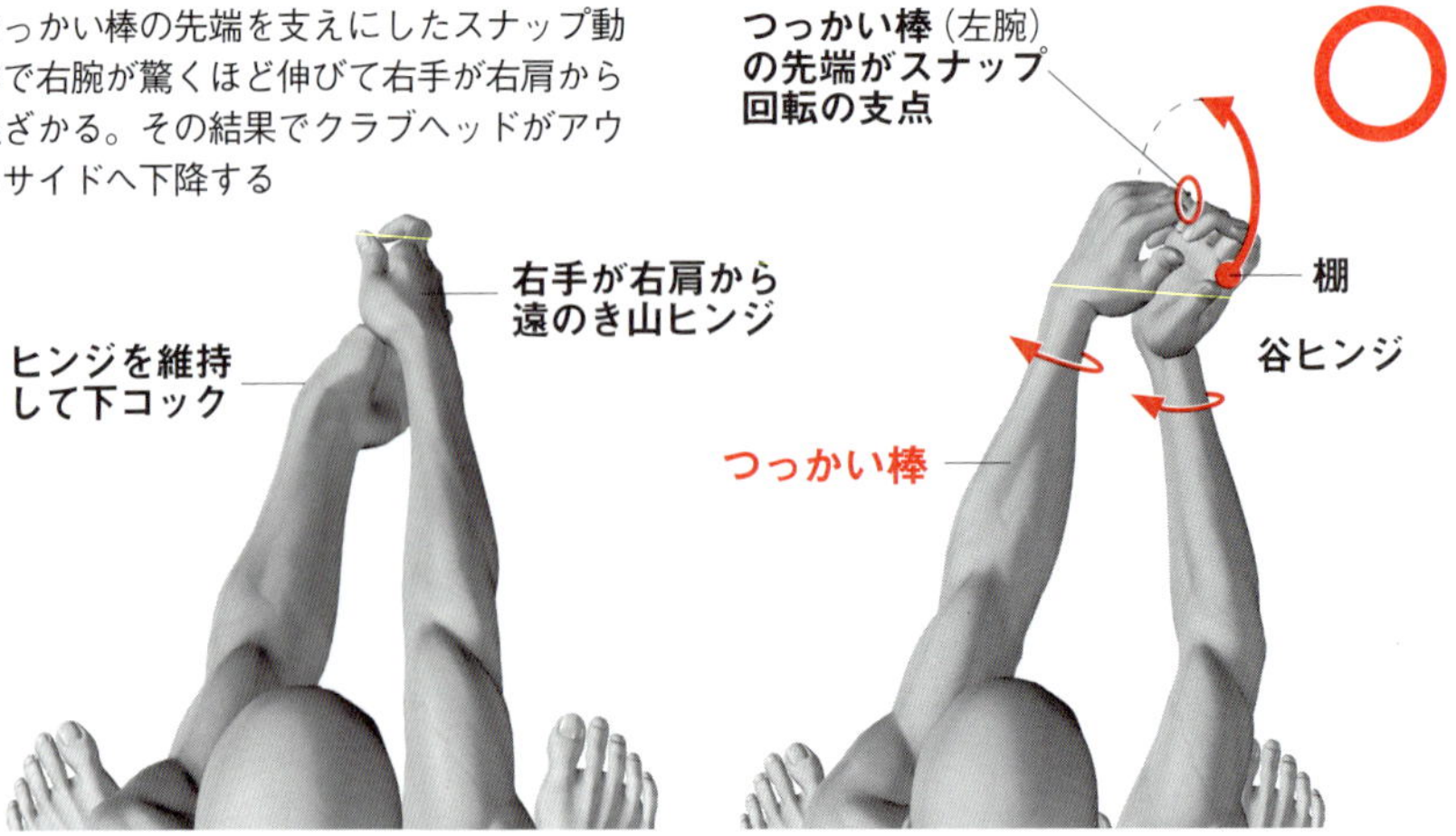

右手が右肩から遠のき山ヒンジ
ヒンジを維持して下コック
つっかい棒（左腕）の先端がスナップ回転の支点
棚
谷ヒンジ
つっかい棒

のヒンジの不変が重要なのですが、これは58頁《ページ》で詳しく説明します。

右小指は右手と左手の連結器としても働き、左右の手のズレを許しています。さらにはスナップ動作の支点としての重要な役割も果たしています。

スナップの動きには左前腕を左肘の方へ押し込む力があります。左肘が曲がったり緩んだりしていると「つっかい棒」の役目を果たさず、右手首がスナップ動作の支点になって左手が身体の方へ近づく最悪のスナップになってしまいます（図28）。

これでは左手と左肩の間隔が狭くなり、ピストン運動を行っても右肘が十分に伸びません。

右肘が伸びなければクラブヘッドがインサイドに動いてスライスになったり、引っ掛けることになります。

図27と図28をクラブを持たずに行い、その天と地ほどの違いを知って下さい。

図28が、どうしても直らないスライスの原因になっている場合が非常に多いのです。

図28 右肘が伸びない最悪のスナップ

手首がスナップの支点になると右肘が十分に伸びない

「左肘引け」の原因にもなる。結果はスライスや引っ掛け

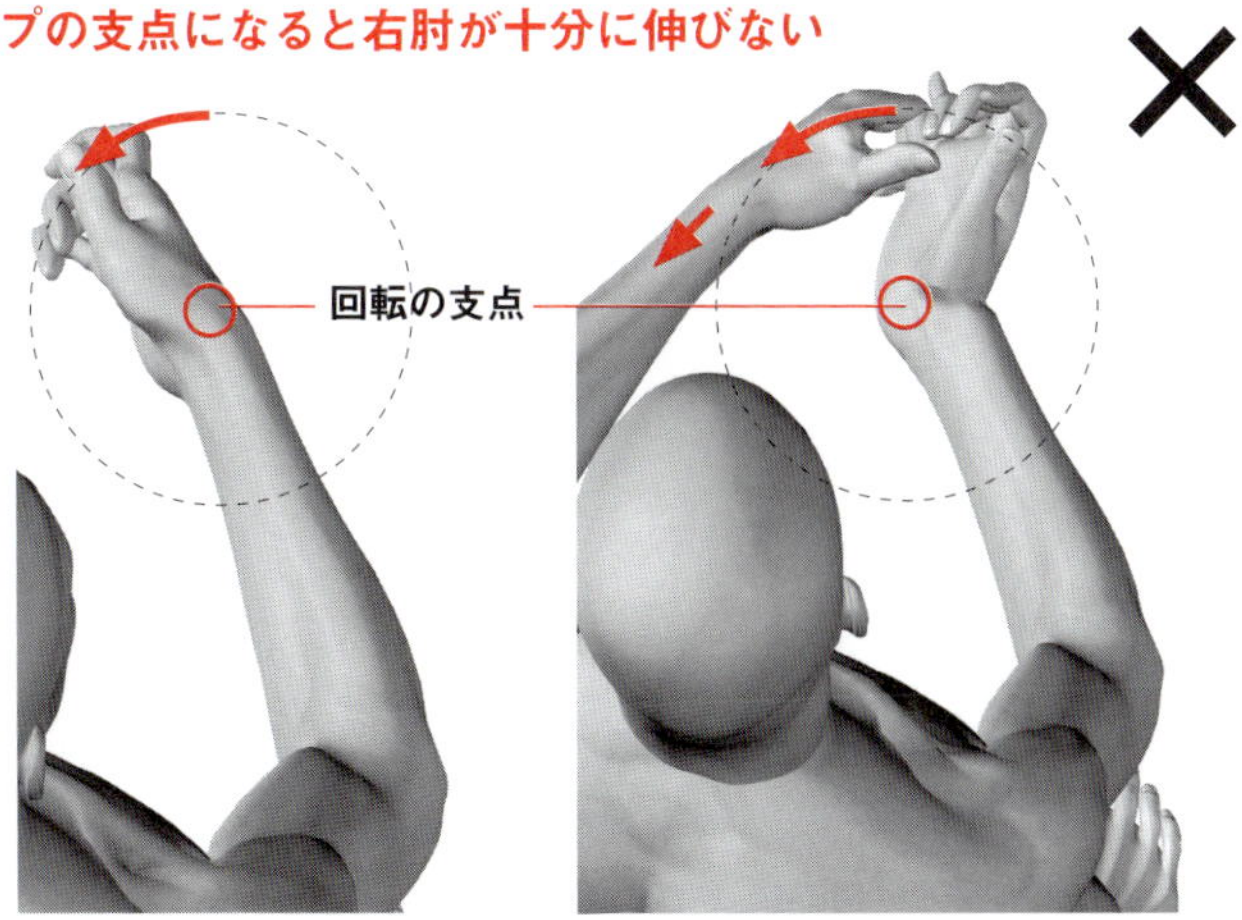

左手と左腕の動作

従来のアンコックやリリースはその表現が曖昧《あいまい》というか内容が不明で、外見的には「そう見える」という程度です。それを徹底的に明かさなければなりません。

バックスウィングの左手首は親指側へ折るコック、掌側へ折る山ヒンジ、前腕(左手首)45度右捻り、の組み合わせであり、「積極動作」と「受動的な動き」が微妙に混ざり合っています。

図29は、切り返しから加速終了までに行うべき左手首の単純動作です。

①小指側へ折る下コックは、左前腕とシャフトの角度を変えてピストンスナップによる「上まわり軌道」の方向を変え、オンプレーンを維持してボールへの入射角度や軌道の高さを調整します。

②前腕(左手首)の45度左捻りは、いわゆる左手首の外転でありプラス(+)の加速(64頁)を生みます。

③ヒンジは蝶番《ちょうつがい》のことですが、ピストンスナップを

図29 左手首は、コック・下コック・ヒンジ・左捻り

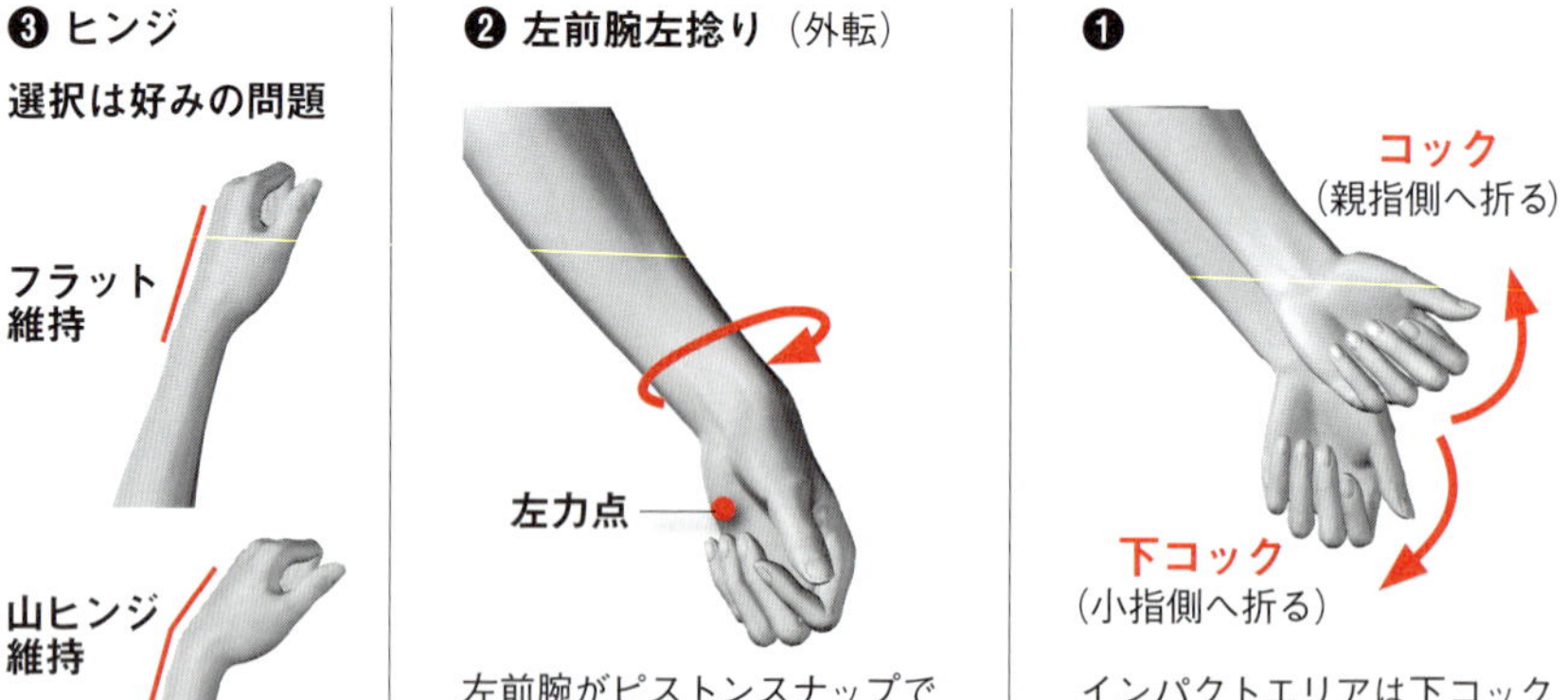
❶
コック
(親指側へ折る)
下コック
(小指側へ折る)
❷ 左前腕左捻り (外転)
左力点
❸ ヒンジ
選択は好みの問題
フラット維持
山ヒンジ維持

❶ インパクトエリアは下コックでクラブヘッドの軌道の高さをミリ単位で調整する(下コックは新造語)

❷ 左前腕がピストンスナップで左回転に捻られるとき、左手首のヒンジを維持して下コック

行う際に「フラット」または「山ヒンジ」を維持します。

ダウンスウィングの左手は「平面上」にありますが、ピストンスナップを行う前に身体の回転と左肩の動作で平面から離脱し始め、クラブヘッドのみが平面上で走ります。

図30を見て下さい。ピストンスナップの際に左肘を下に向けて左前腕と上腕の骨を一直線に伸ばします。すると、身体の加速回転の力で左力点を5㎝ほど引くための連結棒になると同時に左手を左肩に近づけないためのつっかい棒になります（新説）。

左腕の動作についても「グリップ」「右前腕のピストン」「右手のスナップ」「身体の加速回転」を組み合わせた「一セットの構造」として働きます。

ピストンスナップはクラブヘッドを三位一体でコントロールします。

開始するタイミングや下コックとの相対進行速度の調整でインパクトエリアの軌道の高さをミリ単位の精度で決められるのです。

図 30 左腕を「つっかい棒」にして絶対に左へ振らない

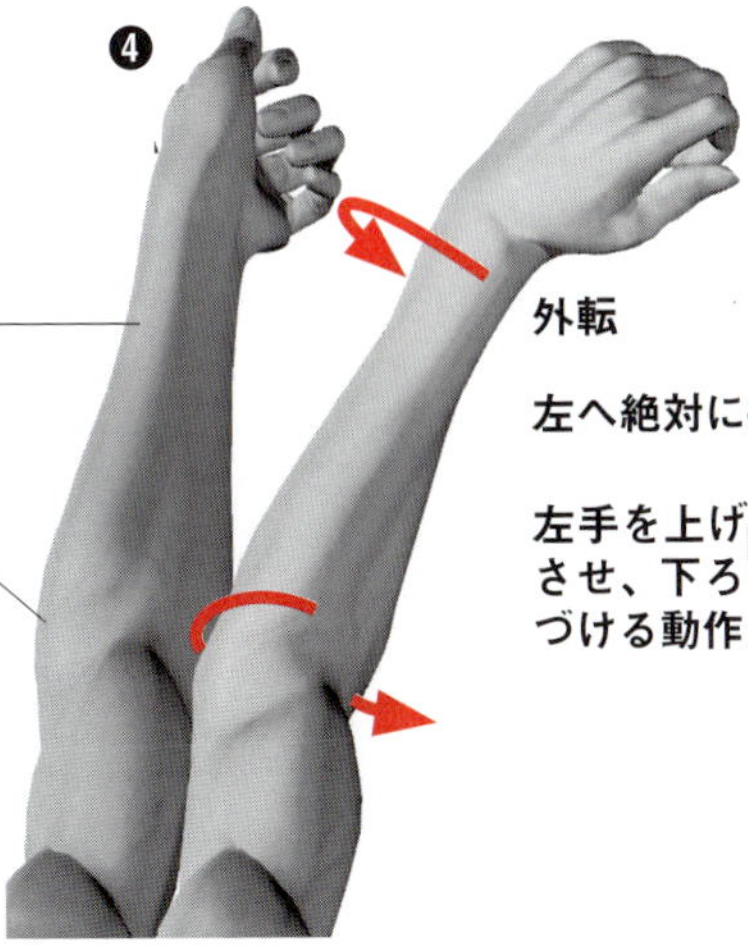
つっかい棒
兼
連結棒
左へ絶対に振らない
左手を上げて平面に一致させ、下ろして身体に近づける動作が必要
肘を下に向けると
腕を一直線に伸ばせる

左腕が真っ直ぐに伸びると、胸の左回転と左力点の連結棒になり力が伝わる。さらに連結棒がつっかい棒にもなって右手を胸の中央前方へ遠ざける

ボールペンでスナップを実感

言葉やイラストでもわかりにくい右手の動作（変則スナップ）のフィーリングをボールペンで身に付けましょう。

図31の①のようにボールペンを〝右中指・薬指の第3関節〟と〝棚〟にあてがい、左人差し指で図のように押します。

その際に、右中指と薬指を握り込むとボールペンが棚に載《の》らず、スナップ動作はできません。

図31の①から②へは、左人差し指でボールペンを押し続け、右手のスナップ動作に追随《ついずい》させながら右手首の谷ヒンジを山ヒンジに変えつつ前腕を左回転に捻ります。

するとペン先は「上まわり軌道」で上昇してから下降します。これがスナップによるクラブヘッドの上まわり軌道であり、クラブのひっくり返しです。

左人差し指でボールペンを強く押しながらスナップを行うと右手の棚と右中指・薬指の第3関節と右

図 31
スナップ動作の力と方向を感じ取る

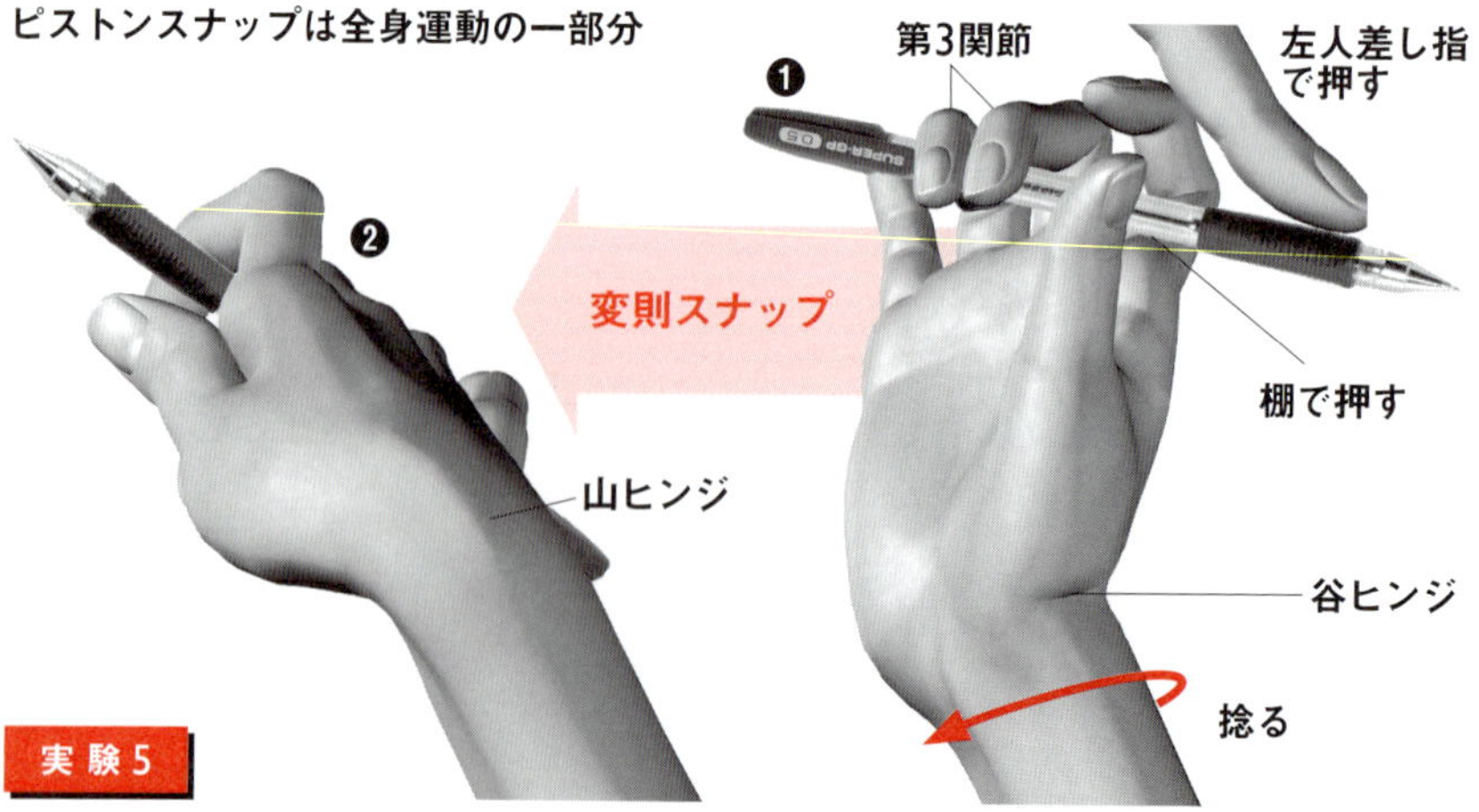

ピストンスナップは全身運動の一部分
❶
第3関節
左人差し指で押す
❷
変則スナップ
棚で押す
山ヒンジ
谷ヒンジ
捻る
実験5

手首に力がみなぎることを感じ取って下さい。

同様に左人差し指でボールペンを押しながら、右前腕の捻りを少なくすると③のようにペン先の走る方向が変わります。

ペン先（クラブヘッド）は、上まわり軌道で②と③のあいだの思った方向へ動かせることがわかると思います。

ピストンスナップは身体の回転による加速能力を失うことなくクラブヘッドをアウトサイドへ下降させながら加速するので、インパクト後に直線軌道を描くことができるのです。

左腕の役割も重要です。図32の④のように左肘《ひじ》を下に向けると一直線に伸ばせます。

それが〝つっかい棒〟の役割を果たし、右肘が思いのほか強く真っ直ぐに伸びきってピストンスナップに力感が溢れます。

ピストンスナップは多段加速の最終段階を担《にな》い、それを可能にするグリップがパーフェクト・グリップです。

図32 右前腕《ぜんわん》の左捻《ねじ》りで クラブヘッドをコントロール

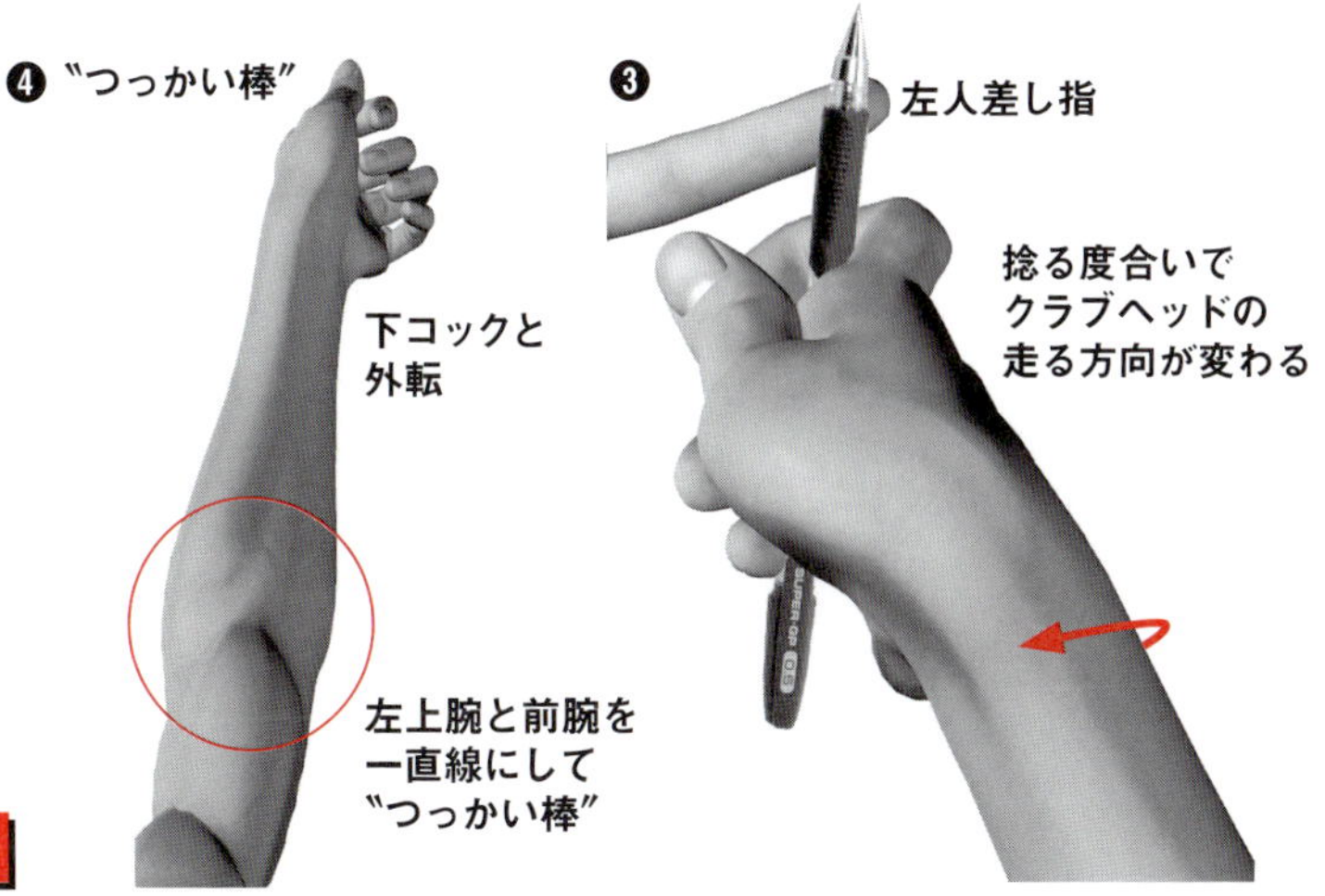
④ 〝つっかい棒〟
下コックと
外転
左上腕と前腕を
一直線にして
〝つっかい棒〟
③
左人差し指
捻る度合いで
クラブヘッドの
走る方向が変わる

実験5

グリップの呪縛《じゅばく》を解く

グリップは右手と左手が各々異なる働きをしなければなりません。しかるに現状はその解析がなされておらず、単にオーバーラップやインターロックといった外見的な形を示しているのみです。

その結果、左右の手を一体にして動かすイメージをすり込まれているのです。

その「グリップの呪縛」を解かなければ、バックスウィングの終盤でクラブの向きを整えられず、ダウンスウィングで、クラブシャフト全体をオンプレーンにすることもできません。

何より重要なのは、左右の手を「一体」にすると良好なピストンスナップを行えないことです。基本形グリップ（42頁）の左右の手は、スウィング中にズレて当然なのです。

図33の①のようにクラブを持たずに基本形グリップをしてから、左右前腕を別々に右へ捻ってみてください。②のように右掌と左掌がズレることがわか

図33 左右の手は"ズレ"て当然

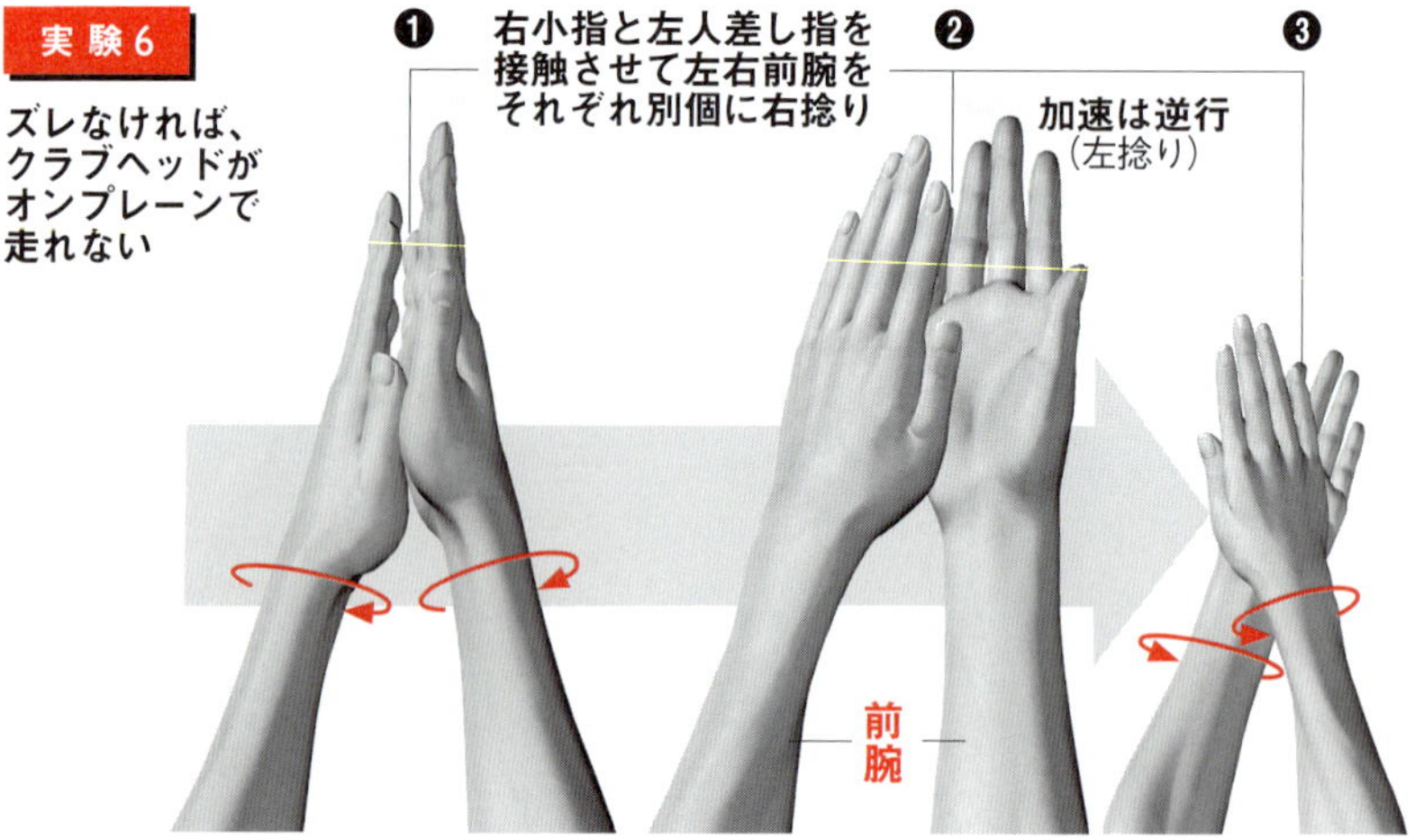
実験6
ズレなければ、クラブヘッドがオンプレーンで走れない
❶
右小指と左人差し指を接触させて左右前腕をそれぞれ別個に右捻り
❷
❸
加速は逆行（左捻り）
前腕

ります。

　バックスウィングは、左右の前腕を右に捻らなければオンプレーンの軌道は描けず、当然のことながらダウンスウィングは「左捻り」③をしなければオンプレーン軌道を維持できません。もちろんインパクトでは打面（クラブフェース）がスクェアに戻りません。その際に両手のズレが必要なのです。

　図34の④は、ジャック・ニクラス全盛時のバックスウィング終盤で右親指と左親指が交差している様子を示したもので、右手と左手が図のように「ズレ」ています（実験1の右肘の向きに関連）。
　⑤は、アーニー・エルスのピストンスナップ終了時の右手と左手が、別々の働きをしてアドレス時の相対位置が変わったことを示しています。
　このように左右の手はズレながらオンプレーン軌道を維持し、ピストンスナップを行います。それを可能にするのが44頁の「パーフェクト・グリップ」であり、左右の手を結ぶ右小指の連結器です。

図34　実際に現れる左右の手の“ズレ”

❹ジャック・ニクラスのトップの「ズレ」（親指の交差に注目）

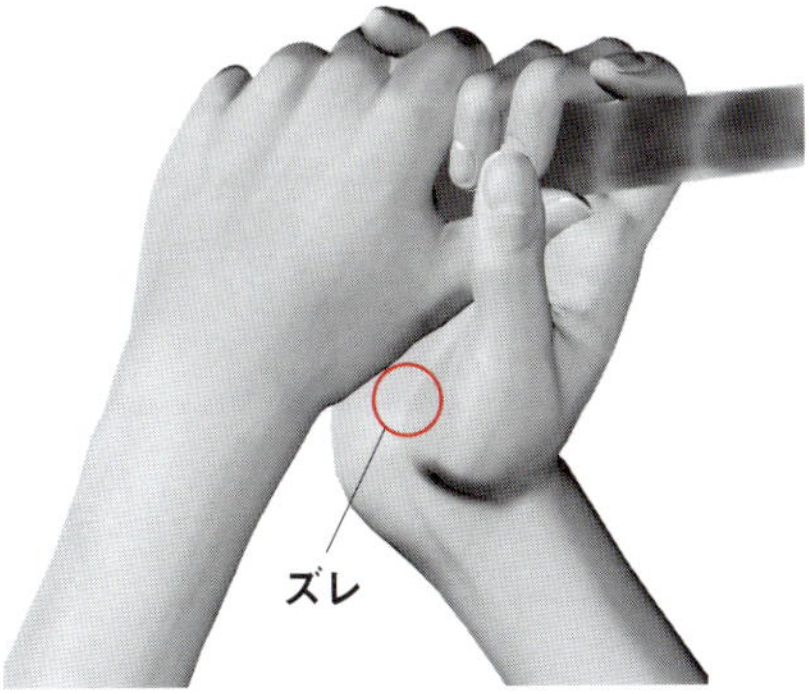

❺アーニー・エルスの加速終了時の「ズレ」

前腕の左捻《ねじ》りはプラスの速度を生む

良く飛ぶスウィングは加速動作の集合体です。

左右の前腕（手首）を右へ捻るとマイナスの加速（バックスウィング）で打面が開き、左へ捻り戻すと「プラスの加速」を得て打面が閉じます。それが「加速・軌道・打面の向き」を三位一体でコントロールする要素の内の一つです（図35）。

図36のようにスナップバックでは左右前腕の位置を維持して、それぞれを右回転に45度捻ります。するとクラブは①から②へバックフェースを先頭に右へ45度振られ、右掌が左親指から少し浮き上がって（ズレて）隙間ができます。

フルショットのバックスウィングは、左右前腕を更に45度（合計90度）右に捻らなければなりません。すると右掌が左親指から更に離れて隙間（ズレ）が大きくなります。左右の手がズレなければ、クラブシャフト全体を平面に乗せてバックスウィングすることはできません（新説）。

図35 左右前腕（手首）の左捻りはプラスの速度（加速）

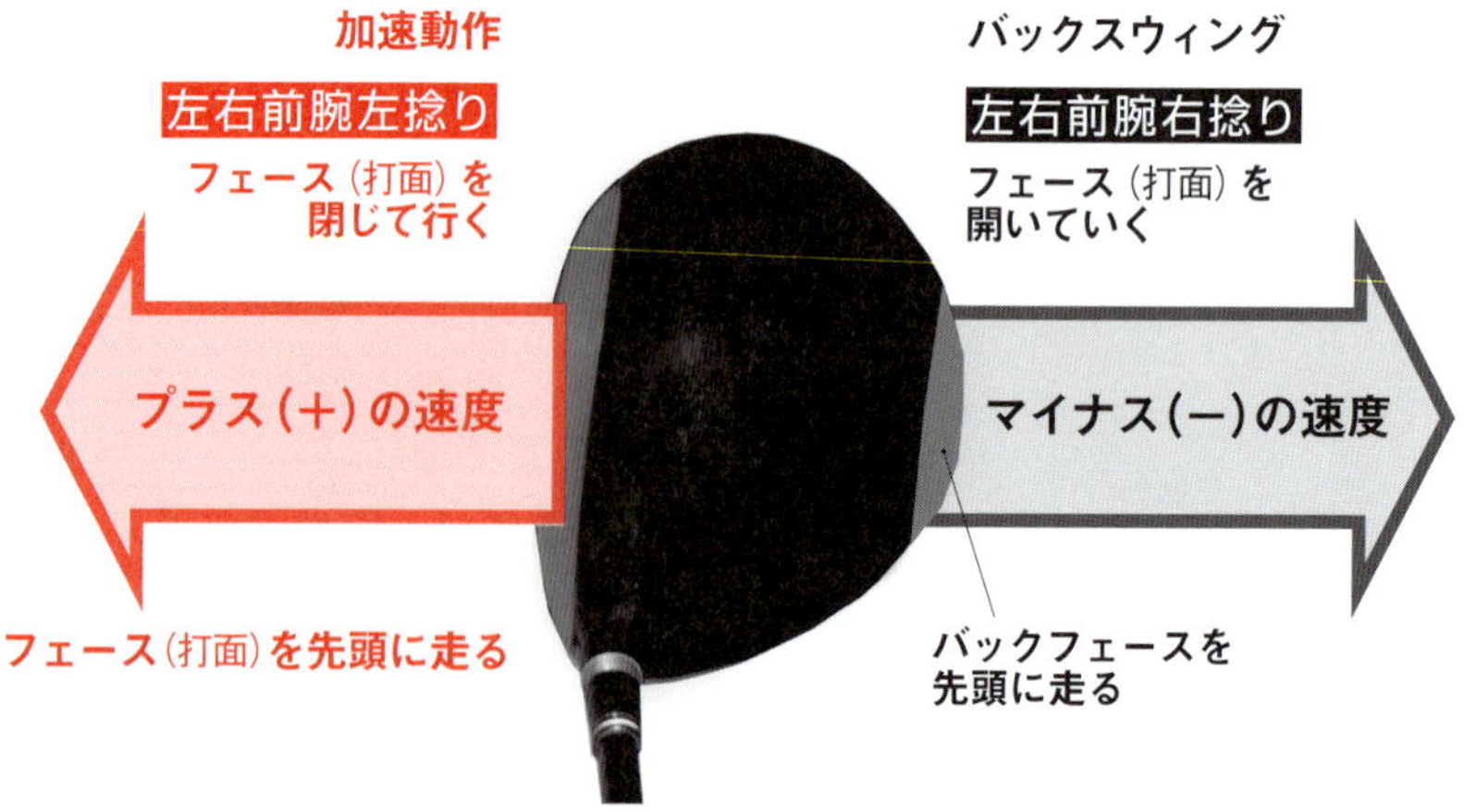

ダウンスウィング開始で左捻りを忘れると、身体の回転がクラブを右へ振り出してマイナスの速度になり、しかもダウンスウィングの軌道が大きくなる。その結果はインパクトでアウトインの軌道になって球筋は右へ曲がるスライスや左への引っ掛けとなります。

ダウンスウィングでクラブを立て、シャフト全体を平面上で進めるには、右前腕とシャフトの直角（コック）を解かずに右前腕と左前腕をそれぞれ左回転で捻り戻しつつ両肩と右手右肘を一緒に下ろしながら右小指を胸の中央前方へ進めます。

すると、ダウンスウィングでクラブヘッドの軌道が小さくなり、しかもクラブヘッドはクラブフェースを先頭に走るプラスの加速（図35）を得ることができます（新説）。その際に平面上の軌道を維持するには、手首が柔軟に動かなければなりません。

豪快に飛んでしかも優雅なスウィングでありたい。それはプラスの速度を生む小さな動作が集合したものです。

図36 バックもダウンも左右前腕をそれぞれ捻《ねじ》る

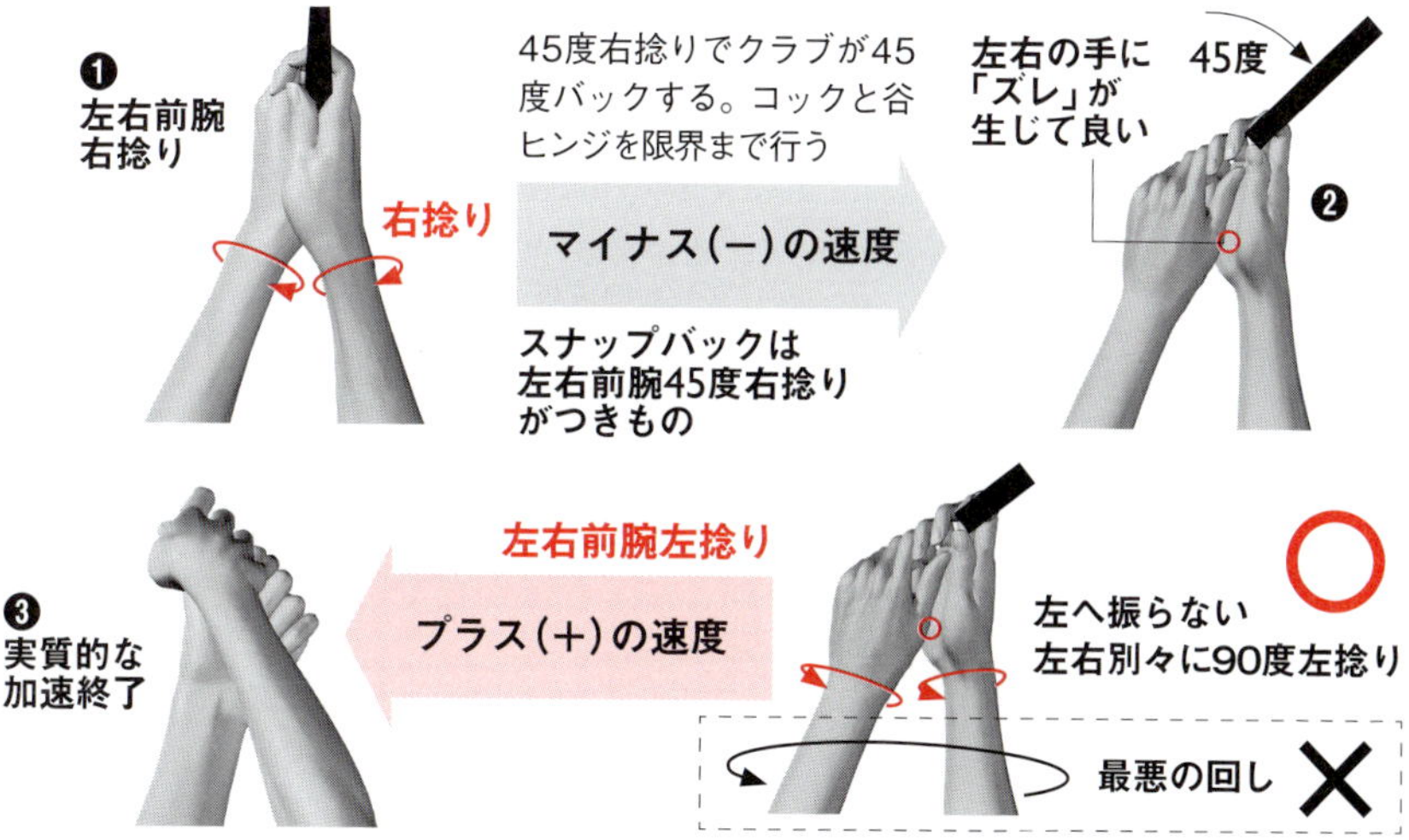
❶
左右前腕
右捻り
右捻り
45度右捻りでクラブが45度バックする。コックと谷ヒンジを限界まで行う
マイナス（−）の速度
スナップバックは
左右前腕45度右捻り
がつきもの
左右の手に
「ズレ」が
生じて良い
45度
❷
左右前腕左捻り
プラス（＋）の速度
❸
実質的な
加速終了
左へ振らない
左右別々に90度左捻り
最悪の回し

ゴルフスウィングは回転運動

右手・右足、左手・左足のそれぞれは、腕・肘《ひじ》・肩・胸・胴・腰・膝《ひざ》を介して一連の動作として干渉《かんしょう》し、連鎖《れんさ》している。

その中にあってピストンスナップは、胸の回転（胴の捻《ねじ》り）を主力にして行います。

胸の回転の反作用を支えているのが下半身の捻転《ねんてん》。この力が抜けたら胸の回転は力が出せません。その下半身捻転の反作用を支えているのが着地した「足」です（そのためにスパイクシューズを履《は》くのです）。

足は、複数の役割で踏ん張ります。右軸《うじく》による回転体《かいてんたい》（身体）を右足が支え、体重も支えている。その回転体を、回転体外部の左下肢《かし》でまわすために左足を踏ん張ります。左軸《さじく》による回転体（身体）を左足が支え、体重も支えている。その回転体を、回転体外部の右下肢でまわす。そのために右足を踏ん張ります。

特記すべきは、左足の踏ん張りが最終段階の加速で左力点をUターン（後述）させるときに絶大な力を発揮することです。この連鎖的全身運動を認識したときに、すべての動作を力強く、上手く動かせるようになります。

手の力は足が支える。その中間のどこかが「休んだり力《りき》んだり」すると、干渉や連鎖が途切《とぎ》れて手が上手く動きません。

スウィングは複雑そうに見えますが、各動作はいたって単純。時間が掛かっても一つずつ丁寧《ていねい》に覚えましょう。先達《せんだつ》いわく〝ゴルフは右耳と左耳のあいだで行うスポーツ〟。昔の人は上手いことをいいますね。

第4章

スウィングの中枢ヒッティング

あらゆるスウィングの中枢（ヒッティング）を
真っ先に覚えることがフルスウィングへの近道
それはバンカーショットや
ロブショットにも共通の技術

同じ速さで「強い速さ」と「弱い速さ」

突然野球の話で恐縮ですが、ピッチャーが投げたボールには「重い球」と「軽い球」があると、物議をかもしたことがありました。ボールにどのようなスピン（回転）を掛けているかは存じませんが、手から離れたボールに、同じ速さで重いのと軽いのがあるとは思えません（野球オンチで失礼）。

ところがゴルフの場合、インパクトエリアのクラブヘッドの速さについては、同じ速さでも、強い速さ（重い速さ）と弱い速さ（軽い速さ）があることを考察する必要があるのです。

ピッチャーが投げたボールと違って、クラブヘッドはシャフトや手や腕を介して身体につながり、クラブを操作する方法の違いで「強い速さ」と「弱い速さ」が生じます。

それは極論で考えると理解が早まります。

次の①②③は、サンドウェッジを使ってそれぞれ打ち方を変えますが、ボールからピン（ホール）までの距離が10ヤード、テークバックの大きさはいずれも20㎝でチップインした、と仮定します。

①芝の抵抗がほとんどないフェアウェイにボールがあり、普通のグリップをせずに右手を離し「左手と右人差し指のみ」でクラブを操作したらチップインした。

②ボールがセミラフ（少し伸びた芝）にあり、いわゆる普通のグリップをして打ったらチップインした。しかし、①の打ち方では、芝の抵抗でカップに届かなかった。

③ボールがラフにあり、足腰による身体の回転を主力にしたピストンスナップでチップインした。しかし、②の打ち方では届かなかった。

打つ方法の違いで、芝の抵抗に負けない強い速さ（重い速さ）と、負けてしまう弱い速さ（軽い速さ）が生じることがおわかりでしょうか。

①は論外。②は腕振り手打ちです。

③は身体を回す強い力を優先的に発揮してクラブヘッドを加速し、あわせてピストンスナップで加速しながらクラブヘッドの軌道をコントロールする打ち方です。これは、両腕を左右へいささかも振りません。これが「ヒッティング」であり、①フェアウェイ、②セミラフ、③ラフのいずれの状況でもチップイン可能な打ち方です。

「ヒッティング」におけるインパクトゾーンの加速技術は、ロブショットやバンカーショット、ハーフやフルスウィングなど、すべてのショットに共通するものです。

いわゆる〝ボディターン〟（身体の回転）は、手や腕やクラブを含めた頭を除く上体のすべてを、一緒にまるごとまわす〝原動機付き回転土台〟です。

それをヒッティングでマスターすることが上達する近道です。

身体の回転を主力にして「両腕をいささかも左右へ振らないピストンスナップ」で打つと、ヘッドスピードを意のままに操れます。クラブヘッドの軌道の高さも意のままです。

軌道を、インサイド・ストレート・インサイドにすることもできます。インパクトではクラブフェースが自ずとスクェアになります。

それを特別なスウィングと思わずに、最もシンプルなスウィング（インパクトゾーンでボールを打ち抜く作業）として習得する必要があるのです。そのためには、構え方（アドレス）から覚えなければなりません。

構え方には妥協を許さない法則があります。それによって全身の骨組みを活用できるのであり、従来のような「あいまいな言葉」では、キチンとしたアドレスはできないと思って頂きたいのです。

では、法則に則《のっと》った構え方を見てみましょう。

ヒッティングの構え

ボールの基本位置はどの番手も左足踵《かかと》内側の線上です（図37）。

なぜなら、衝突（インパクト）でボールが潰れてクラブフェースに張り付いているときに、シャフトでボールを押しながら、「強く加速」できる位置だからです。

しかもクラブフェースが目標へ向く位置であり、目標方向に合致した直線軌道を描ける位置でもあります。

左足踵内側はピストンスナップを前提にしたボールの位置であり、腕振りスウィングでは打つことができません。

腕振りスウィングの場合でも腰をスウェイ（横すべり）させピストンスナップ的な味付けをすれば打てますが、それは身体の回転を阻害しやすい余分な動作であり不安定材料の増加となります。何よりも三位一体（9頁）のコントロールに難があり、ボー

参考図　ボールの位置とスタンス

ショートアイアンのスタンス

スクェアスタンスで左足を開き、右足を直角にセットする。ボールの合理的な位置は左踵内側の線上が基本

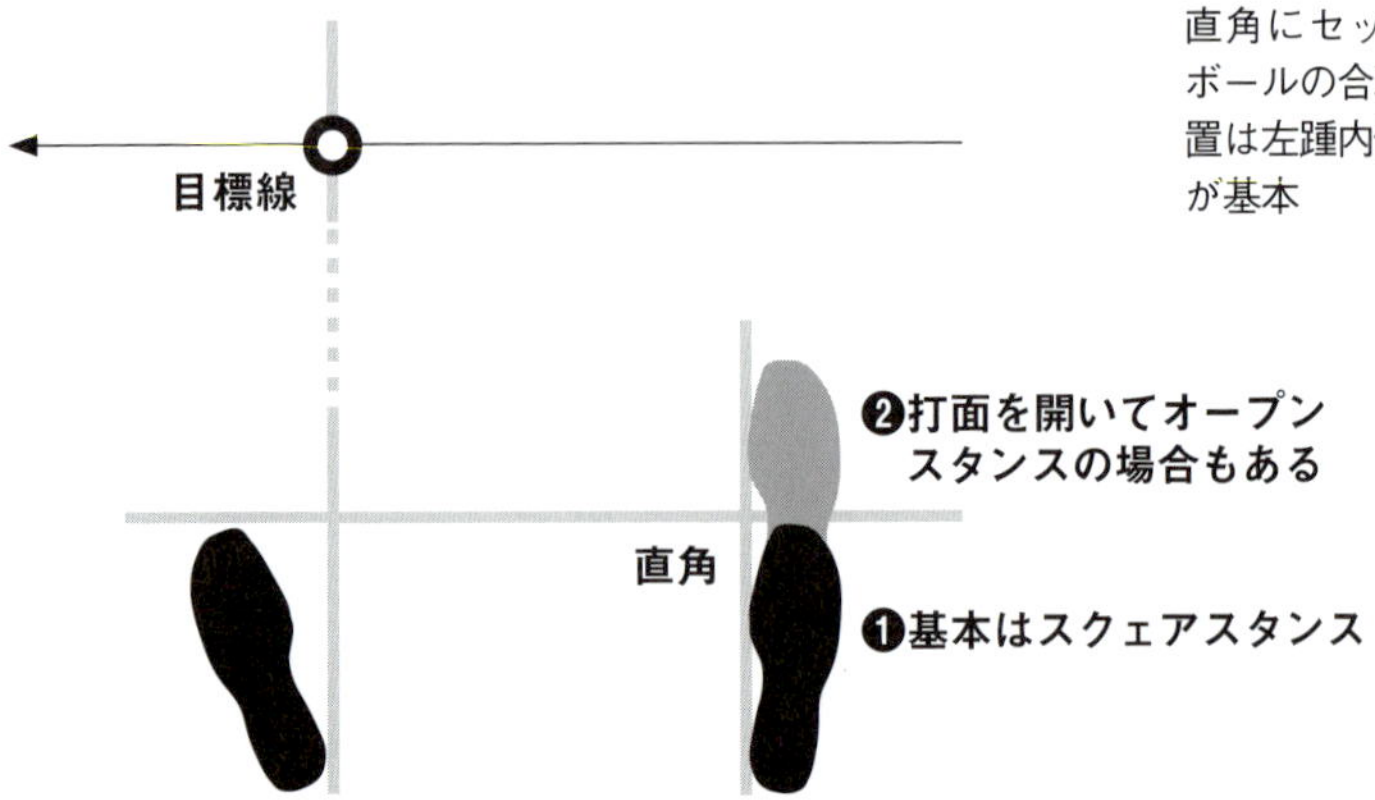
目標線
❷打面を開いてオープンスタンスの場合もある
直角
❶基本はスクェアスタンス

ルが右へ左へと飛んで安定しません。

　右足は直角に構えます。この右足の直角がバックスウィングでは身体の回転を制限する「歯止め」に役立ち、切り返しでは身体の強い左回転を得るのに役立ちます。

　右足が直角になっていることは、飛ばすときにも、多彩なワザを駆使するためにも重要な要素の一つです。

　スタンスを決めたら、右軸に右膝《ひざ》を合わせて前後に姿勢を安定させ、ハンドダウンで構えると、持ったクラブの長短で自ずと体幹（胴体）の前傾と「平面」の傾斜が決まり、最も合理的に身体を回せる骨組みの形が構築されます（前傾姿勢の法則）。

　ハンドダウンにも意味があります。それは左手を「平面上」の遠い位置から身体に近づけて、インパクトを迎えるときに左力点をUターンさせる感覚的な目安の位置となります。

　左力点は身体の回転で左へ移動していきますが、感覚的にはハンドダウンの位置に感じるのです。

図 37　ヒッティングのアドレス

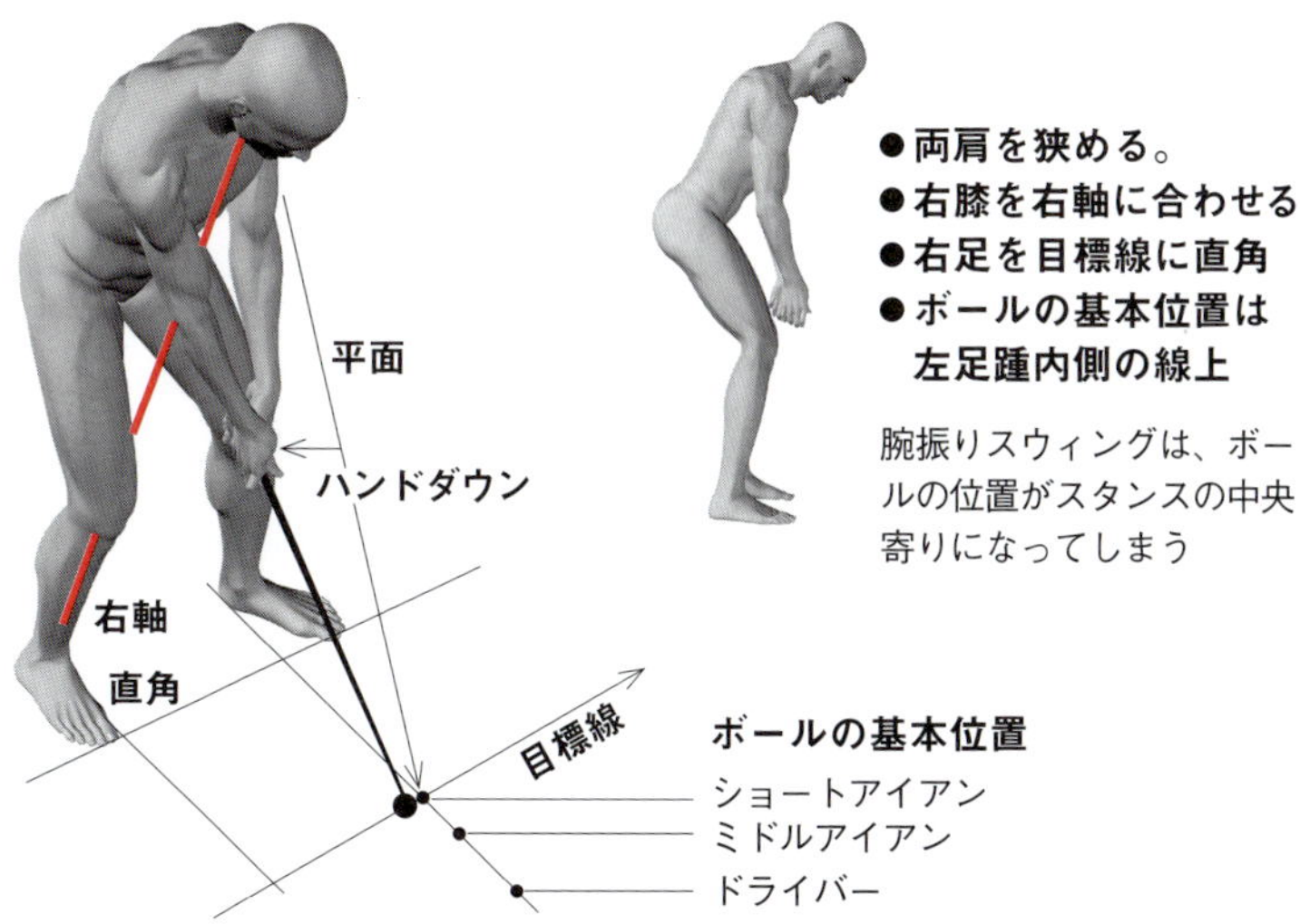
平面
ハンドダウン
右軸
直角
目標線
●両肩を狭める。
●右膝を右軸に合わせる
●右足を目標線に直角
●ボールの基本位置は
左足踵内側の線上
腕振りスウィングは、ボールの位置がスタンスの中央寄りになってしまう
ボールの基本位置
ショートアイアン
ミドルアイアン
ドライバー

アドレス前傾姿勢の法則（前傾姿勢の絶対条件）

頭の付け根と右足首を結ぶ直線、右軸《うじく》（37頁）に合わせた右膝の位置（図38）を死守し、ハンドダウンで構えて姿勢を前後に安定させる。すると、持ったクラブの長短で必然的に最善の前傾姿勢を得られます。

これをアドレス前傾姿勢の法則と呼ぶことにします。

このアドレスの法則は、アドレスで右膝を右軸に合わせることを絶対条件とし、爪先側と踵側の体重配分を五分五分にして身体を前後に安定させます。

基本は頭をスタンスの中央線上に置くことで左右の体重配分も五分五分にすることです。

状況によっては頭を左右へ移動して固定すると、それに見合って体重配分が変わり球筋の高低を変えることが可能になります（応用182頁）。

右膝は身体の回転のリアクション（反作用）を受け

図 38 右膝《みぎひざ》を右軸《うじく》に合わせることが決め手

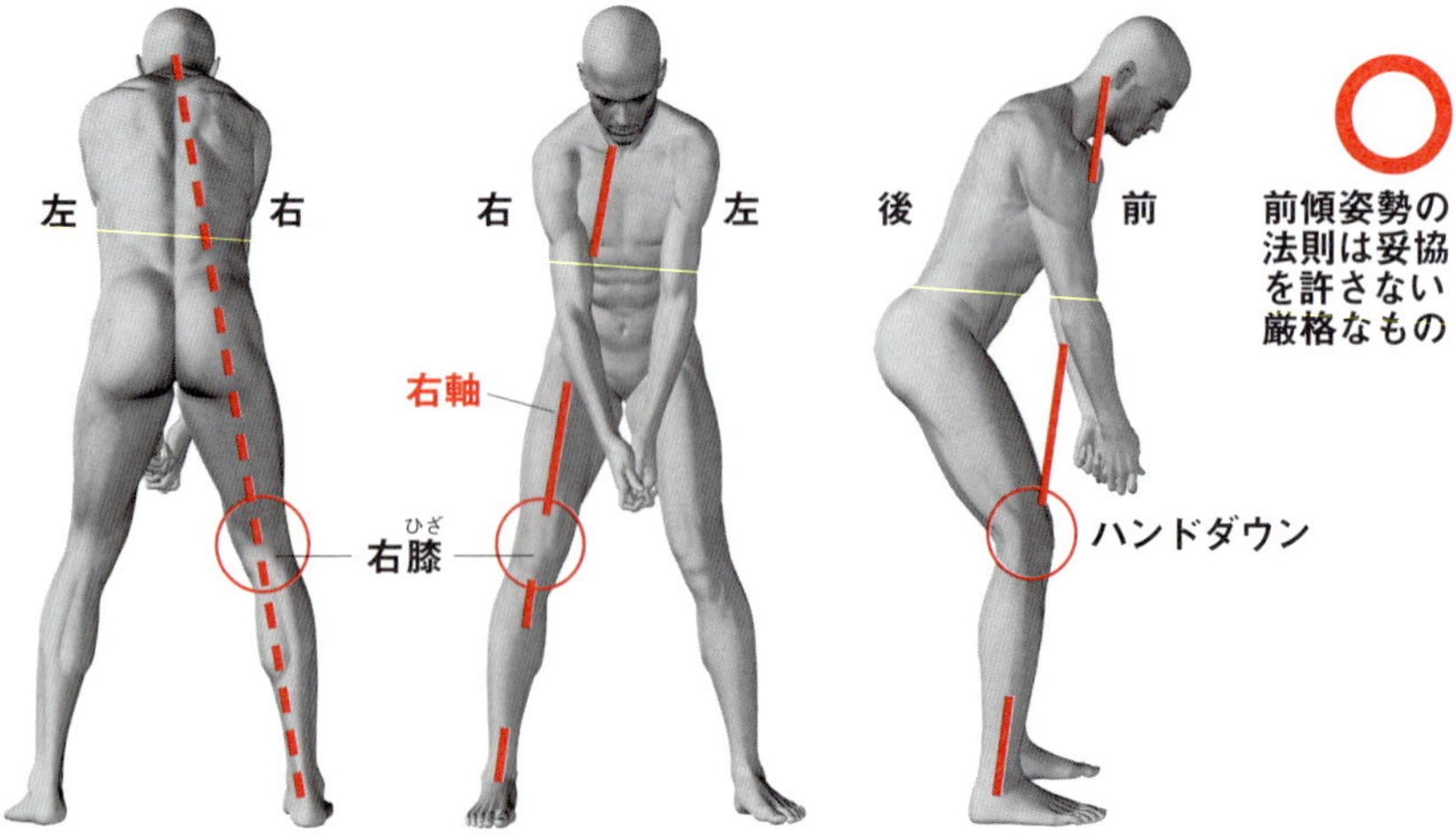

左
右
右
左
後
前
右軸
右膝《ひざ》
ハンドダウン
前傾姿勢の法則は妥協を許さない厳格なもの

止める支点となります。

その支点が回転軸（右軸）からズレてしまえば、前傾姿勢は際限なく崩れます。すると身体の回転（捻転）の安定した力（軌道）を得られず飛球方向も安定しません。

図39の①と②は右膝が右軸上にない悪い例です。
①…極端なつま先体重に加えて右膝が右軸の後方へ離れています。この図は極端すぎますが、体重をつま先寄りに多めにかけると飛ぶという人達がいます（両方のつま先を開く場合が多い）。
しかし、それは18頁で述べたように、不合理な腕振りスウィングです。
②…腰が後ろに引けた「踵《かかと》体重」であり、右膝が右軸の前方へズレて、爪先が身体の回転を受け止めにくい形になっています。
右足裏には回転止めの二つの支点（80頁）が必要で、片方の支点（右足親指とその付け根）が軟弱では身体の安定した捻転ができなくなり、飛距離と方向が共に不安定になります。

図39 右膝《ひざ》の位置が悪い（前傾不良）

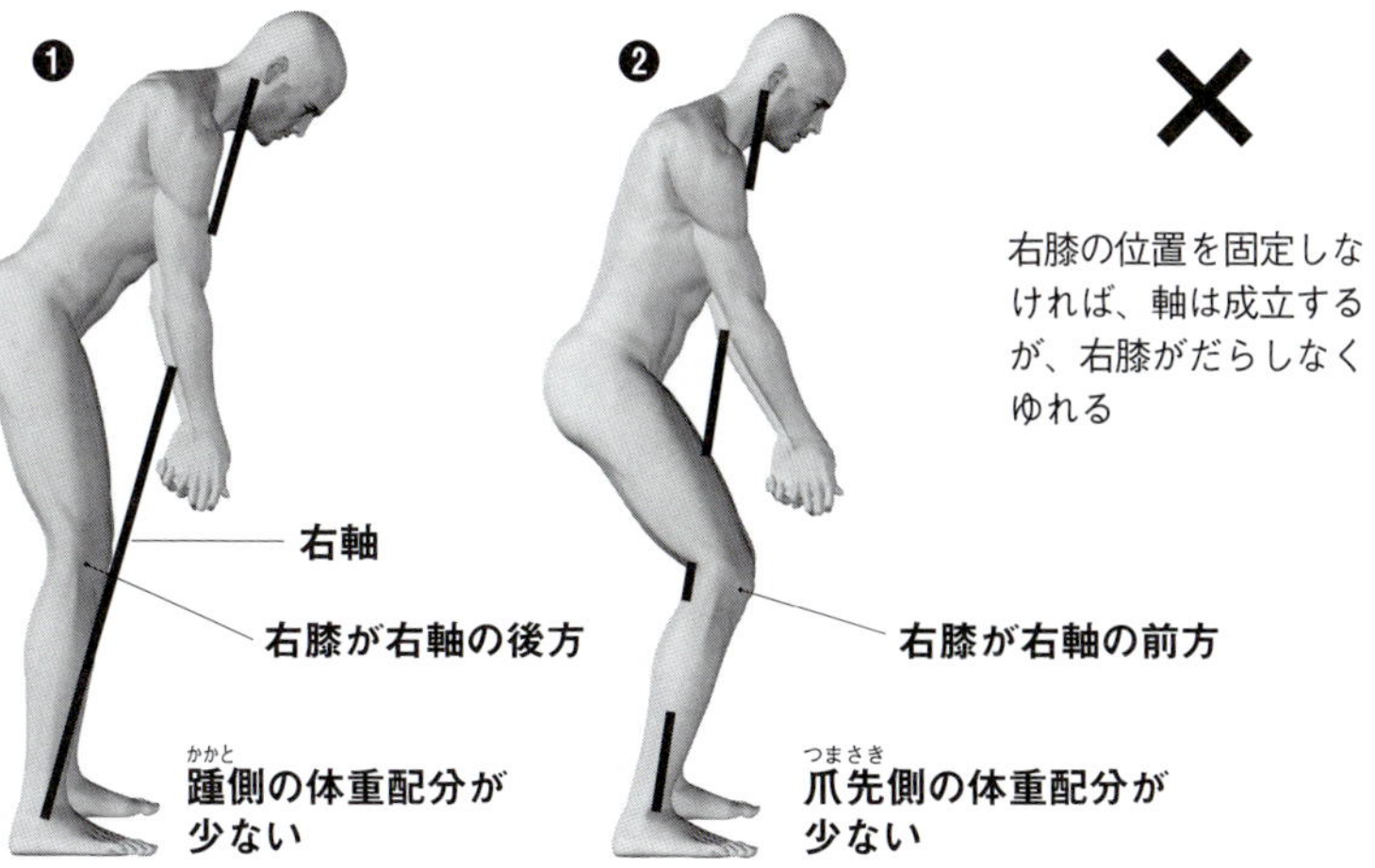
❶
❷
×
右膝の位置を固定しなければ、軸は成立するが、右膝がだらしなくゆれる
右軸
右膝が右軸の後方
踵《かかと》側の体重配分が少ない
右膝が右軸の前方
爪先《つまさき》側の体重配分が少ない

ヒッティングに必要な八つの動作

バックスウィング（図40－Ⓐ）

頭の付け根の位置を死守。右膝の位置を右軸上に死守。

①右膝《ひざ》下右捻《ねじ》り

身体がまわる量を制限（歯止め効果）。

②左膝を前方右寄りへ動かす

①と②の複合動作で身体が回転する（右ヒップターン）。

③スナップバック

左手を平面上に上げつつ、左右前腕《ぜんわん》右捻り、右手のコックと谷ヒンジ、右肘を右後方へ引く量の調整で、シャフト全体をオンプレーンに。

ヒッティング（図40－Ⓑ）

切り返して加速

④一段と強い右膝下右捻り

⑤左膝をアドレスの位置へ戻す

④と⑤の複合動作で身体が左回転（右ヒップターン逆転）。右ヒップターン逆転で切り返し、腰を正面に戻すことでクラブヘッ

図40-Ⓐ バックスウィング

ヒッティングのバックスウィングは「腰・胸」一体回転

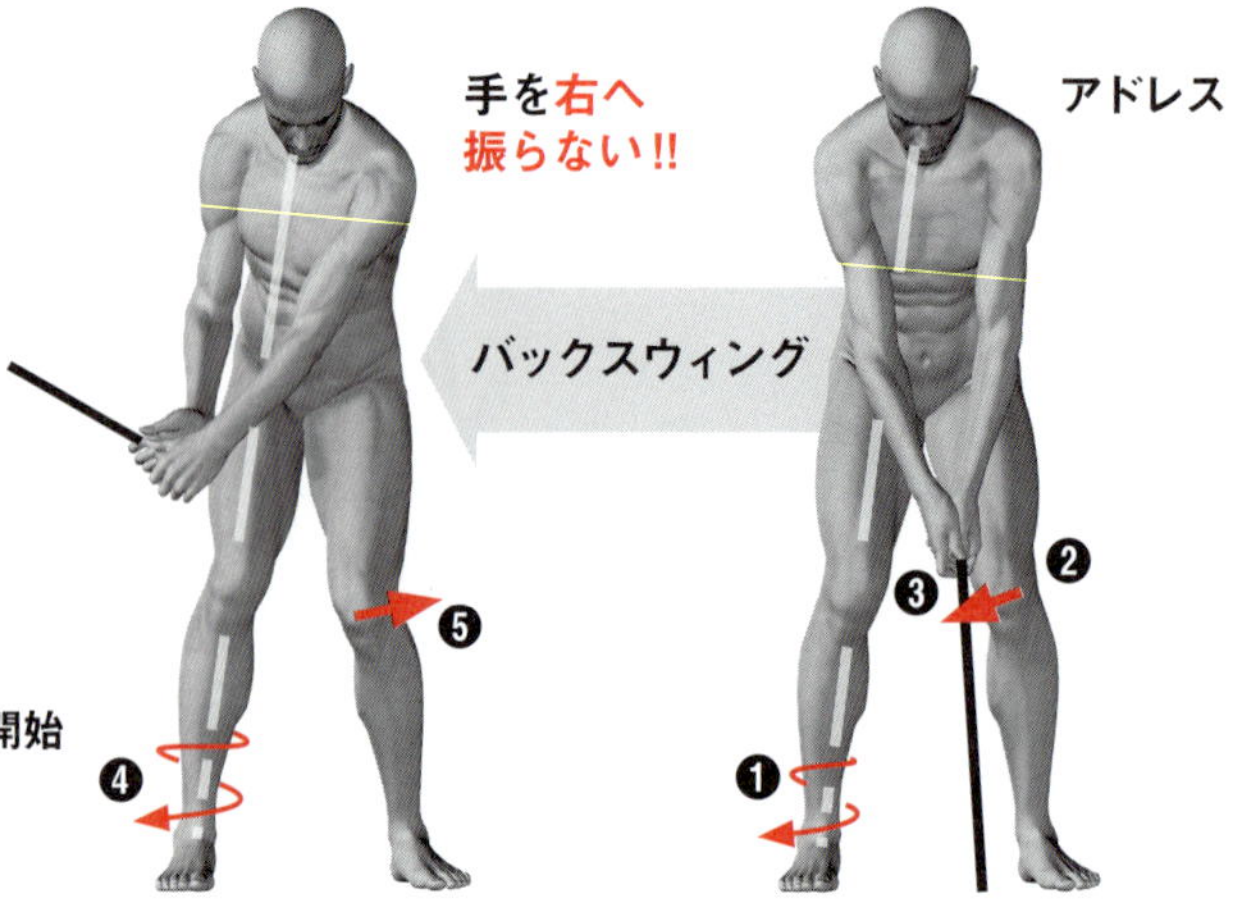

ドを加速する。右小指を胸の中央前方に維持し、シャフト全体を平面上に維持するために右肘の位置を調整する。

さらに加速

⑥右膝を前方左寄りへ動かす（左ヒップターン。後述）。

左ヒップターンでハンドファーストの位置と形にする。

⑦左力点をハンドダウンの位置へ戻す

これはスナップバックの単純な逆行。下コックの度合い調整でインパクト時のクラブヘッドの高さを調整する。身体の回転や肩の動作、左右前腕左捻り（45度）が付きもので、手や腕の力に頼らないことが秘訣。

⑧ピストンスナップ

身体をまわしながら（左回転）、右肘を伸ばして右前腕のピストン運動とスナップ動作を、まわりつつある胸の中央前方へ向けて行う。肩の動作や左右前腕左捻り（45度）が付きもの。

●これら八つの動作は、たった一つが欠落しても欠陥スウィングとなる。

●腰や胸の回転は右回転をバックスウィングの回転とし、左回転を加速回転と定義する。

図40-B ヒッティング

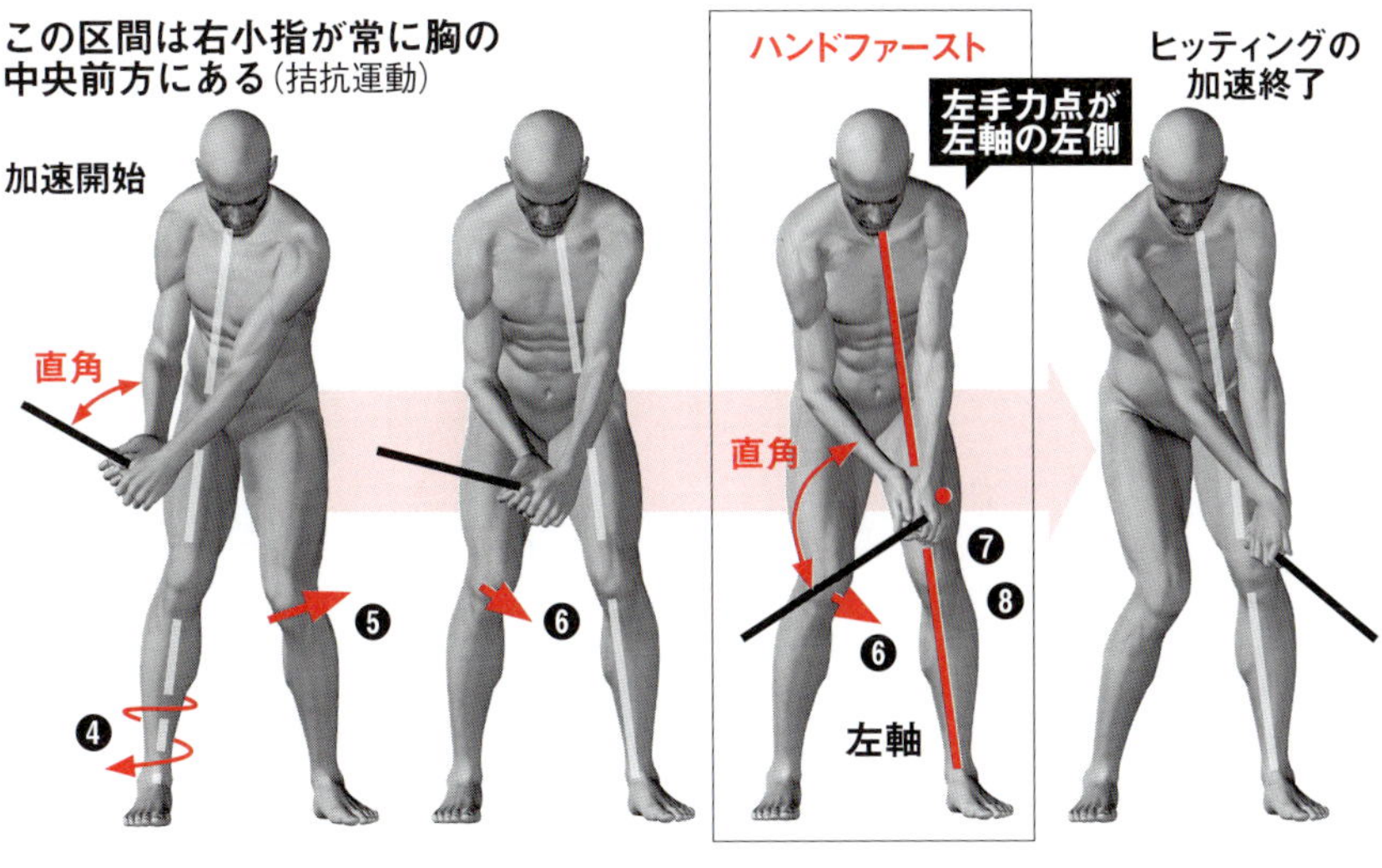

右ヒップターンでバックスウィング

アドレスの形ができたら、頭の付け根を固定し、右軸《うじく》に合わせた右膝《ひざ》の位置を死守して（いささかも前後左右へ動かさずに）右軸を中心に身体を傾けながら、まわしてみましょう。これが右ヒップターンです（参考図）。

バックスウィングで身体をまわす原動力となる右ヒップターン（図41の①）は、次の二つの動作で行います。

一つ目は身体をまわす歯止めの役割となる右膝下右捻りです（図41A）。

バックスウィングの終盤に「歯止め」の緊張状態を維持することで、身体全体をリラックスさせます。「歯止め」がないと、バックスウィングで働いたすべての筋肉は働いた状態のまま緊張を続けるので、「ぎこちない切り返し」になるし、手打ちになりやすいのです。

二つ目は「左膝の前方右寄りへの動き」です（図41のB）。左膝が左腰を動かして身体が傾きながらまわります（その際に左腰が下がって当然）。

このAとBの動作に「腰をまわす感覚」はありません。この身体をまわす複合動作を右ヒップターンと呼ぶことにします（図41①）。

図41②の右ヒップターン逆転は、次のCとDで身体とクラブを加速回転させる原動機です。これによって切り返し、腰をアドレスの位置へ戻します。

一段と強い右膝下右捻り（C）で、身体（腰）を左回転（加速回転）させる力が働きます。

同時に左膝をアドレスの位置へ戻します（D）。

このCとDで身体の強い加速回転が得られます。

左膝を強い力でゆっくり戻せばグリーンまわりの技術が向上し、強い力で速く戻せばドライバーの飛距離を伸ばすことができます。これは腰をまわす感覚ではできません。

右ヒップターンとその逆転は腰をまわす感覚が邪魔なことを確かめると共に、スウィング習得に欠かせない部分運動の練習となります。

参考図 右ヒップターン

身体が傾《かたむ》いてまわる。それゆえに頭の付け根の不動と右膝の位置の死守が重要になる

回転体外部（37頁）の左膝《ひざ》で身体をまわす

左腰は下がって当然

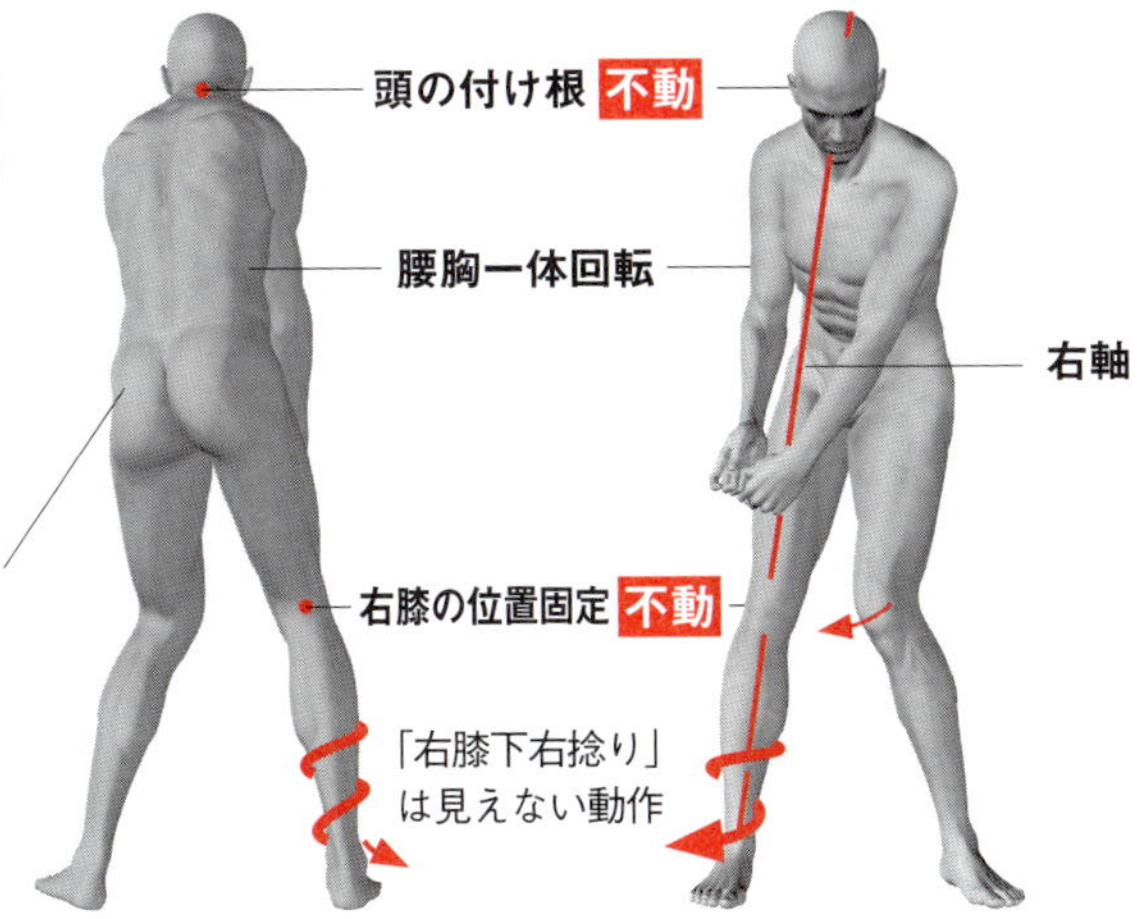

頭の付け根 不動
腰胸一体回転
右軸
右膝の位置固定 不動
「右膝下右捻り」
は見えない動作

図 41 右ヒップターンとその逆転

もはや、腰をまわす感覚はどこにもない

ここでしっかり身に付けることが肝心
それが手や腕の動作の理解を早める

左膝を前方右寄りへ出して戻す この力でクラブを動かす

左腰は下がって当然

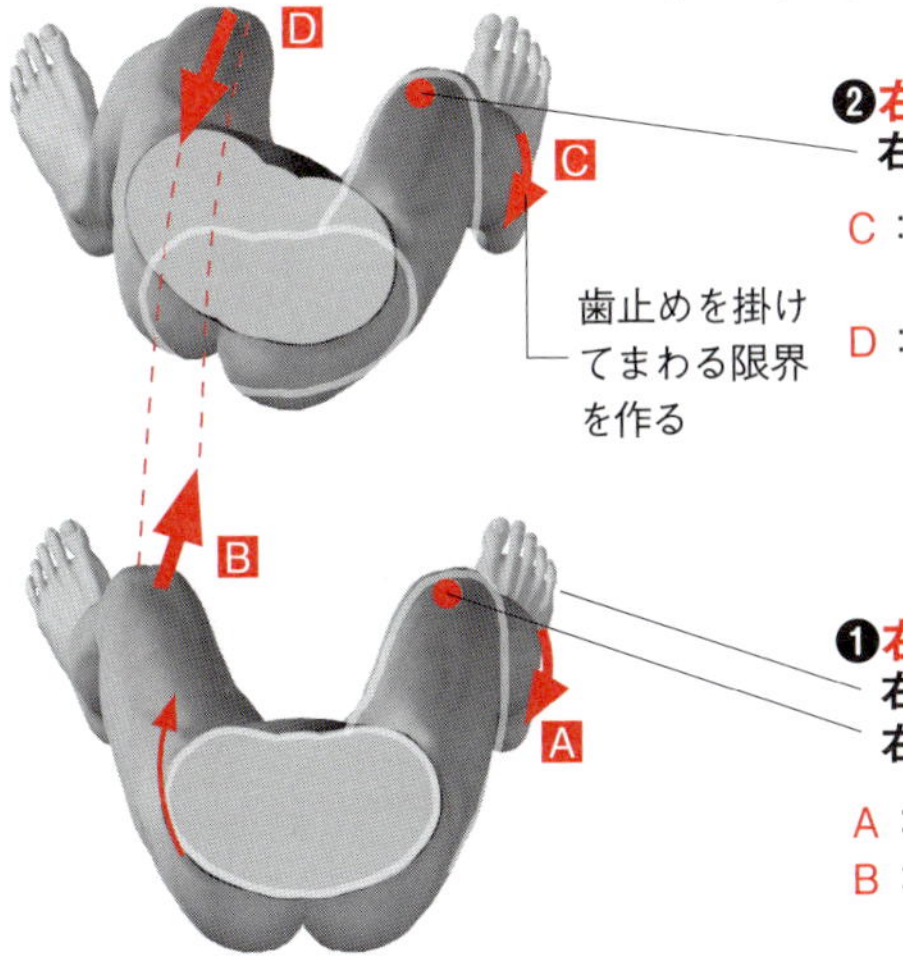

D
C
歯止めを掛けてまわる限界を作る
B
A

アドレス

❷右ヒップターン逆転
右膝を右軸に死守

C：右膝下右捻りを一段と強くする
D：Cの働きと同時に左膝をアドレスの位置に戻す

❶右ヒップターン
右足を直角に置く
右膝を右軸に死守

A：右膝下右捻り（次頁）
B：左膝を前方右寄りへ動かす

「右膝《ひざ》下右捻《ねじ》り」を体感する

バックスウィングからフォワードスウィングへ切り返すときに重要な働きをする「右膝下右捻り」とはどんなものなのか。簡単な実験で体感してみましょう。

参考図のように、椅子に腰掛けて右膝を手で押さえ、踵《かかと》を床に付けたまま右爪先を浮かせて右へ動かし（まわし）ます。

爪先は右膝下（右下腿《かたい》）の筋肉の働きにより15度ほどまわって限界となります。その筋肉の働きが「右膝下右捻り」です。

左足を上げ右足に体重が掛かっている状態で「右膝下右捻り」の筋肉を働かせても爪先は動きません（図42）。

右足を目標方向に直角にして左足を上げた「右膝下右捻り」では、意外なことに身体が左へまわります。

ついでに、参考図の③のように爪先を右へ開くと、

図42 右膝《ひざ》下を右に捻《ねじ》ると腰が左にまわる

実験7

右足を目標線に直角にすると身体を左へ強くまわせる

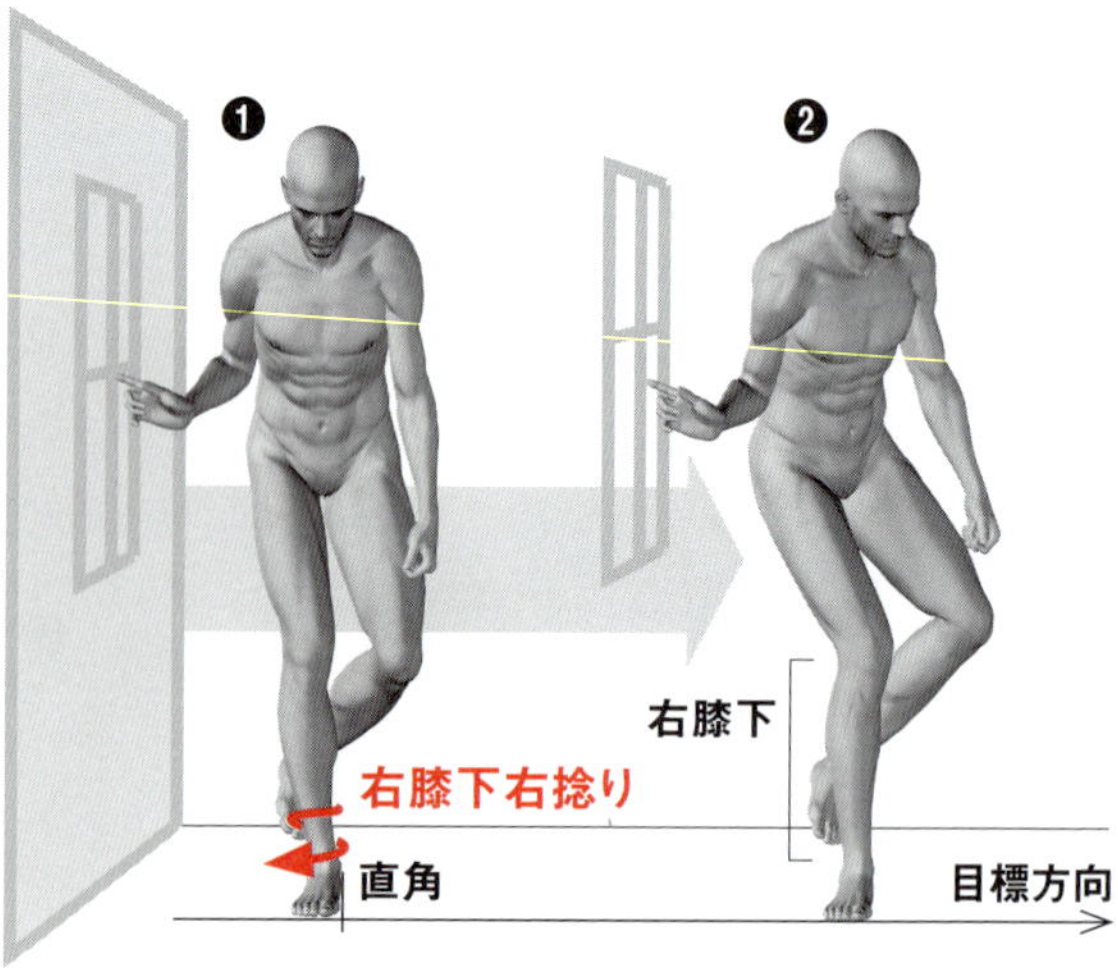

身体を左へまわす力が「極端に弱くなる」ことも確認してください（腕振り手打ちスウィングには有利に働く）（新解析）。

身体の回転を主力にしたスウィングでは右足を直角にする理由がここにあるのです（新解析）。

バックスウィングからダウンスウィングへの移行では、右膝下を一段と強く右に捻りながら左膝をアドレスの位置へ戻します。この動きにより身体の強い逆回転（右ヒップターン逆転）が瞬時に得られ、その回転が胴や腕を介してクラブヘッドを即座に動かします。身体（腰）の回転を緩急《かんきゅう》自在に操《あやつ》ることも可能にしてくれます。

図42は右膝下の働きを知るだけの実験ですから身体が傾いてまわることはありませんが、それでも「右膝下右捻り」の身体の機能は理解していただけると思います。

この実験は「腕振り・手打ち」と決別する決め手の一つであり、スウィングを習得するための部分動作の練習にもなっています。

参考図　椅《い》子《す》に腰掛けて爪先だけまわしてみる

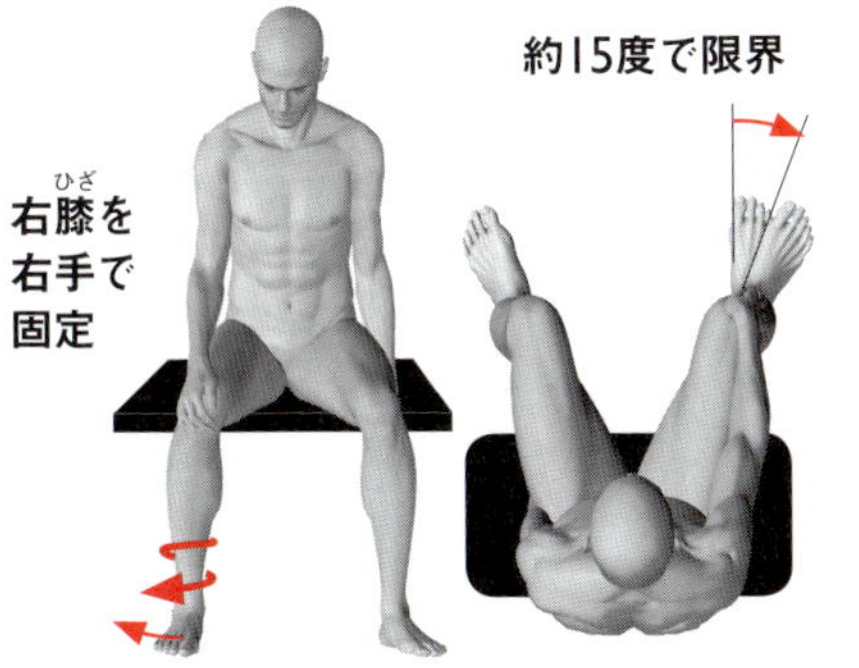
約15度で限界
右膝《ひざ》を
右手で
固定

椅子に腰掛けて右膝を手で押さえ踵を床に付けたまま右爪先を浮かして右へ動かす（まわす）と15度ほどまわって限界

参考図　爪先を右へ開くと身体を強くまわせない

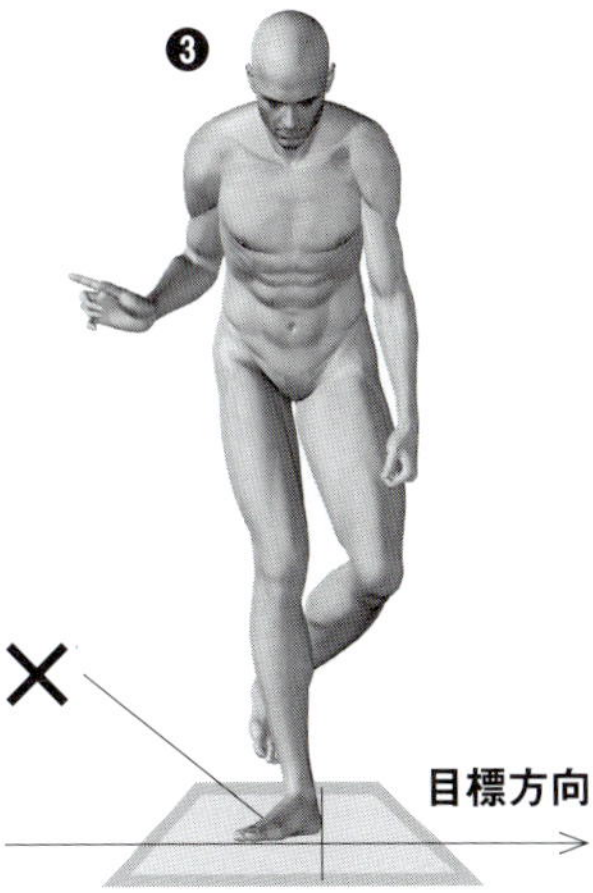
❸
×
目標方向

直角にした右足と右軸に合わせた右膝《ひざ》を、右下半身をまわす礎《いしずえ》にする

右足は、図43のように目標線に対して直角にセットします。直角にセットした右足の足裏二カ所の着地部（図43に赤色で示した部分）が支えとなって、「右膝下を右に捻る筋肉の働き」（前頁の実験の動き）が力を発揮します。

「右膝下右捻り」は腰を左に回転させる働《はたら》きです。それはバックスウィング中にフォワードスウィングの筋肉の働きを行っていたことになり、その結果、切り返しで瞬時に身体の強い加速回転が得られるというわけです。

留意点は、右膝にすべての反作用が集中することです。右膝は身体の加速回転の反作用が右足裏の二カ所の支点に達するときの通過点になっているのですが、膝を折った状態が身体の回転の反作用を受け止めにくい形になっています。

それゆえに「右膝の位置死守」が重要で、右や後

図43 右足を直角に置く
【腕振りは開いてしまう】

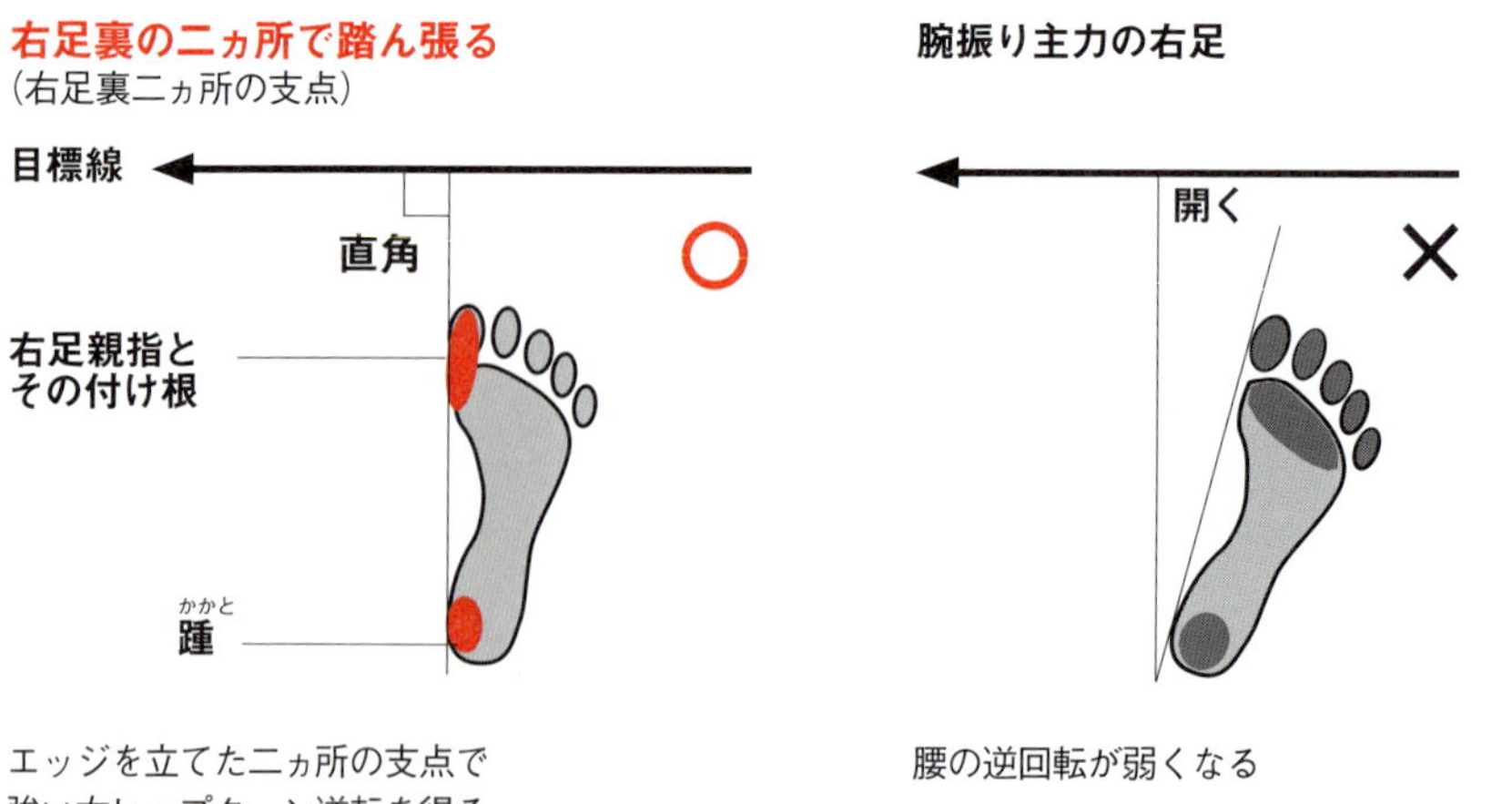

右足裏の二ヵ所で踏ん張る
(右足裏二ヵ所の支点)
目標線
直角
右足親指とその付け根
踵《かかと》
開く
腕振り主力の右足

エッジを立てた二ヵ所の支点で強い右ヒップターン逆転を得る

腰の逆回転が弱くなる

ろへ1㎝たりとも動かさない感覚が必要です。

その右膝は、左膝をアドレスの位置へ戻した瞬間に、前方左寄りへ動かして、身体の加速回転を続行します（それが左ヒップターンです）（詳細後述）。

身体（腰）を二回に分けてまわすので効率良い加速を二度も得られます。

しかも「速い動き」も「強い力でゆっくり・ねっとり」も自在です。

バックスウィングの腰の回転に「右膝下右捻り」で歯止め（フォワードスウィングの筋肉の働き）をかけると、腰の回転はすぐにきつくなります。

その際、右膝の右への横すべり（スウェイ）は防げても後ろへの動きは気付きにくいものです。右膝は伸びて後ろへ動く癖があるので、それを意識的に防がなければなりません（図44）。

右軸に合わせてその位置を死守した右膝が、バックスウィングとダウンスウィング前半の実質的な支点となります。右膝を身体をまわす礎にしなければならないのです。

図 44 右膝《ひざ》の位置を死守

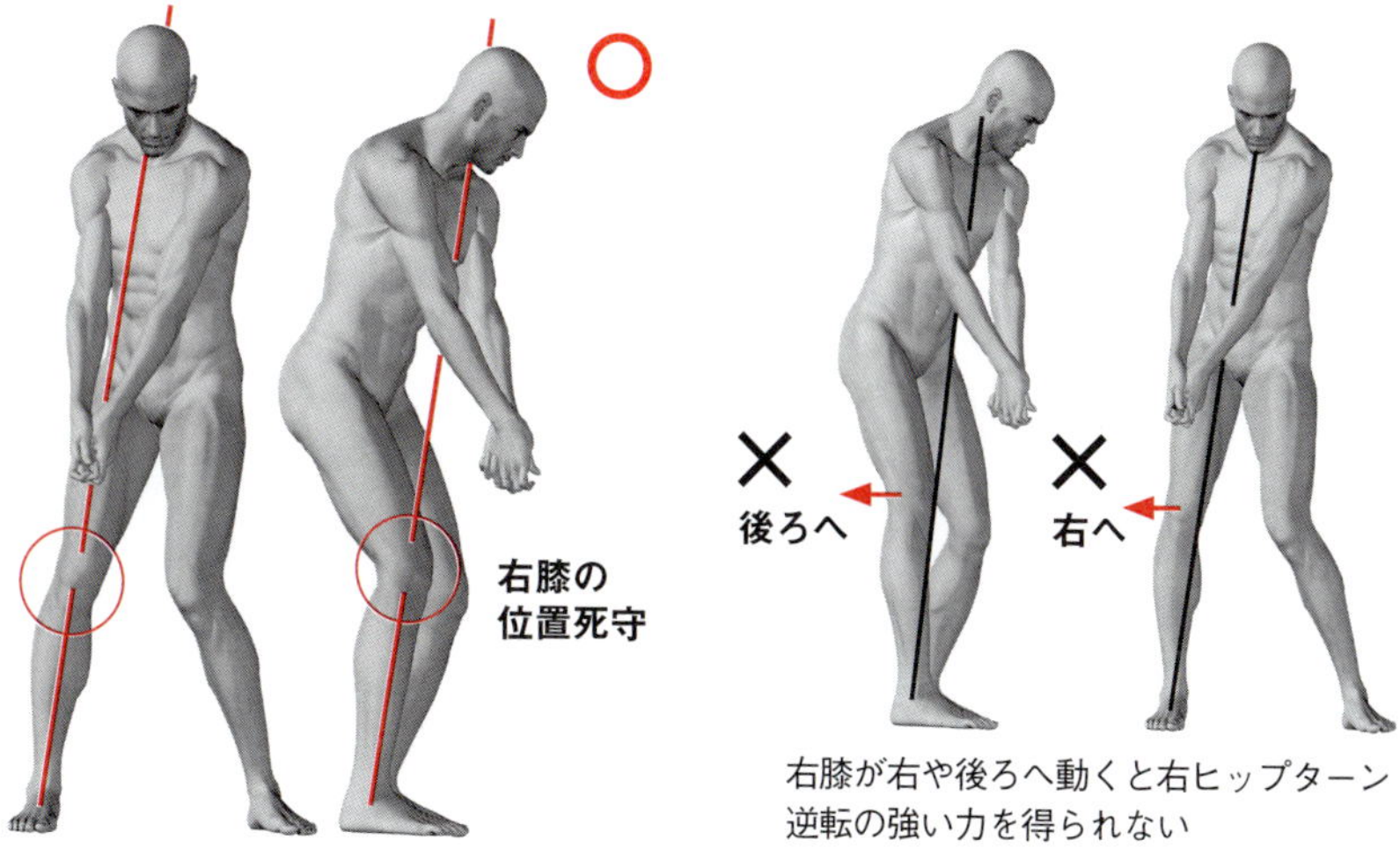

右膝が右や後ろへ動くと右ヒップターン
逆転の強い力を得られない

まずはウェッジで、スウィングの中枢「ヒッティング」をマスターする

手や腕を主体にクラブヘッドを加速する「腕振りスウィング」は、バックで手を上げ、手で切り返して一気に振るので本質的には一段加速です。

身体は手や腕の動作に追随してまわるだけなのでリズム（節目）の付けようがありません。

絶対に必要な部分動作を知らずに練習することは多大な経費と時間を浪費することになります。

従来のレッスン書なら、ヒントを読んで練習場へ直行するのが常識だったかも知れません。それはジェット戦闘機の操縦技術を断片的に読み、すぐに操縦桿《かん》を握り、飛び立ってから〝操縦《そうじゅう》は身体で覚えるものだ〟といっているのに等しいのです。

その様なことを避けるために、ドライバーの豪打やグリーンまわりのショートアプローチなど、すべてのスウィングに共通なヒッティングを理解することが最優先の課題となるのです。

それは74頁《ページ》に示したように概《おお》ね8項目です。たったそれだけでもけっこう難儀なことかも知れません。

なぜなら、**一つの単純動作は簡単ですが、複数の動作を同時あるいは次々に行うには、そのための複数のシナプス（脳が信号を送受する端子）をつなぐ必要があるからです。**

複数のシナプスをつなぐためには、各部分動作の反復練習以外に方法はありません。

スウィングを短期間で覚えるにはウェッジが最適です。ウェッジで、手や腕を少しも振らないピストンスナップと身体の回転のみで打つヒッティングを繰り返してみてください。ヒッティングこそが、パッティングを除くすべてのスウィングの中枢であり、それをマスターすることがフルスウィングで飛ばせるようになる最短コースです。

大きなスウィングには、スウィング中枢《ちゅうすう》の形（ピストンスナップを行える形）を破壊してしまう要因が、幾つも潜《ひそ》んでいるのです。それではヒッティングの詳細を見ていきましょう。

腰は〝まわさない〟下肢（足）で動かす

先人が残してくれた教え「スウィングは下から上へ順次捻り戻す」は、理にかなった名言。それを鉄則として最も下に位置する下肢《かし》（足）から行動を起こさなければならない。

だが、ともすれば中間に位置する「腰をまわす」意識になってしまう。それは日頃の生活では当たり前のことで、それがゴルフにも色濃く反映されてしまうのだ。

腰をまわしたら、ゴルフに都合《つごう》が良い身体（腰）の回転はできない。腰の回転は「下肢の動作で腰と体幹がまわる」のであって、その別名を下半身の捻転ともいう。その構造で腰がまわれば、その上に連なる胴（体幹）がまわり、クラブもまわる。

ヒッティングの場合、身体の回転は腰と胸を一体にして下半身の左右二つの原動機（右ヒップターン逆転と左ヒップターン）でクラブヘッドを次々に加速する。グリーン周辺のごく小さいショットの場合は一つの原動機（左ヒップターン）のみの場合もある。

フルスウィングの場合は、下半身の左右二つの原動機に胴を捻って胸を回す原動機を加えた三つで、次々にクラブヘッドを加速する。

三つの原動機がきちんと働いたその瞬間「スウィングは下から上へ順次捻り戻す」の、表現が輝いてくる。

下肢《かし》：股関節《こかんせつ》から指の先端まで

手や腕が身体の仕事を奪《うば》ってはならない

　バックスウィングを見ると手や腕を振り上げているように見えます。それがまさに錯覚《さっかく》で、それは身体の回転が、手や腕やクラブを〝振り上げたように〟見せているのです。その見せかけと本能が呼応《こおう》して誰もが手を振り上げてしまう。

　まずは、図45の①→③のバックスウィングで手や腕を振っていないことの確認をしましょう。

　前傾姿勢の法則（72頁）で構《かま》えてからスナップバック（28頁）のみを行い、①の形にして固定します。次に、右ヒップターン（76頁）で身体をまわすと、手や腕は②へまわされながら上昇します。

　さらに②から③への胸の右回転で手は③へまわされながら上昇します。当然のことながら③までに手や腕を振る動作は、いささかもありません。

　固定した手や腕が、身体の回転でどれほど移動しながら上昇したか（手を振ったように見せたか）を見るために図に細い横線を入れました。

図45【正面図】

身体の回転が手や腕を振り上げる

①のまま手や腕を固定して右手の小指を胸の中央前方に維持する

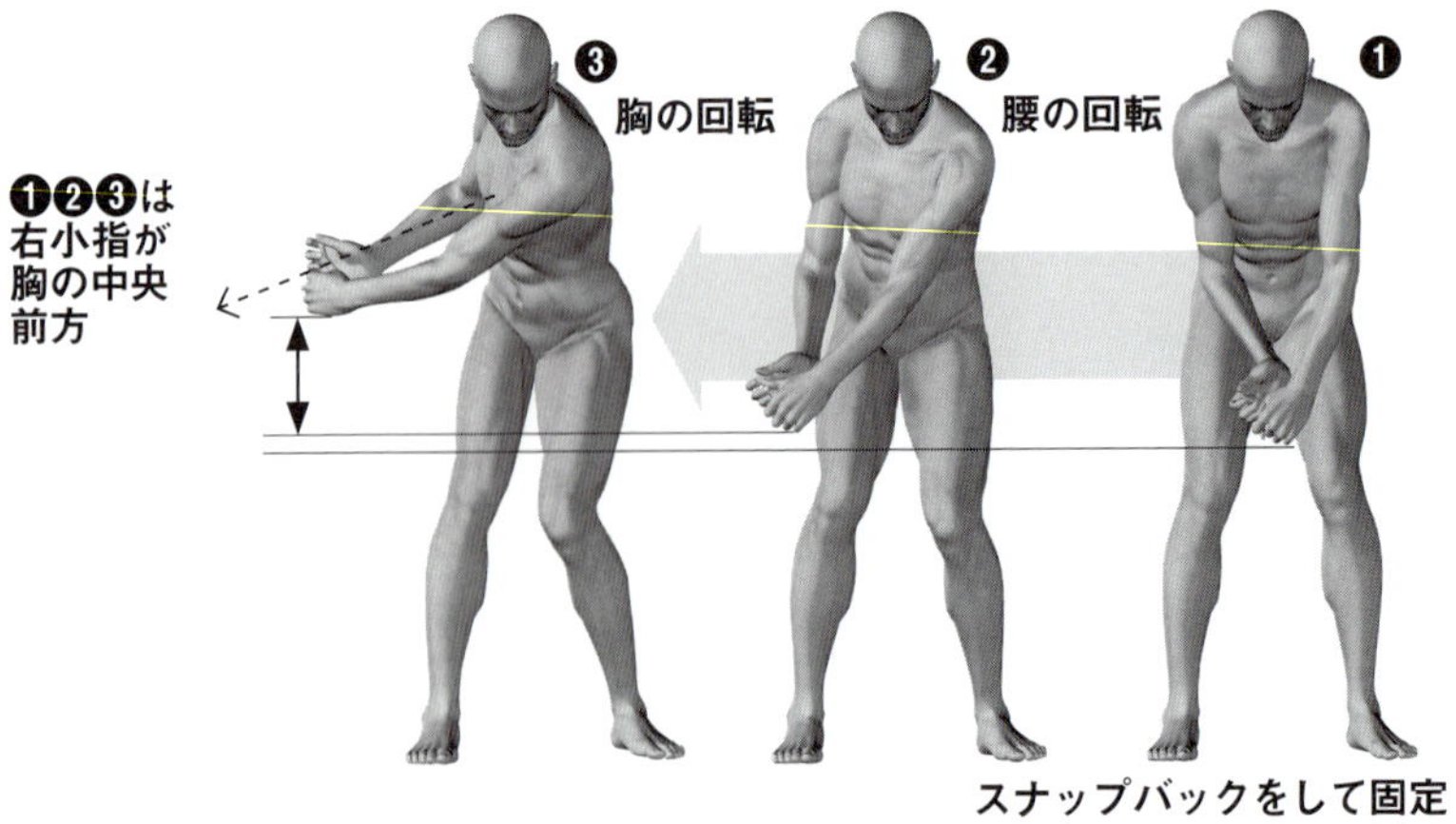

①→②で手が少し上昇したのは、少し傾斜した右《う》軸《じく》の動きによるもの。

②→③で手が高く上昇したのは、前方へ大きく傾斜した胸軸《きょうじく》（頭の付け根と第５腰椎《ようつい》を通る直線）を中心とする胸の回転によるものです。

注目すべきは側面図の③（下の図）で、右小指の位置が胸の中央前方に維持されていること。

それは手を振らなかった証《あかし》です。「腕振り・手打ち」スウィングの外見は、インパクトゾーンで右小指が胸の中央前方を右から左へ横切ります。

それを「腕振り・手打ち」と定義します。

ここで強く受け止めて欲しいのは、フォワードスウィングでも「身体の回転が手や腕を振ったように見せる」のであり、その仕事を「手や腕を振って」奪ってはならないことです。

仕事を奪われた身体の回転に出番はなく、豪快にまわしているように見えても手や腕の動作に追随してまわっているにすぎません。

図45【側面図】 右小指の位置は胸の中央前方

①②③は右小指が胸の中央前方にある（手を振らない証）

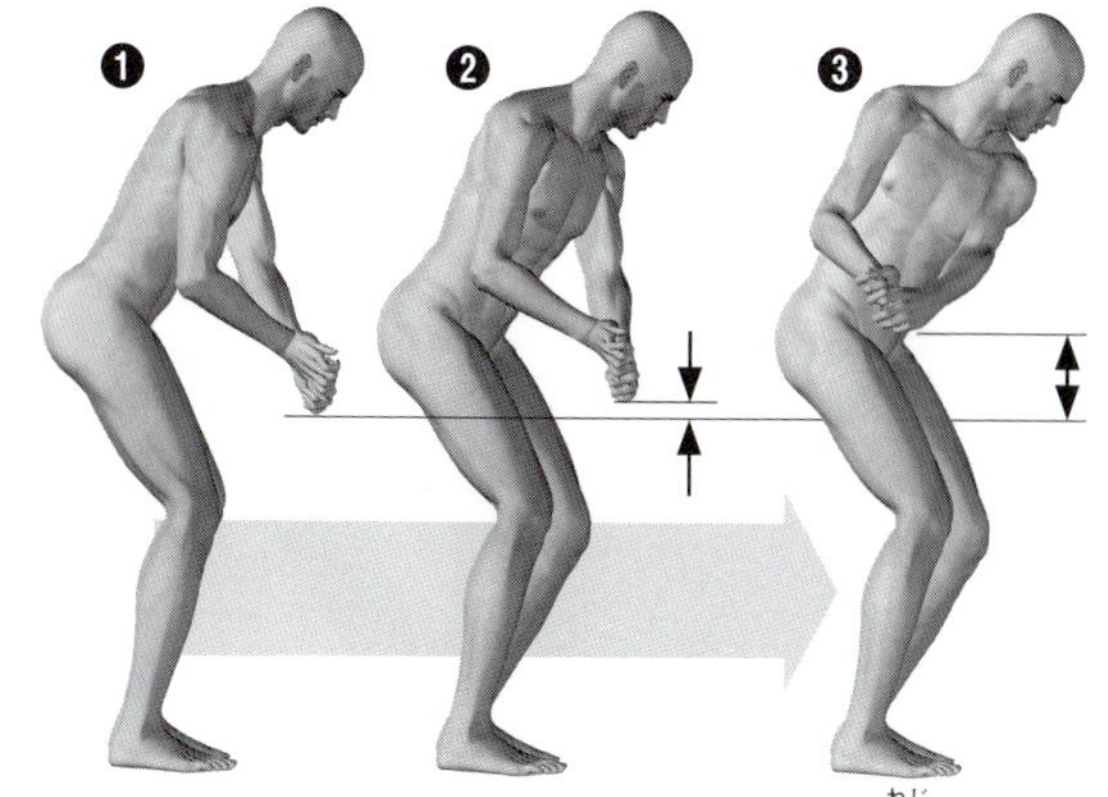
③の胸をまわした状態から両肩と右手右肘を一緒に上げ、アドレス時の三角形を崩すとオンプレーンになる

スナップバックのみ　腰をまわした　胴を捻《ねじ》った

手や腕を振らなくても フェースの向きは自動的に制御される

打面《だめん》（クラブフェース）を開閉（オープン・クローズ）する動作は、クラブヘッドをオンプレーンで動かす動作そのものです。

ハンドダウンで構えてから、スナップバックを行いつつ右ヒップターンを行い、柔軟にした左手首を平面（スウィングプレーン）に乗せるとき、クラブシャフト全体をオンプレーンにする動作と、クラブフェース（打面）を開く（オープンにする）動作は同じものなのです。

打面の向きは番手ごとに変わってしまうので、どの番手も図46のように板を打面に見立てて（イメージして）、そのオープン・クローズを調節します。

図47のように板は、アドレス①で平面と直交し、身体の右側③では平面とかさなります。その中間②では直交から平行へ徐々に変わっていきます。

それがバックスウィングで左右の前腕をそれぞれ、

図46 ロフト0度の打面を板でイメージする

各番手のロフトが勝手にそれなりにボールを打ち上げてくれる

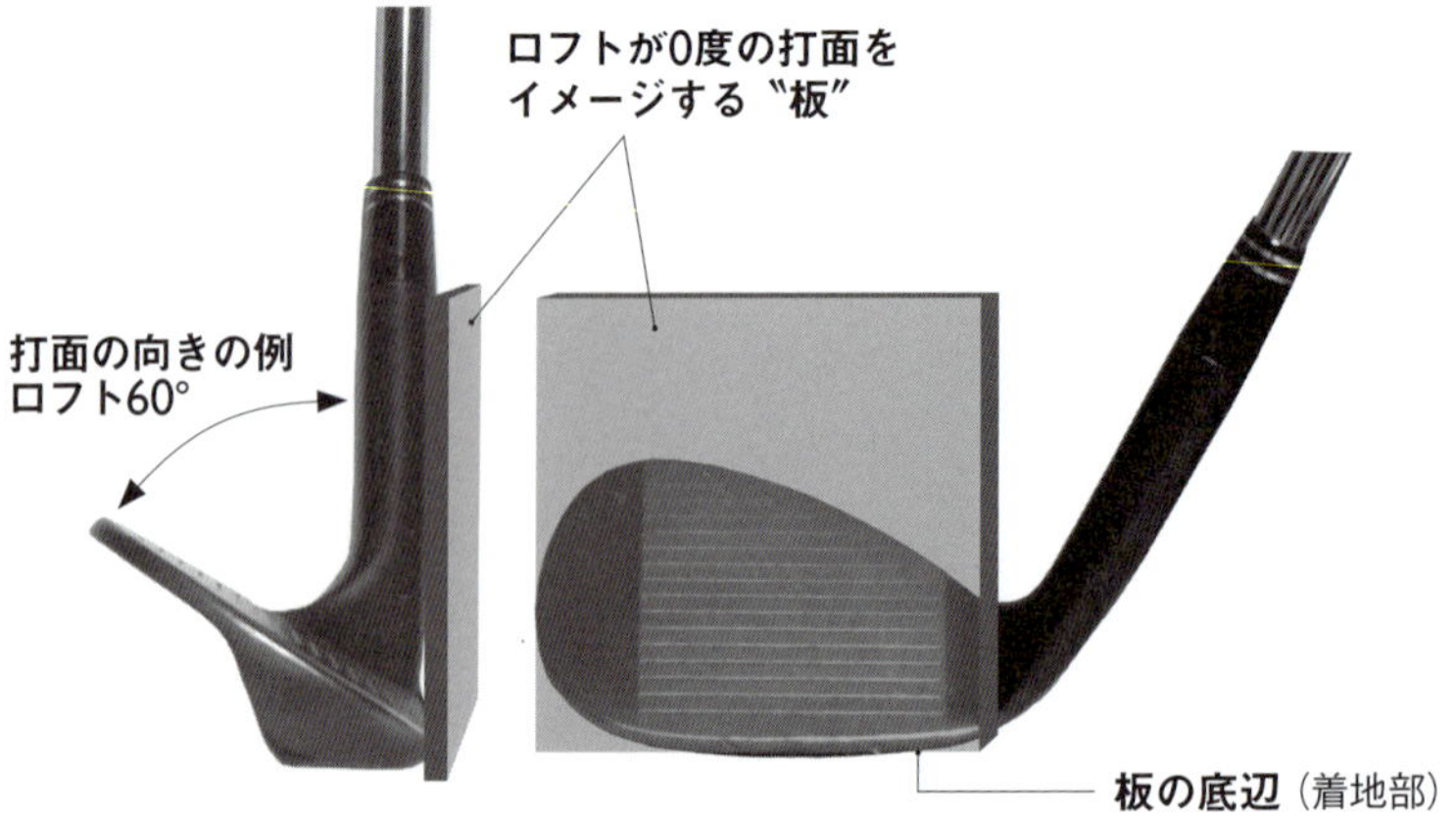

どれだけ右へ捻《ねじ》るべきか、加速するときに左へどれだけ捻《ねじ》り戻すべきかを決めてくれます。

具体的には、スナップバックを行いつつ右ヒップターンを行うとき、左右前腕をそれぞれいかほど右に捻るかを、イメージした板（図46）が示してくれるのです。

如何に小さなアプローチでもバックスウィングにはそれなりに小さなスナップバックが必要で、板の開閉（スナップバック）を忘れるとザックリの一打が付くことになります。

図47の③の切り返しの位置が、ヒッティングの最大の振り幅であり、手がこれ以上に上がれば、手を振ってしまったことになるのです。

①から③へ進む途中では、スナップバックが②のように板を開きクラブヘッドを上げてくれます。

バックスウィングの身体の回転は回転軸が前傾しているので、手や腕が何もしなければ打面は閉じていきます。その時、スナップバックの働きで打面を開いた結果として①②③の状態が現れるのです。

図47 バックスウィングのフェースコントロール

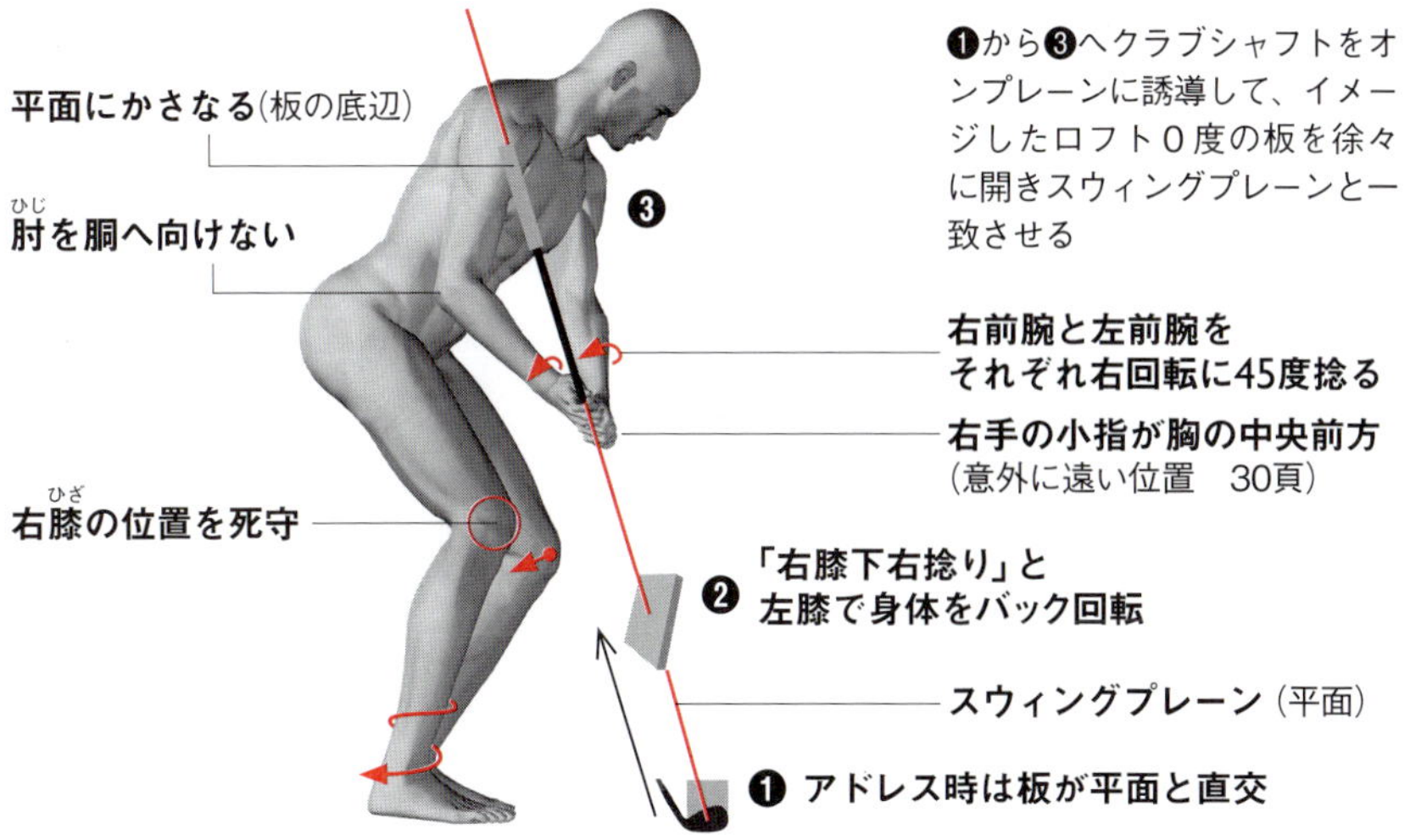
❶から❸へクラブシャフトをオンプレーンに誘導して、イメージしたロフト0度の板を徐々に開きスウィングプレーンと一致させる
平面にかさなる(板の底辺)
肘《ひじ》を胴へ向けない
❸
右前腕と左前腕をそれぞれ右回転に45度捻る
右手の小指が胸の中央前方
(意外に遠い位置　30頁)
右膝《ひざ》の位置を死守
❷「右膝下右捻り」と左膝で身体をバック回転
スウィングプレーン(平面)
❶ アドレス時は板が平面と直交

手の向きとフェースの向きは同調している

ここで、ヒッティングのバックスウィングにおける左右の手の動きをもう一度確認しておきましょう。

ヒッティングのバックスウィングでは、左右の前腕をそれぞれ右回転に45度捻《ねじ》り、切り返しからインパクトまでに45度捻り戻し、インパクト後も継続してさらに「45度の左捻り」を行います（ごく小さなショットはそれなりに少ない捻りとなる）。

左右の前腕をそれぞれ45度も捻ってしまったら、クラブヘッドはスウィングプレーン（平面）から外れてしまうと思われるかもしれませんが、そんな心配はいりません。

図48の①は、「開いた掌《てのひら》」をロフト角0度の打面にイメージして構えたものです。

その左右前腕を、別々に「右捻り45度」を行いながらスナップバックのみを行うと②になります。その際に左右の掌が少し「ズレ」ます。

44頁で紹介したパーフェクト・グリップはその「ズレ」を受け入れますが、「握ったグリップ」では、このような繊細な動作はできません。

②でイラストの身体の向きを変えたのは、掌が45度に開いた状態を説明するためで、正面から見ても45度が見えないことによるものです。

次に左右前腕45度右捻りを行った②の形を維持したまま右ヒップターンを行うと③になり、これはヒッティングのバックスウィングを終えた状態になっています。

③の状態で手や腕を固定したまま身体の回転だけをアドレスの位置に戻してみると④になります。それは②のスナップバックのみを行った場合と同じ状態です。

左右の手はそれぞれ45度、右に捻っているのですが、前傾した身体の回転によって掌が閉じる動きが加わることで、両手の掌がオンプレーンの図③となるわけです。

図 48 前腕を45度右捻り

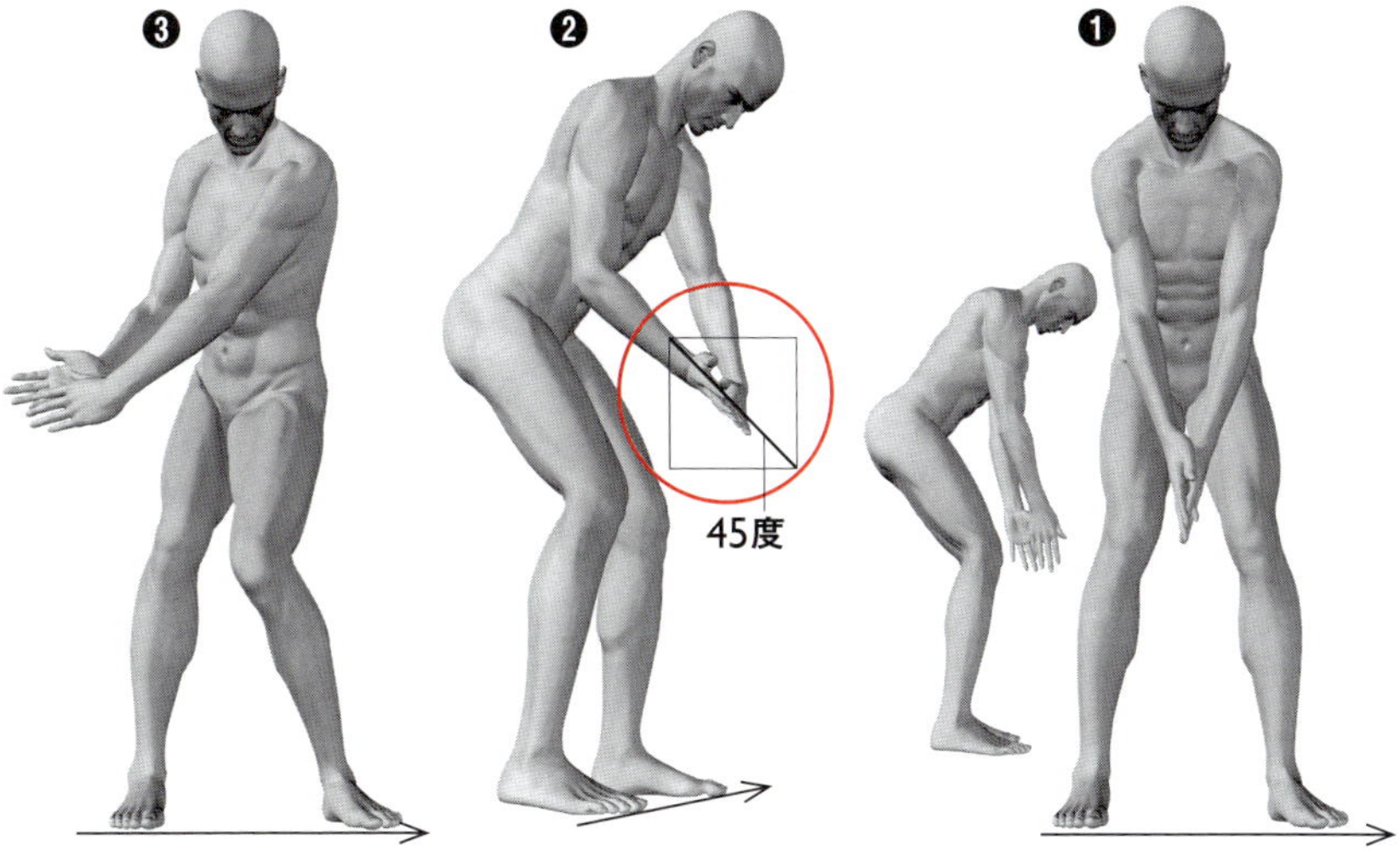

❷の形を維持したまま右ヒップターン

左右前腕を別々に45度捻りスナップバック

掌をロフト0度のフェースにイメージ

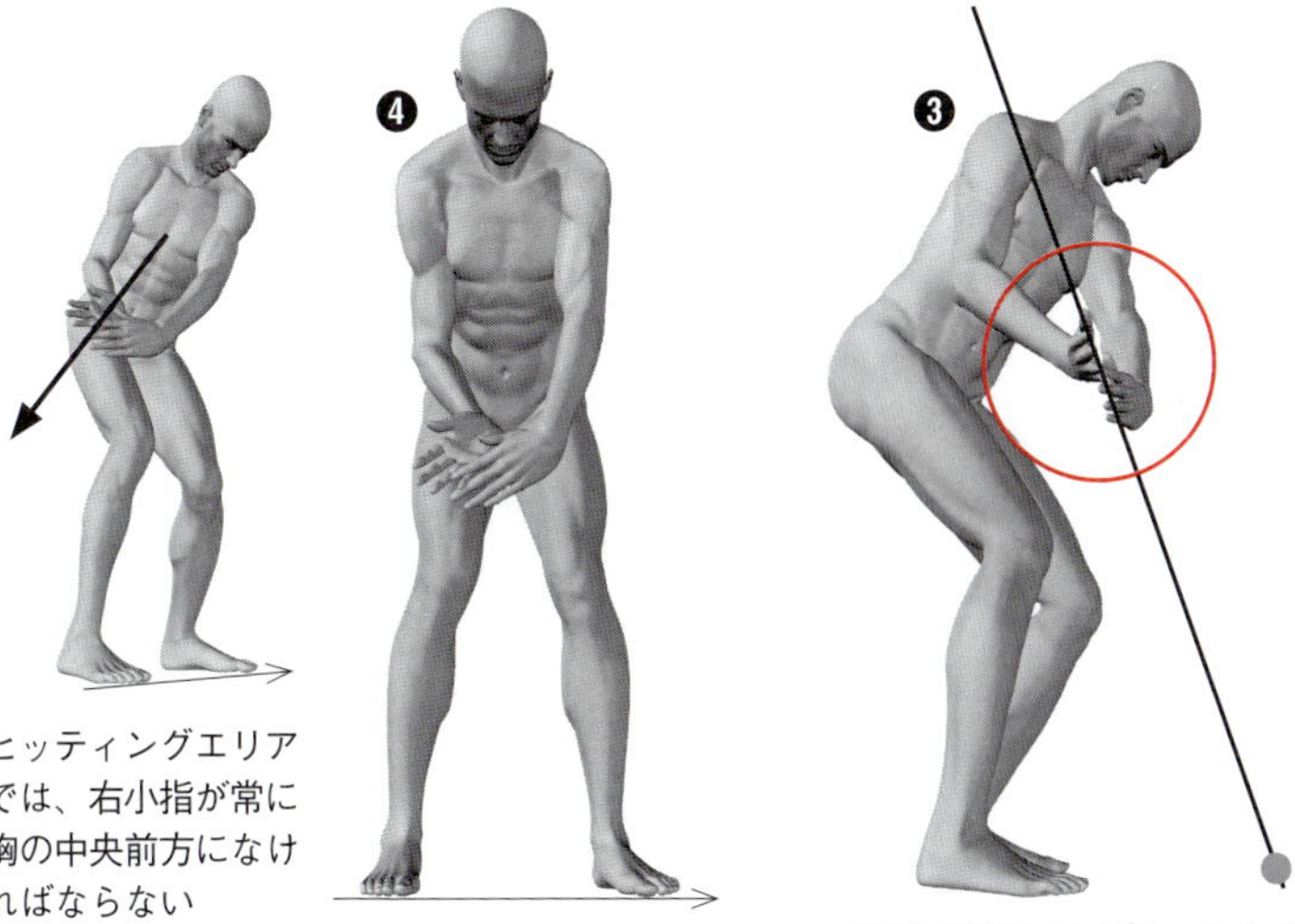

ヒッティングエリアでは、右小指が常に胸の中央前方になければならない

両手の掌はオンプレーンとなる

手や腕を振らない「切り返し」

切り返しはショットの大小に関わらず、バックスウィングでクラブヘッドが想定したところに上がった瞬間に「右ヒップターン逆転」の開始で行わなければなりません。具体的には、「右膝《ひざ》下右捻《ねじ》り」を一段と強く右へ捻って左膝をアドレスの位置へ戻します。

　そのときの手や腕は、右ヒップターン逆転がクラブヘッドを加速している最中にクラブシャフトと右前腕の直角を維持して「左右前腕左捻り」を行うことでシャフト全体をオンプレーンに保ちながら、ピストンスナップを行える形を整えます（詳細後述）。

　図49はヒッティングの切り返しです。右ヒップターン逆転を開始したときの手や腕は、クラブシャフトと右前腕の直角を維持したまま右ヒップターン逆転が発揮した力でクラブを動かします。

　フルスウィングの切り返しは、右ヒップターン逆転を先行しながら左右前腕の左捻りを行いつつ、右

図 49　右ヒップターン逆転で切り返す

右捻りは加速開始の一丁目一番地

右膝下の一段と強い右捻り①と左膝戻し②の相乗効果で身体の強いフォワード回転を得る。その力（エネルギー）がクラブヘッドを加速し始める

・右ヒップターン逆転を手の動作より先に開始するには反復練習以外にない（シナプスの連係で突然できるようになる）

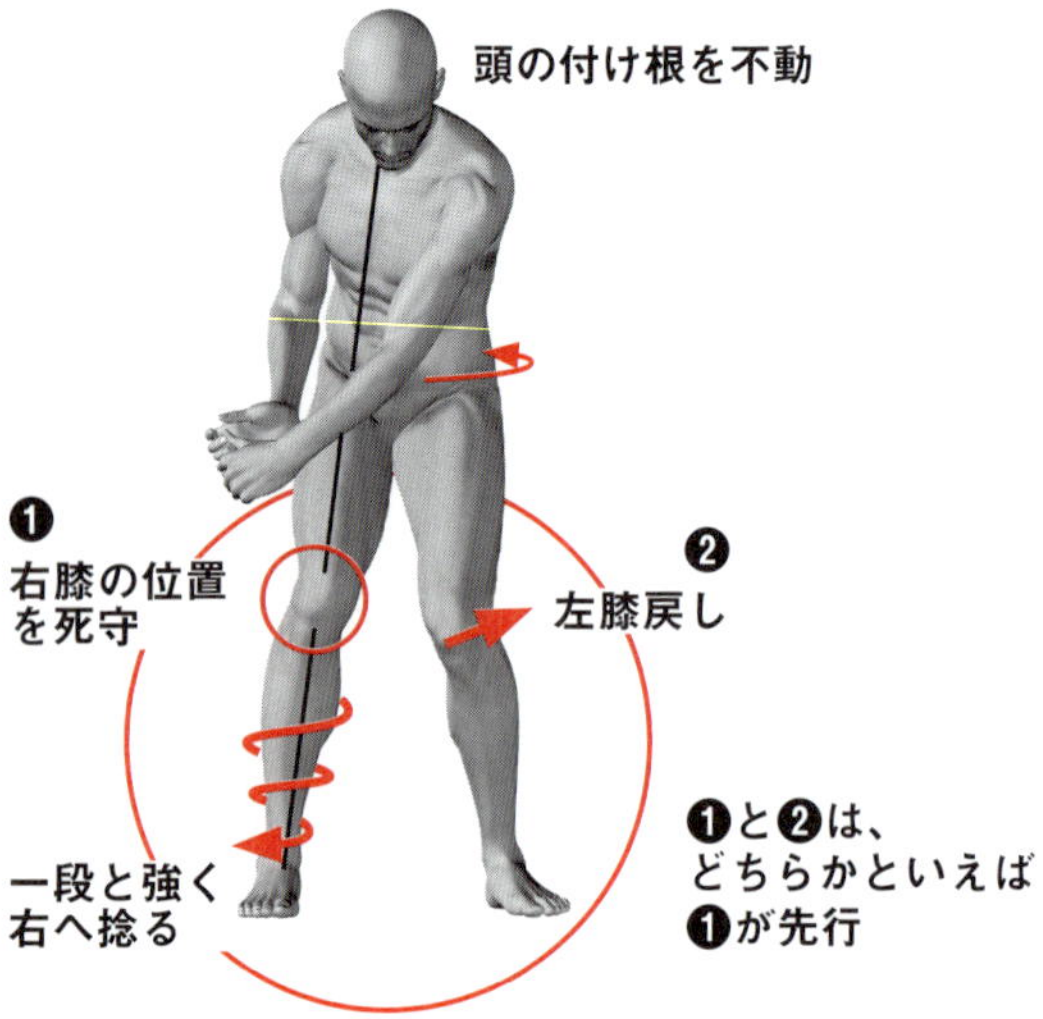
頭の付け根を不動
❶
右膝の位置を死守
❷
左膝戻し
一段と強く右へ捻る
❶と❷は、どちらかといえば❶が先行

小指を胸の中央前方めがけて両肩と右手右肘《ひじ》を一緒に下ろしながら左腕を伸ばし、図49の形を整えます。そのあと身体の回転とピストンスナップでボールを打ち抜きます。

腕振りスウィングの切り返しは、バックスウィングの惰性で進行中のクラブヘッドを「手で止める余分な動作」が入るので切り返しが活《い》き活きとしません。手や腕で加速を開始すれば、そのまま「腕振りスウィング」（手打ちスウィング）に突入です。

バックスウィングで進行中のクラブヘッドを右ヒップターン逆転の開始で止めるか、手や腕の加速動作（腕を振る動作）で止めるかで、ピストンスナップを行えるか、手打ちスウィングになってしまうかに分かれてしまうのです。

切り返して、左膝をアドレスの位置へ戻した瞬間に、右膝を前方左寄りへ動かして腰の左回転を継続します。

すると右軸《うじく》が消滅し、ここからは必然的に左軸《さじく》が成立しています。

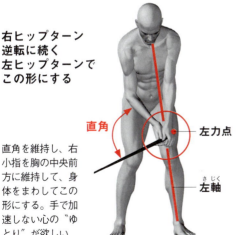

参考図 ハンドファーストの位置と形

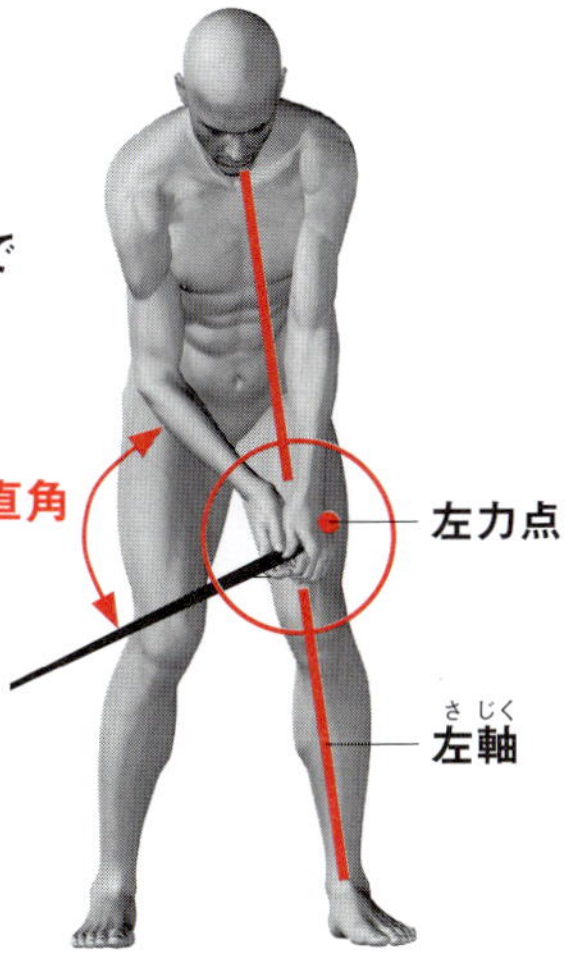
右ヒップターン逆転に続く左ヒップターンでこの形にする

直角を維持し、右小指を胸の中央前方に維持して、身体をまわしてこの形にする。手で加速しない心の〝ゆとり〟が欲しい

参考図 図49の側面図

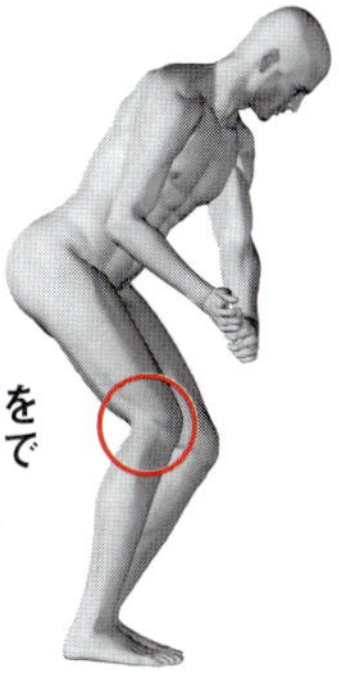
右ヒップターン逆転を終了するまで右膝の位置を死守

バックスウィング終盤からダウンスウィング開始にかけて右膝が動くと、瞬時に切り返す身体の逆回転を得られない

右ヒップターン逆転に続けて左ヒップターンで更《さら》に加速

右ヒップターン逆転で切り返したら、腰が正面に向いたと同時に、左ヒップターンを開始します。

左ヒップターン（図50）は、左軸《さじく》（頭の付け根と左足首を通る見えない直線）を中心に身体を加速回転させる複合回転運動です。それは腰が左軸を中心に加速旋回《せんかい》する構造と、左股関節《こかんせつ》を支えに右腰が加速回転する構造で成り立っています。

左ヒップターンが始まると必然的に左軸が成立し、右軸《うじく》は自然と消滅します。

図50の①は、「右ヒップターン逆転」で腰をアドレスの位置へ戻した状態。②は、左ヒップターンの前半が終わった状態です。

①の状態から右膝《ひざ》を前方左寄りに動かしたことで、右腰が右膝に引かれて動いた形（まわった形）が②となります。

固定したはずの手や腕が②で上昇しているのは、

図 50 左ヒップターン

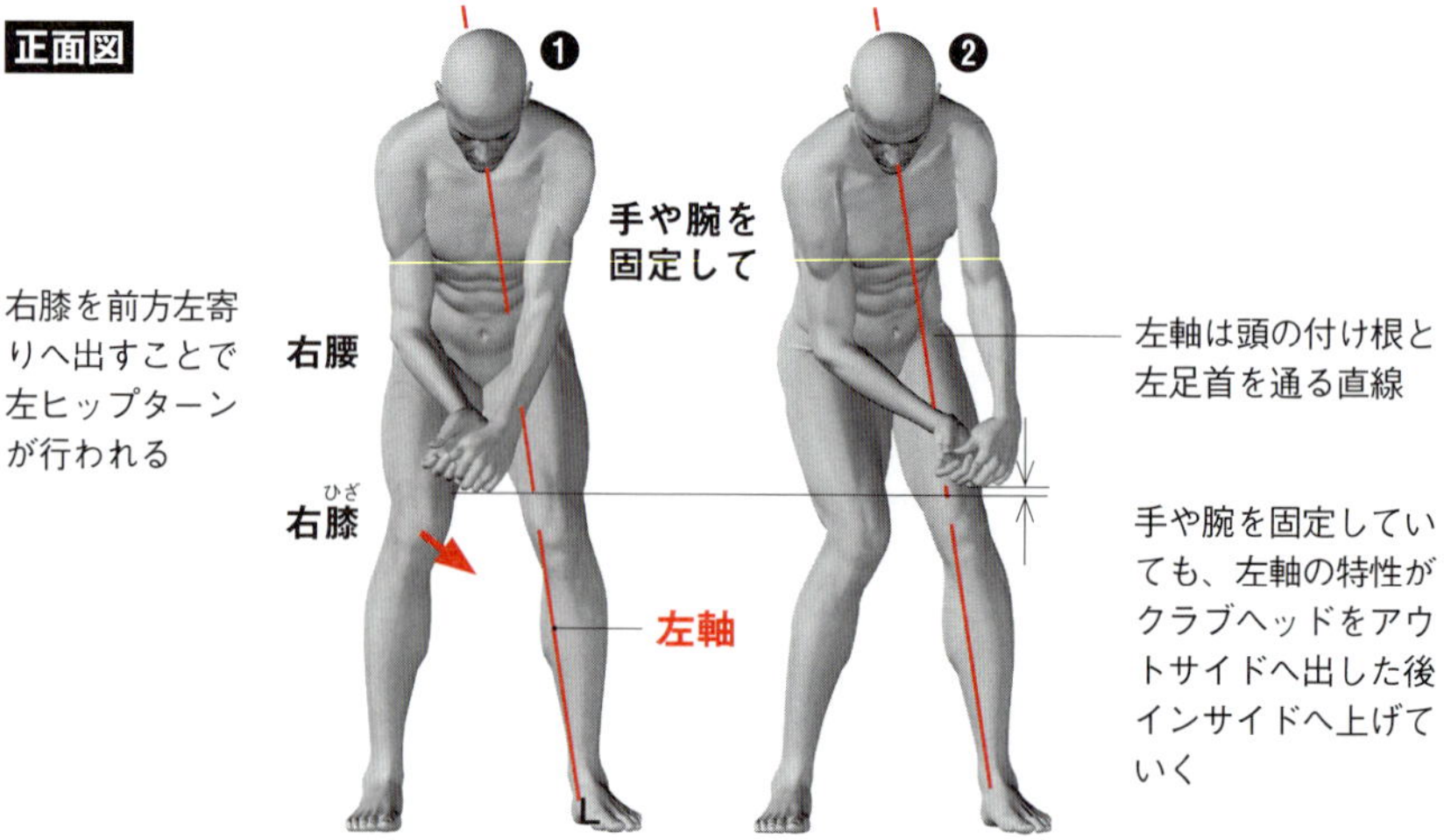

正面図
❶
❷
手や腕を
固定して
右膝を前方左寄りへ出すことで左ヒップターンが行われる
右腰
右膝《ひざ》
左軸
左軸は頭の付け根と左足首を通る直線
手や腕を固定していても、左軸の特性がクラブヘッドをアウトサイドへ出した後インサイドへ上げていく

左軸が傾斜しているからです。

スナップバックは手の動きに左腕で「歯止め」を掛けているので、手があてどもなくさ迷うことはなく、右小指が常に胸の中央前方にあります。

ですから、「左ヒップターン」を開始して「腰と一体となった胸」が左に開き始めるときまでピストンスナップの開始を遅らせ左力点を左肩で引き寄せるだけで、自然とハンドファーストの位置と形になります。

そのタイミングで左ヒップターン後半とピストンスナップを行えばいいのです（詳細後述）。

【参考】

＊右ヒップターン逆転や左ヒップターンは手や腕の動作に比べると、クラブヘッドを動かす力の強弱や緩急を調整することが得意。

＊ヒッティングの場合は、飛距離が短いので左ヒップターンが身体を回す最後の回転構造です。その回転で、身体（胸）が左へ開きかけたタイミングでピストンスナップを身体の回転を主力にして行います。

“体重移動”は錯覚による世紀の虚構《きょこう》【新説】

左膝《ひざ》で腰を右へまわし始めると右軸《うじく》が成立し、右膝で腰を左へまわし始めると右軸は消滅して左軸《さじく》（左足首と頭の付け根を通る直線）が成立しています。右膝で腰を左へまわし始めると左足に体重が掛かった感じになり、それゆえに先人達も私も「体重移動」なる言葉を受け入れてしまったのですが、私のその後の解析では体重は移動せず右足にもアドレス時の体重が掛かっています。右足は右膝を積極的に動かすので体重が掛かっているようには感じなかったのです。それゆえに「体重移動」（ウェートシフト）なる動作は存在しません。その言葉にこだわるとスウィングに迷いがでて実害があります。

身体の回転がクラブを平面から追い出す

望む飛距離によってクラブの番手やバックスウィングの大きさを変えますが、どんな大きさのバックスウィングでも、クラブヘッドがその意図した位置に達した瞬間に、右ヒップターン逆転を開始して切り返さなければなりません。

具体的には、右膝《ひざ》下を一段と強く右に捻りながら左膝をアドレスの位置へ戻します。

気を付けなくてはならないのは、図51のように、左手を平面上で進めるつもりでも「手やクラブ」は右ヒップターン逆転による身体の回転で平面の前方Ⓨへ押し出されてしまうことです。

右ヒップターン逆転を終え左ヒップターンの初期までは、「クラブシャフト全体」を平面から外さないことが肝心です。

切り返しから腰が正面に向くまでを加速する働きの大部分は右ヒップターン逆転に任せて、手や右肘の働きの大部分をクラブシャフト全体を平面上に維持《いじ》することに使わなくてはなりません。

すなわち、Ⓨへ押し出される分を考慮して右手や右肘を動かすのです（加速動作の一部）。

具体的には、クラブシャフトと右前腕の直角を維持して左手を図のように平面の下へ進める、右小指を胸の中央前方に維持して左腕を一直線に伸ばす、右肘《ひじ》を少し後方へ引く、などです。

非常に繊細《せんさい》な手や腕の動きを言葉や図で表すことは困難ですが、31頁《ページ》の参考図で述べたように平面に見立てた木枠を利用すると、クラブシャフト全体を平面に合わせようとする意識だけで手や腕を繊細に動かせます。

右ヒップターン逆転で左膝がアドレスの位置へ戻った瞬間に、右膝を前方右寄りへ動かして身体の回転を継続します。

すると左ヒップターンでまたもやクラブが平面の前方へ押し出される。これに対処する手や腕の動作は右ヒップターン逆転のときと同様です（これらで91頁参考図のハンドファーストの位置と形にする）。

図 51 身体の回転で クラブが平面から前へ出る

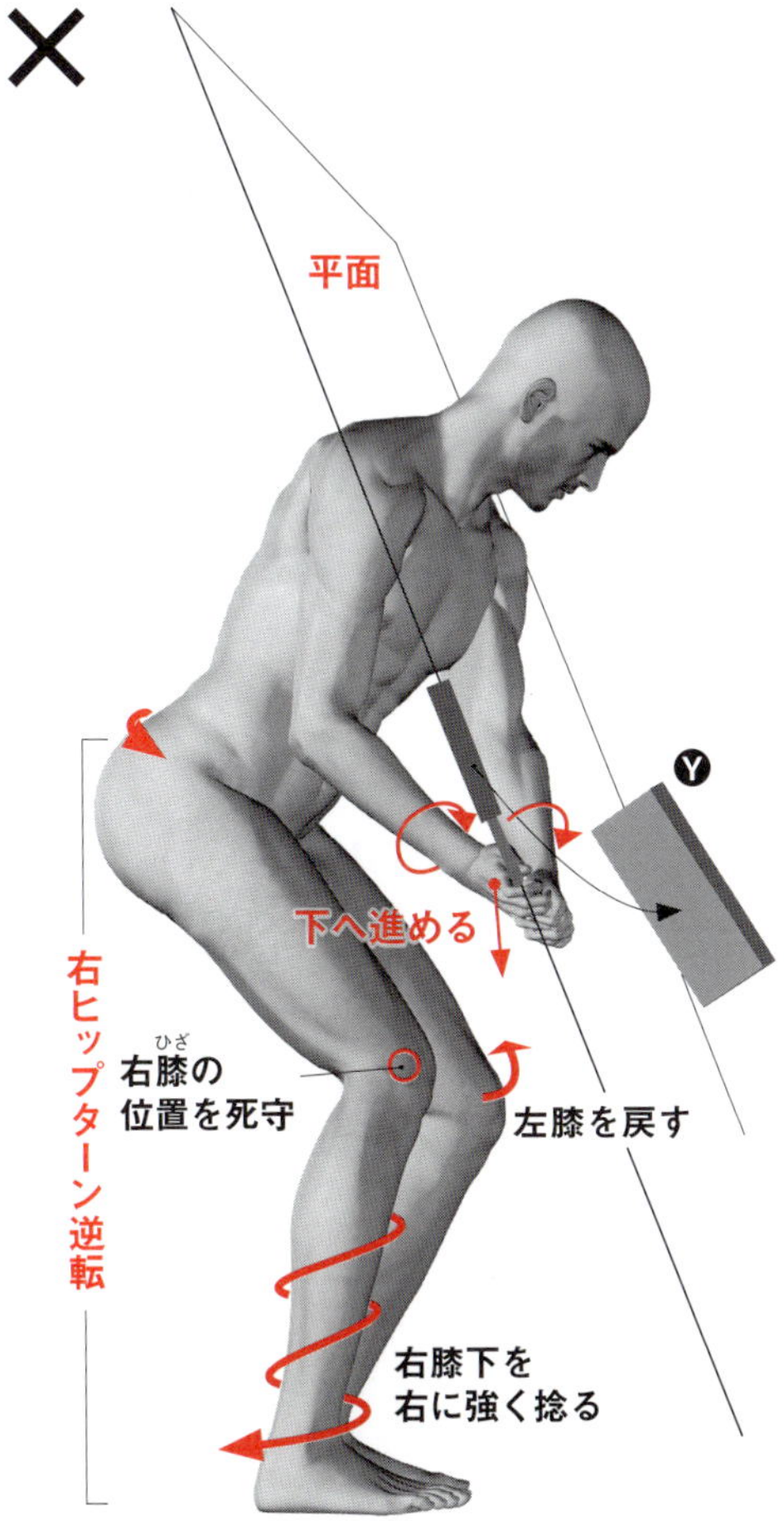
×
平面
Y
下へ進める
右ヒップターン逆転
右膝《ひざ》の
位置を死守
左膝を戻す
右膝下を
右に強く捻る

右ヒップターン逆転
クラブヘッドが前方へ出る

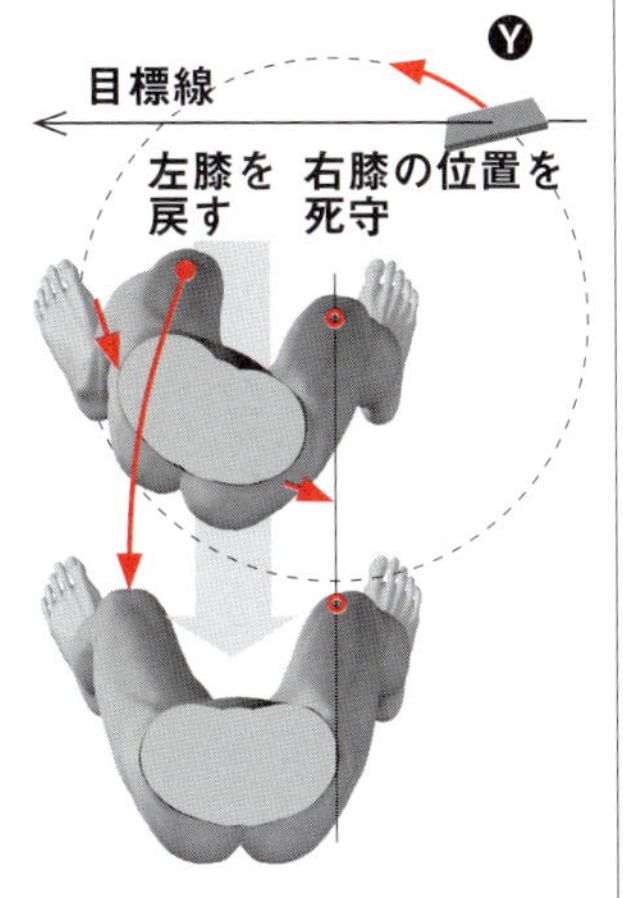
Y
目標線
左膝を
戻す
右膝の位置を
死守

左ヒップターン
クラブヘッドが前方へ出る

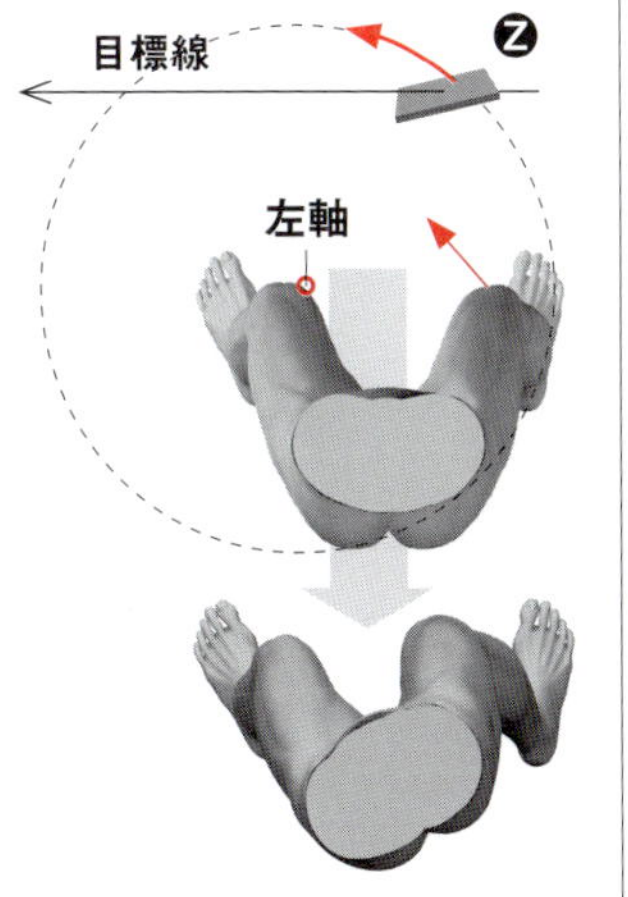
Z
目標線
左軸

口に出して「右・戻す・左」テンポ・リズム・タイミングを覚える練習

スウィングのテンポ・リズム・タイミングを意識しながら、「右ヒップターン」「右ヒップターン逆転」「左ヒップターン」の練習をしてみましょう。「右・戻す・左」のように暗唱《あんしょう》しながら、下肢《かし》（膝）の動作を脳に覚えてもらうのです。

テンポはスウィングが進行する速さ、リズムはスウィングに節目を付けて調子をとることです。タイミングは、動作を起動する「その時」です。

スナップバックを終えて手や腕を固定した図52の①で「右膝《ひざ》下右捻《ねじ》り」を行い、左膝を前方右寄りへ出すと、右ヒップターン（身体のバック回転）はすぐにきつくなって限界となります。

そのタイミングで「右膝下右捻り」を一段と強く行いながら左膝をアドレスの位置③へ戻したと同時に、右膝を前方左寄りへ出す左ヒップターンを行うと④になって「ヒッティングの身体の回転」は終了

図52 ヒッティングの身体の回転

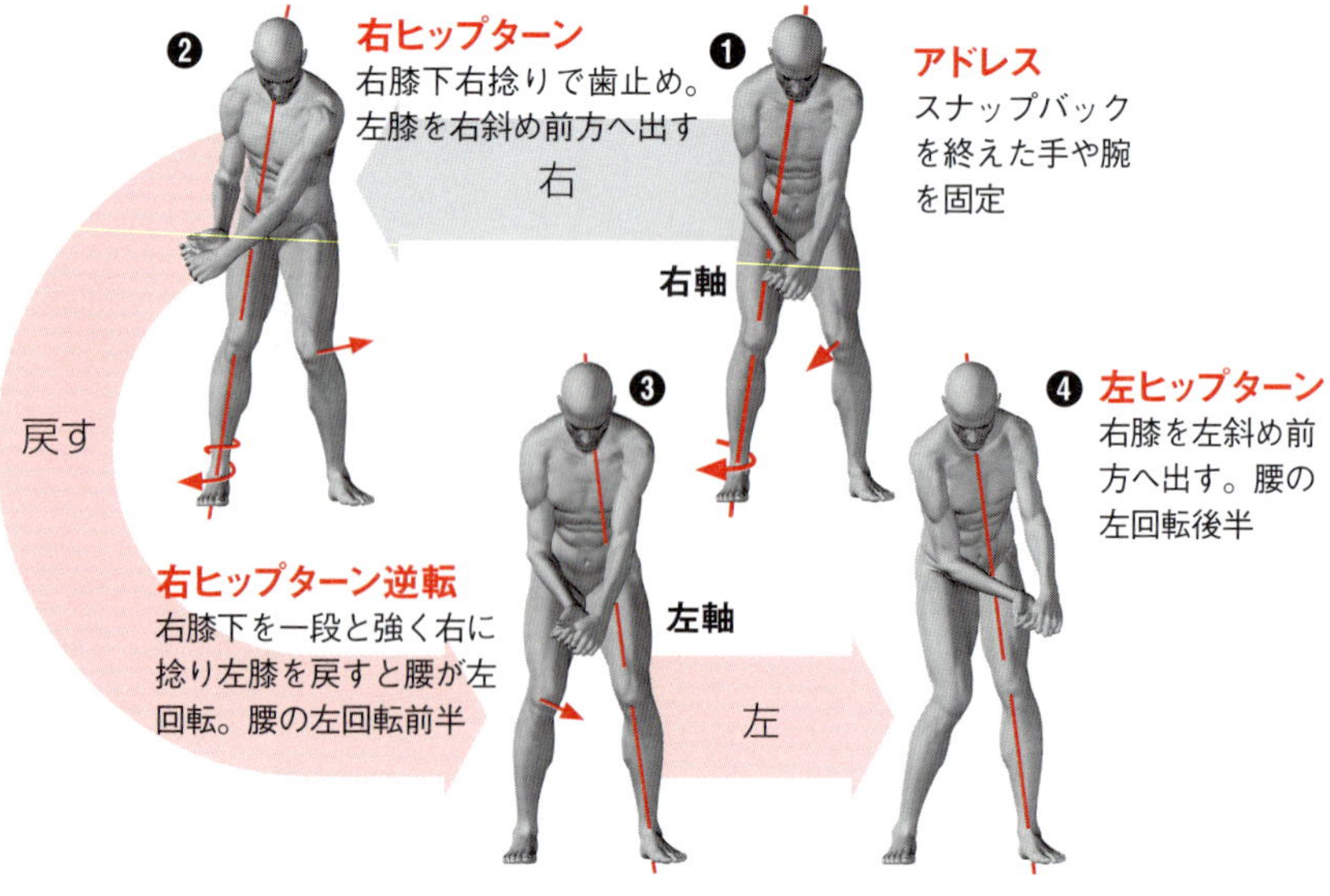

❶
アドレス
スナップバックを終えた手や腕を固定
右軸
❷
右ヒップターン
右膝下右捻りで歯止め。左膝を右斜め前方へ出す
右
戻す
❸
右ヒップターン逆転
右膝下を一段と強く右に捻り左膝を戻すと腰が左回転。腰の左回転前半
左軸
左
❹
左ヒップターン
右膝を左斜め前方へ出す。腰の左回転後半

です。

参考図は、身体の真上から下半身の動きを見たものです。

〝右〟と唱《とな》えながら①から②へ左膝を右斜め前方へ出すことで左腰が右へまわります。

〝戻す〟と唱えながら②から③へ右軸上に死守した右膝を頼りに、左膝をアドレスの位置へ強く戻す右ヒップターン逆転を行い、腰の強い左回転による安定したクラブヘッドの加速を得ます。
②→③で腰をアドレスの位置へ戻したら、すかさず〝左〟と唱えながら右膝を前方左寄りへ出す③→④で腰の左回転を継続します（左ヒップターン）。
ボールを打たずに下半身の動きだけを繰り返すことで、その各動作のタイミングを確実に脳に覚えてもらうことができるのです。

留意点は「アドレスの位置③」を確実に経由しなければならないことです。経由しないとシャンクの原因になったり、フルスウィングでは打った直後に身体が前へよろけます。

参考図 左右の膝《ひざ》でテンポとリズムを作る

ボールを打たずに下半身の動きだけを繰り返すことで、下肢の動作を確実に脳に覚えさせる

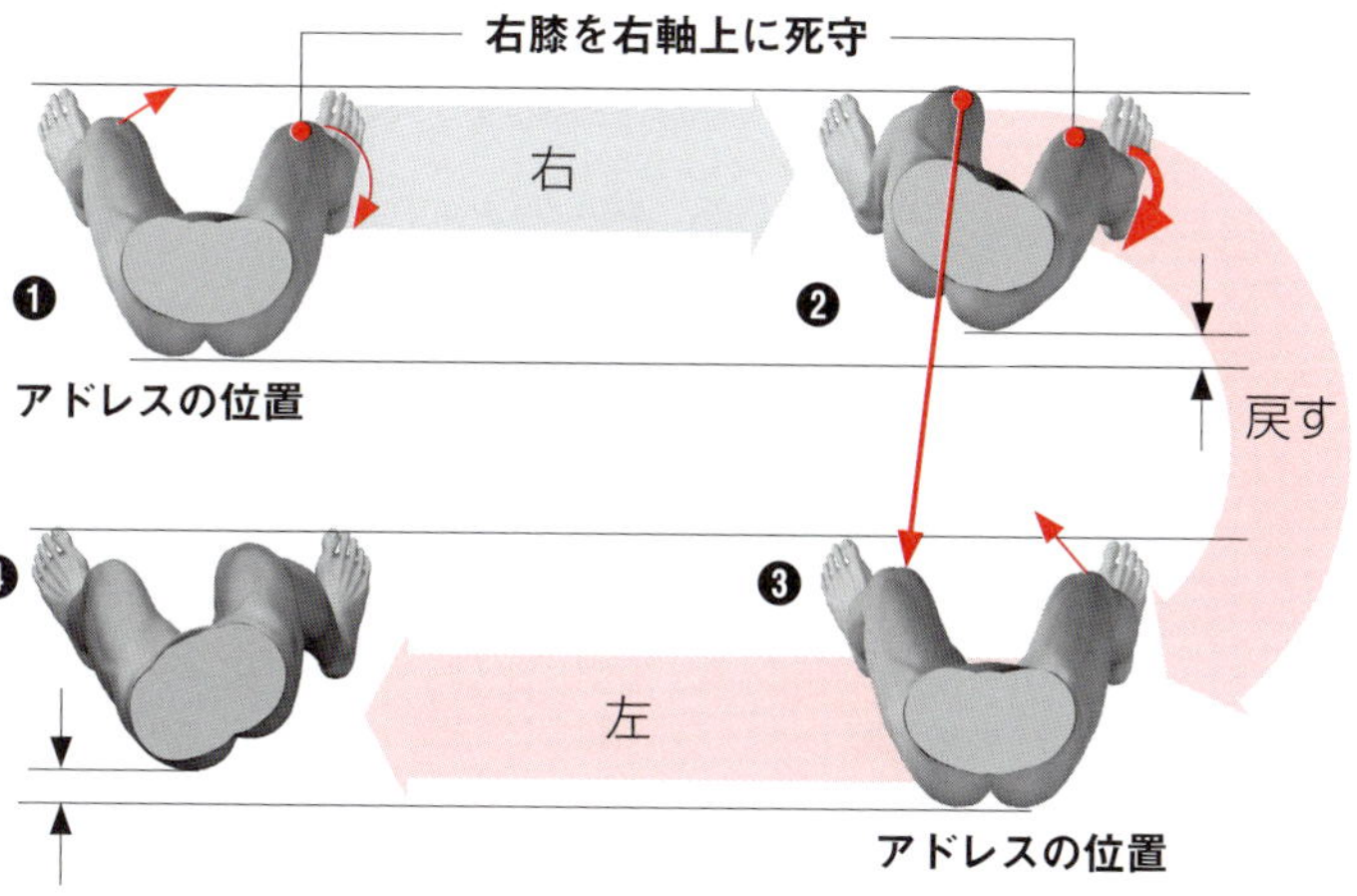

手を動かす「勘《かん》どころ」

ヒッティングのバックスウィングは図53の①→③、右ヒップターンとスナップバックで完了します。

㋐でスナップバック、㋑で右ヒップターンを行うことで、クラブをオンプレーン軌道に乗せていきます。㋐㋑では、右小指を胸の中央前方に維持《いじ》します。

③で右ヒップターンがきつくなったら、スナップバック終了の手や腕の形を維持したまま右ヒップターン逆転を開始、それが「切り返し」です。右ヒップターン逆転で腰が正面に向いた④で、㋓のように右前腕とシャフトの直角を維持したまま左ヒップターンを行いつつ平面上の左力点をハンドダウンの位置へ戻すと、ハンドファーストの形⑤が現れます。

ピストンスナップ開始のタイミングは、インパクト⑥の直前です。

忘れやすいのがピストンスナップに含まれるべきインパクトまでの「左右前腕45度左捻《ねじ》り」です。㋕でさらに「45度左捻り」を行うので、合計90度捻ることになります。㋒では右ヒップターン逆転がクラブヘッドを加速し、㋓㋔で左力点をハンドダウンの位置へ下ろして加速、㋔では左力点のUターン（後述）が半分進んで⑥となる。残り半分は左ヒップターン後半と右腕のピストンスナップによる加速で⑦となります。㋔では左手首の「下コック」を大胆に行う必要があります（入射角度や軌道の高さを調整）。

インパクト時の打面の向きは、左右前腕を右へ捻って同じだけ捻り戻すので、当然のことながら打面が目標へ向いた状態のスクェアになります。

注意すべきは、④俯瞰《ふかん》図のように手を目標方向へ振りたくなることであり、それは厳禁です。

㋒㋓では打ち急がず、右前腕とクラブシャフトの直角を維持して、左ヒップターンの進行で手やクラブを「ハンドファーストの位置⑤」へ進めなければなりません。「ハンドファースト」とは、⑤に示したように「左力点が左軸《さじく》を左へ越えた一瞬の位置と形」を示す言葉です（新解釈）。

図53 手は「動かす」が絶対に「振らない」

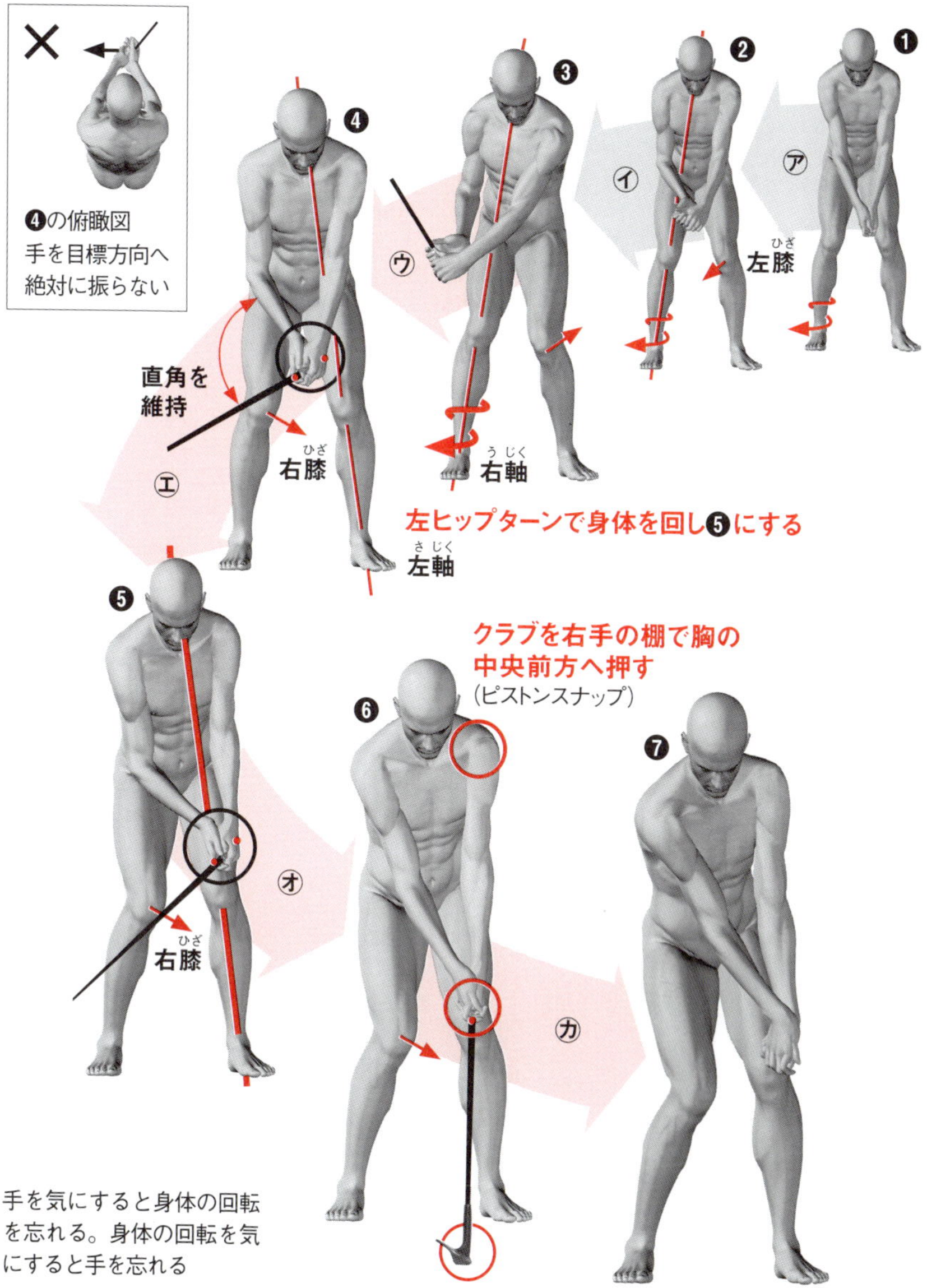

❹の俯瞰図
手を目標方向へ
絶対に振らない
❶
❷
❸
❹
ア
イ
ウ
エ
左膝《ひざ》
直角を
維持
右膝《ひざ》
右軸《うじく》
左ヒップターンで身体を回し❺にする
左軸《さじく》
❺
クラブを右手の棚で胸の
中央前方へ押す
(ピストンスナップ)
❻
❼
オ
右膝《ひざ》
カ
手を気にすると身体の回転
を忘れる。身体の回転を気
にすると手を忘れる

別々に働く、左右の腕

図54は、「手を動かす勘《かん》どころ」を説明した図53の⑤から⑦の動きを詳しく解説したものです。⑤から左ヒップターンで「腰胸一体」となった身体をまわしながら平面上にあった左力点をハンドダウンの位置へ戻して加速し、続けて折れている右肘を伸ばしつつピストンスナップを行い、⑦へ進めます。

ピストンスナップの左手や左腕、左肩（肩甲骨《けんこうこつ》）は、「左腕を真っ直ぐに伸ばす」「左手を下ろして身体に近づける（左手を平面に上げた逆行）」「左前腕を左回転に捻《ねじ》る（他力と自力）」「左手首の下コック」「左肩を上げつつ背後へ動かす」の各動作を行う。

すると身体の左回転が左力点を左肩の方へ5㎝ほど動かします。左力点を左腕の力で引くことは厳禁で、身体の回転と左肩で引きます。このとき、左腕は左力点を引くための連結棒の役割を果たすので真っ直ぐに伸びている必要があります。

一方、身体の左回転（加速回転）が右腕を胸の前方へ押し、右肩（右肩甲骨）の動作も右腕を前方へ押します。

そのときのピストンスナップの右腕は、「右前腕を左回転に捻る」「右前腕をピストン運動で胸の中央前方へ伸ばす」「クラブを棚で胸の中央前方へ15㎝ほど押す（スナップ）」という各動作を行います。

これらの動作で、クラブヘッドは打面を閉じつつアウトサイドへ上まわりの下降軌道Aを描きます。

一方、左ヒップターンで回転する身体は、インサイドへ「下まわりの上昇軌道B」を描きます。そのAB二つの力（軌道）を合わせた結果、クラブヘッドは目標方向へ、直線軌道で加速されることになります。注目すべきは、⑤から⑦への身体（腰胸）の回転が、極めて僅《わず》かなことです。それは身体をまわす角度が数十倍にもなってクラブヘッドを動かすことによるものです（増速倍率が高い）。

次の頁では、⑤のハンドファーストの形と左力点のUターンについて、さらに詳しく解説させて頂きます。

図 54 打面を閉じながら直線軌道で加速（ピストンスナップ）

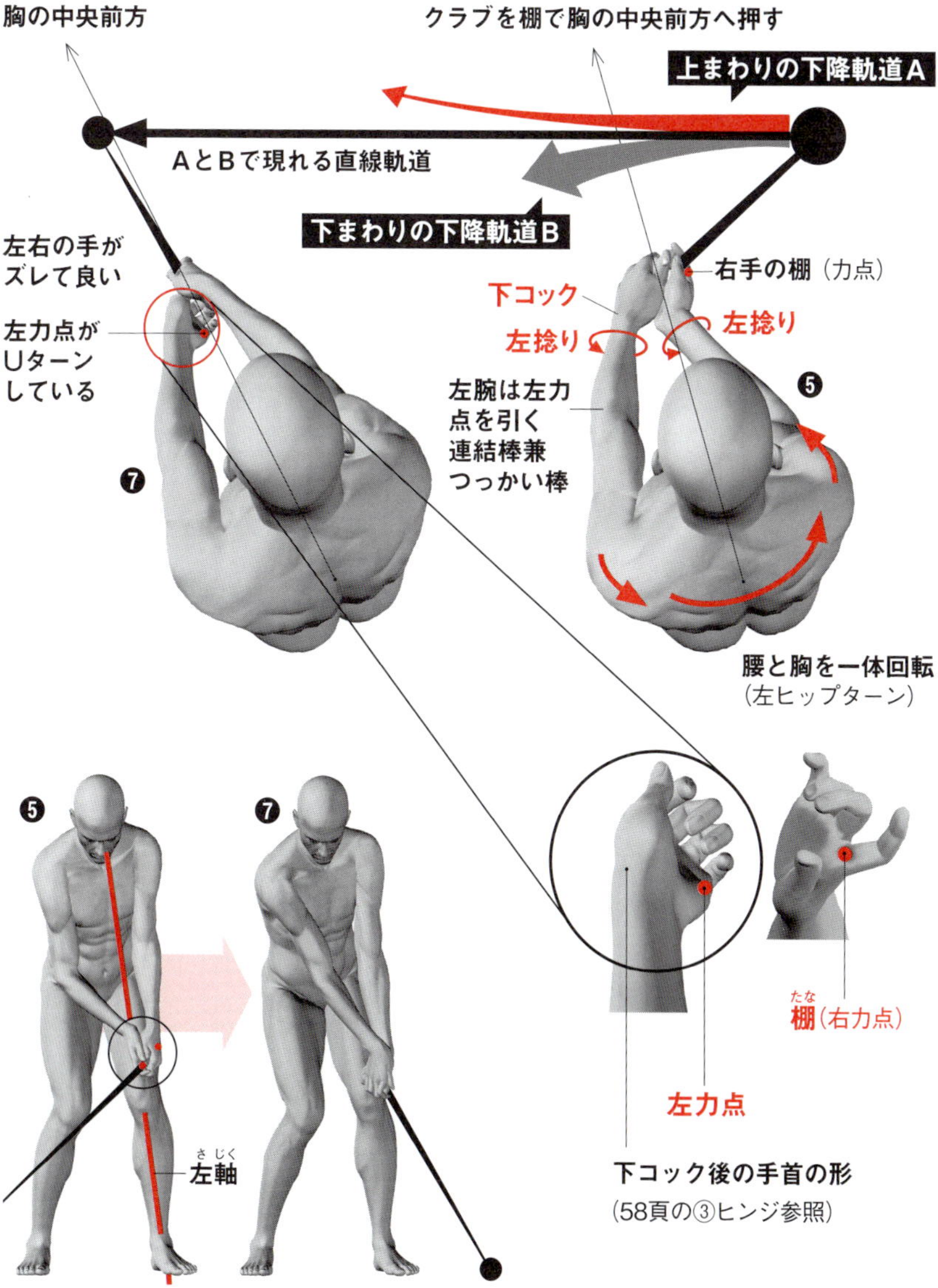

神の領域は分水嶺(左軸)が支配

クラブヘッドを効率良く加速するためには左力点が滑車《かっしゃ》のロープがUターンするように、クラブヘッドと反対方向へ動く必要があります。Uターンは数ある見えない動作の中でもその重要性において最大級の一つです。この解析も世界に先駆けるもので、「世紀の大解明」といわせて欲しいのです。それは「グリップが走ればクラブヘッドは走らない」「左サイドの壁」などといわれてきた神の領域の解明です。これで「なすべき動作」が浮き彫りになりました。

図55を見てください。クラブヘッド（重量物）が身体の右側にあるとき、身体をまわし、左肩を上げげつつ後ろへまわして左力点を引き寄せ（左手を平面へ上げた動作の逆行）ハンドファーストの位置と形①にすると、左力点のUターンが始まっています。

左力点が分水嶺《ぶんすいれい》（左軸）を越えた①の状態では、身体の左回転と左肩の動作が左腕を介して左力点を左肩の方へ引き寄せ（引き上げ）ている。

一方、身体の左回転が右手の棚《たな》でクラブを胸の中央前方へ押している。

この二つの力で、左力点が左肩と左足を結ぶ直線上に並ぼうとする。その方向はクラブヘッドの動きと逆方向。するとグリップ部に偶力（１０９頁《ページ》）が働き回転運動で左力点は半分Uターンする。それが図55の①の物理現象です。

その直後に折れた右肘《ひじ》を伸ばしながらスナップ動作をすると左力点は残り半分をUターンする。

このとき左力点の５㎝ほどの動きと右手の棚の15㎝ほどの動きが身体の回転共々クラブヘッドを３ｍも動かす（約20倍速）。

②のように左力点が分水嶺を越えていない状態でピストンスナップを行うと左力点が進行方向にある左軸へ引き寄せられ、グリップ部の回転を阻害する（左下図②）。「グリップが走ればクラブヘッドは走らない」というのが、この動きです。

これが左力点Uターンの物理現象なのです（詳細説明１６４頁）。

図 55

物理現象を利用 できるか否かを決める分水嶺《ぶんすいれい》

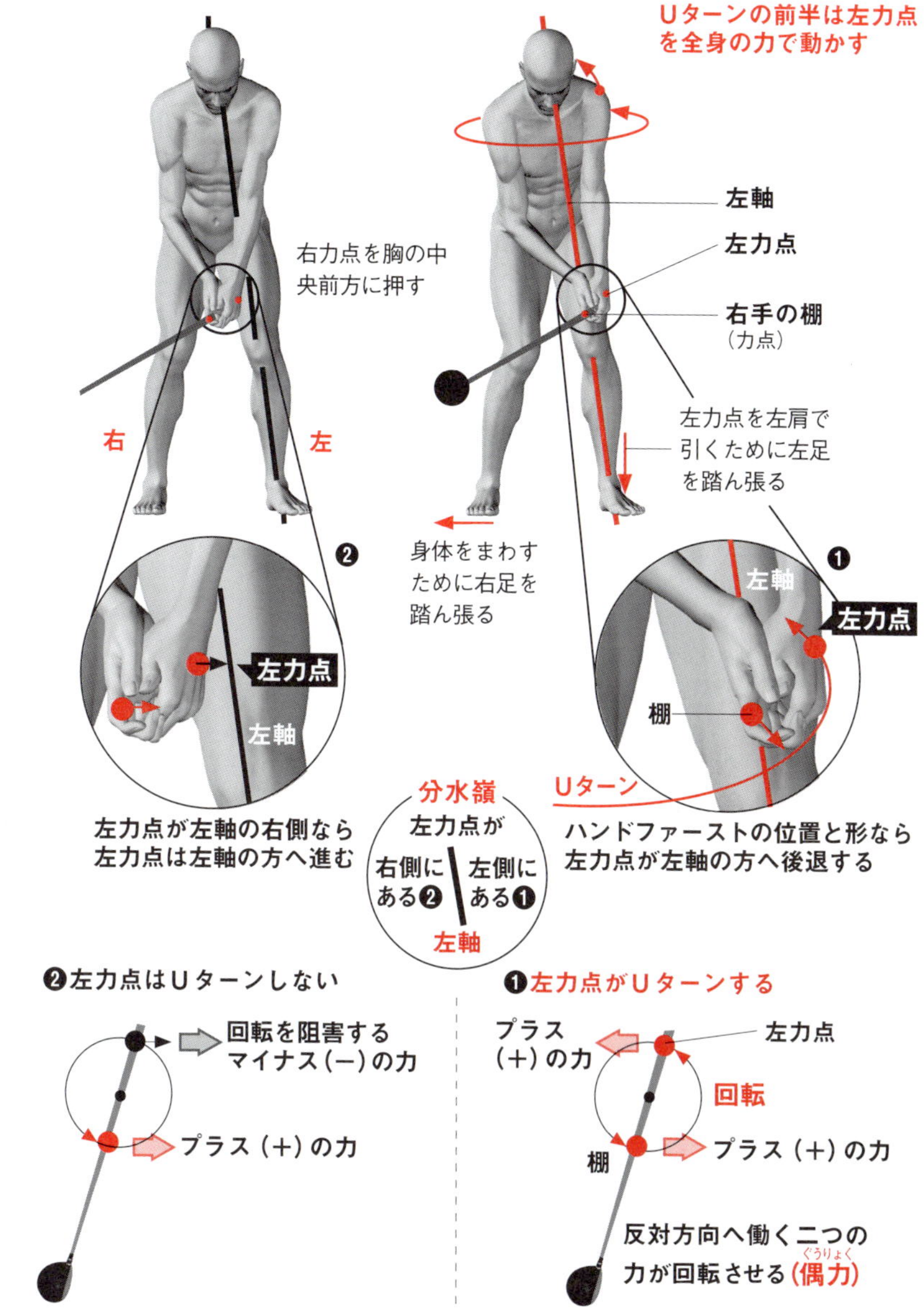

一流プロゴルファーのグリップは なぜ、身体の遠くを通るのか

図56は悪い例であり、グリップを目標方向へ動かしてクラブヘッドを加速する腕振りスウィングを表したものです。

手や腕の力でクラブ（重量物）を操作するので、脇を締めて手を身体の近くで動かさなければ力が出ない。それは水入りバケツを身体の遠くに置くと持ち上げられないことと同じです。

身体の近くでグリップを目標方向へ動かすと、図の様に左手と左肩の間隔が物理的に狭まり、左肘《ひじ》は必然的に折れます。折れた左肘は背後方向へまわり込む意外に逃げ場はありません。

これが、悪名高い「左肘引け」の正体です。「左肘が引けてるよ」と、注意された本人は「肘を伸ばそうと」努力しても、伸ばせば力が出ません。ですからそれは無駄な努力です。

ところが一流プロゴルファーはドライバーで飛ば

図 56 「腕振り」はクラブをひっくり返す発想がない

手を左へ振れば必然的にスライス
左肘《ひじ》を伸ばせば力が出ない

「腕振りスウィング」は、手を身体から遠ざけると力が出ない。手を身体に近づけると力は出るが「左肘引け」になってしまう。それは左手と左肩の間隔が狭まる物理現象だからどうにもならない

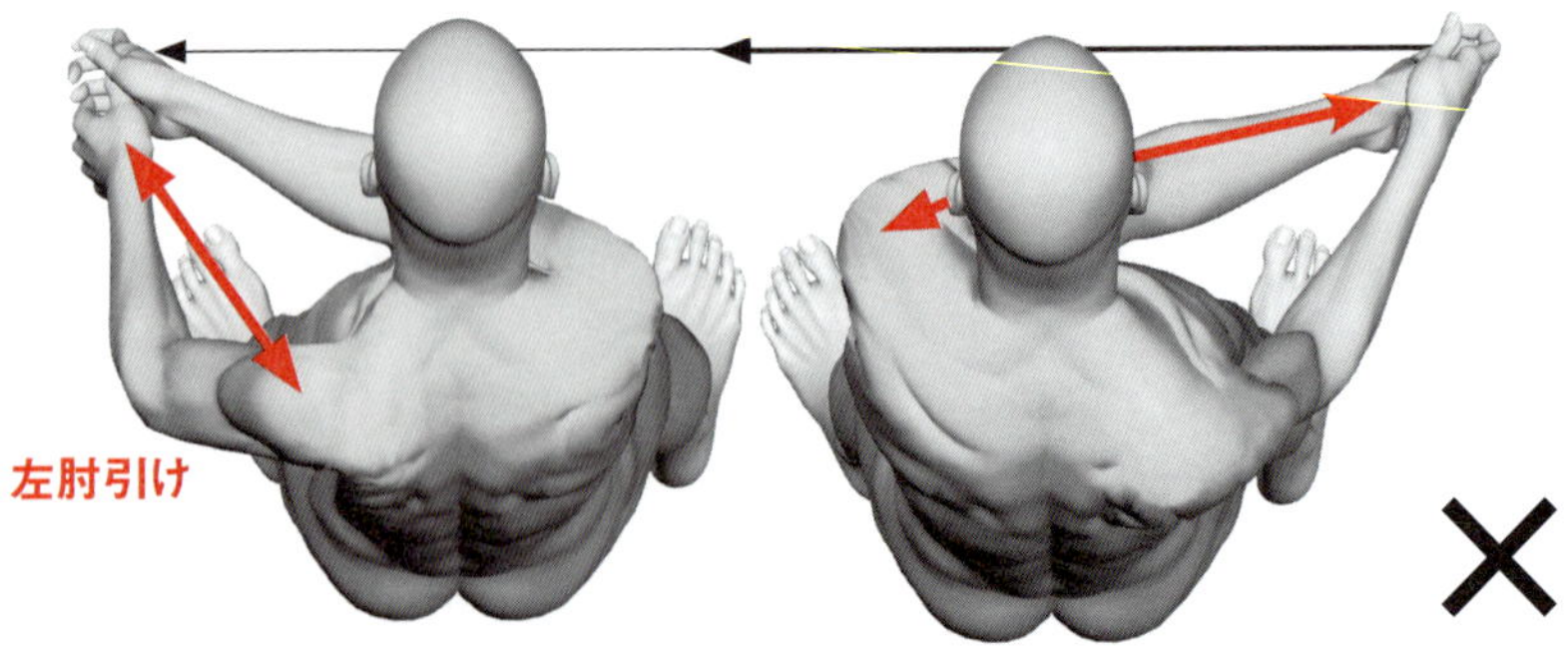

すときにもグリップは身体の遠くです。

クラブヘッドは「左腕を伸ばした左手」に先導されてスウィングプレーン上を走り続ける慣性を得ています（参考図）。

ですから、「ハンドファースト以前の左手」はスウィングプレーン上にあり、それは意外に身体から遠い位置となるのです。

片や腕振りスウィングは、脇を締め、手がスウィングプレーンの下に潜《もぐ》った身体の近くでグリップを操作します。そこはUターンが終わった位置ですから、どんなに頑張ってもUターンはできません。

このあたりを、しっかりと理解しなければスライスや飛距離不足からの脱出はできません。

この問題は何としてでも解決しなければなりません。その根本的な解決は、スナップバック実行の正確さと、スナップバック逆行の正確さと「切り返し」を右ヒップターン逆転で行うことに行き着きます。次頁ではその「切り返し」の特訓を紹介いたしましょう。

参考図 スウィングプレーン上のグリップは意外に身体から遠い

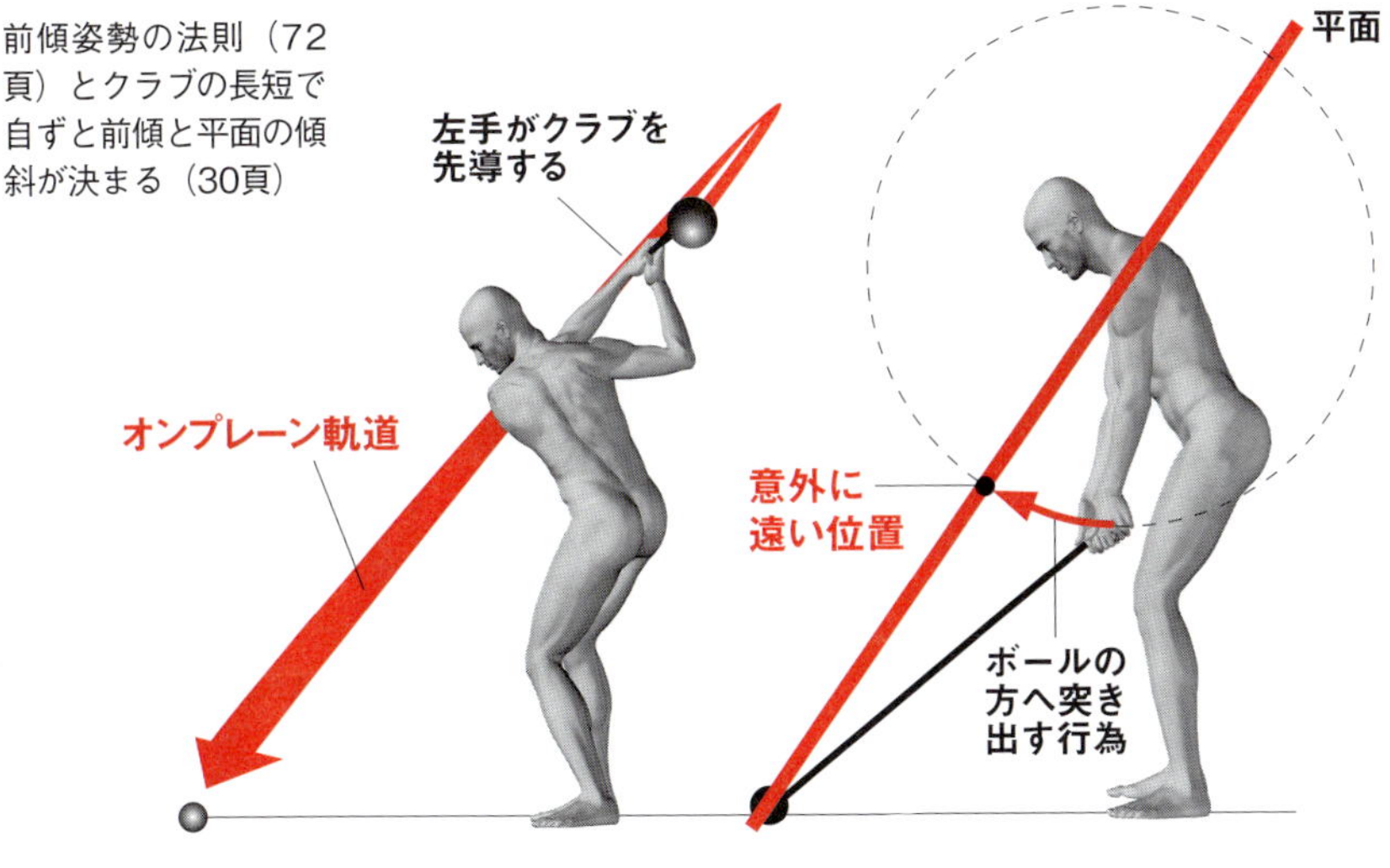

前傾姿勢の法則（72頁）とクラブの長短で自ずと前傾と平面の傾斜が決まる（30頁）
左手がクラブを先導する
オンプレーン軌道
平面
意外に遠い位置
ボールの方へ突き出す行為

切り返しを手で行わない特訓

切り返しを手で行わないことは思っているより難しいものです。克服するには、右ヒップターン逆転で切り返すための複数の動作を交通整理していくことが必要で、それには複数のシナプスを連係させ、新たな信号回路を構築しなければなりません。

手で加速する意識を捨て、その代わりに「一段と強い右膝《ひざ》下右捻《ねじ》り」と「右膝位置死守」と「左膝戻し」に意識を集中します。そのフィーリングはショットに大小強弱はあっても変わりません。

図57を見てください。アドレスの形に構えたら、スナップバックを行い、そのまま緩《ゆる》めに固定して絶対に動かしません。

①目標線に直角にセットした右足裏の二カ所を回転止めにして(80頁)、右膝下を「右捻り」しながら、左膝を前方右寄りへ出すと腰が右へまわり、身体の回転は30度前後できつくなります。

②きつくなった瞬間に「右膝下を一段と強く右捻

図 57 切り返しを右ヒップターン逆転で行う特訓

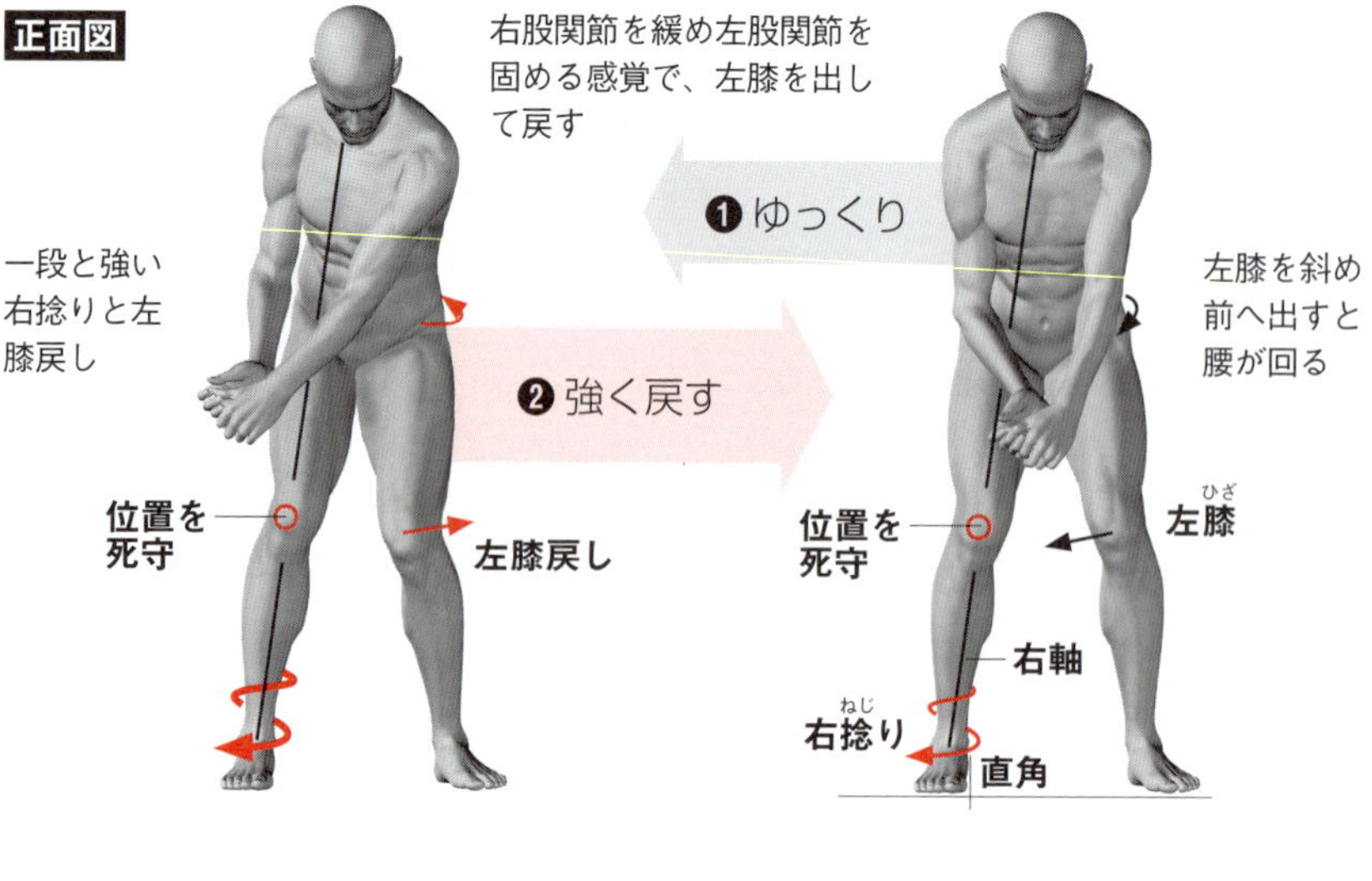

正面図
右股関節を緩め左股関節を固める感覚で、左膝を出して戻す
❶ゆっくり
❷強く戻す
一段と強い右捻りと左膝戻し
位置を死守
左膝戻し
左膝を斜め前へ出すと腰が回る
位置を死守
左膝《ひざ》
右軸
右捻《ねじ》り
直角

りしながら左膝をアドレスの位置へ戻します。このとき、固定した手を動かさずに左膝を戻した分だけ(身体が逆回転した分だけ)クラブヘッドが動かなければなりません。慣れると両足と両手が連係して「手とクラブ」を一緒にまわし、クラブの荷重に耐える手の力と足の力がバランスしていることを感じ取れるようになります。

これを繰り返して「右膝下右捻り」と「左膝戻し」が手の動作に優先することを脳に覚えてもらいます。この特訓の効果はドライバーの飛距離を伸ばし、アプローチの距離感が安定することです。特にラフから繊細なアプローチを要求されたときなどにも威力を発揮します。

手と脳の連係は濃密すぎるせいか力加減や振り幅に悩むと「麻痺《まひ》した如くに」半分の仕事しかしなかったり、反射中枢《はんしゃちゅうすう》の刺激によるものか意図せぬ力を出して倍の仕事をしてしまうことがあるのです。

参考図 手を絶対に動かさず❶→❷の動きを繰り返す

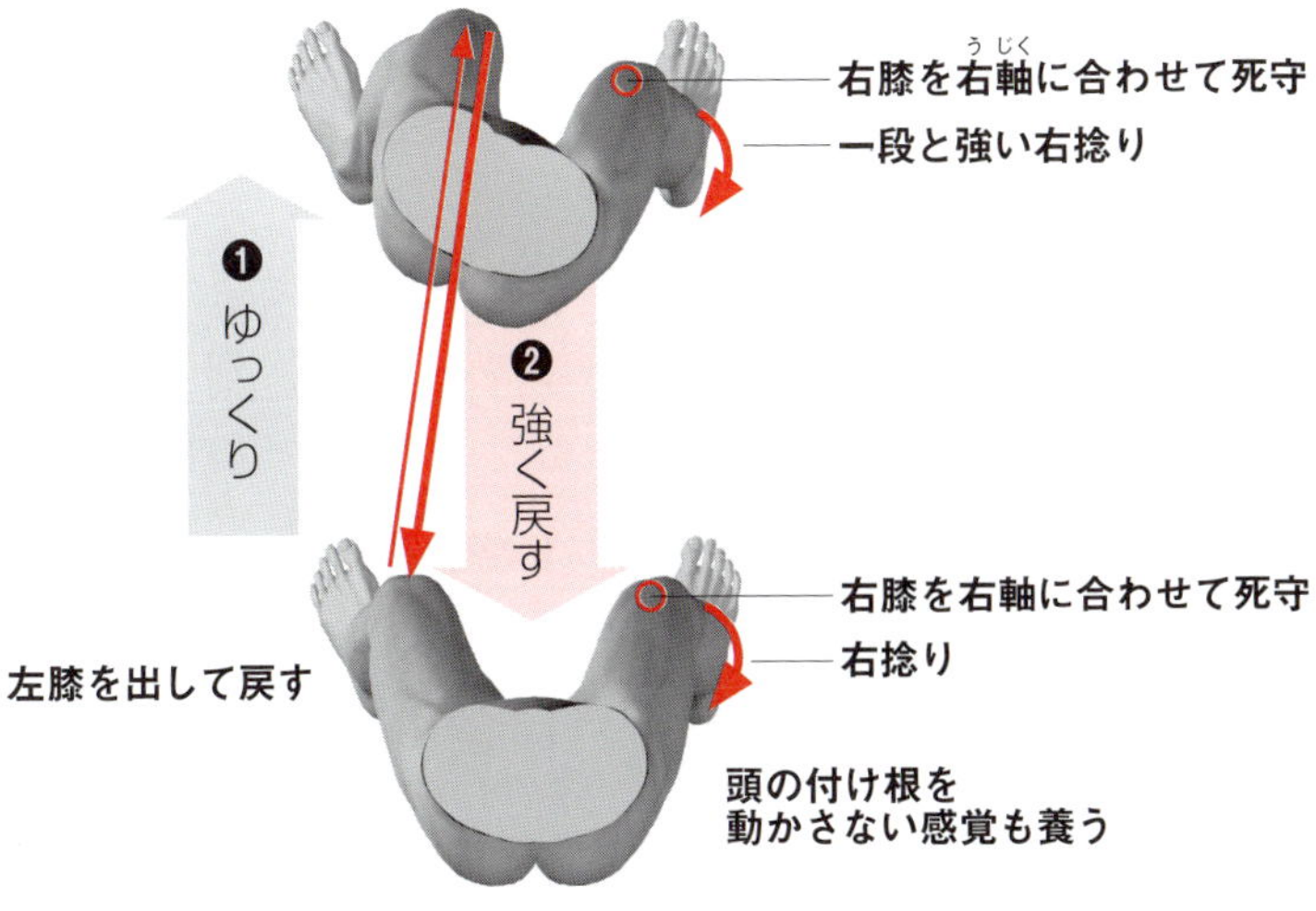
右膝を右軸《うじく》に合わせて死守
一段と強い右捻り
❶ ゆっくり
❷ 強く戻す
右膝を右軸に合わせて死守
右捻り
左膝を出して戻す
頭の付け根を
動かさない感覚も養う

クラブヘッドを加速する仕組み

ピストンスナップ・スウィングでは、胸の前方でクラブをひっくり返しながらクラブヘッドを加速します。すると、クラブフェースもオープン（開）からクローズ（閉）へと変わっていきます。

図58は、ピストンスナップがクラブヘッドを加速する仕組みのイメージ図です。

前傾した身体の加速回転が左腕を介《かい》して左手力点を左肩の方へ引き上げます（下図）。

その左手力点が左図に示したクラブのピンポイントを左肩の方へ引きます（僅《わず》か5㎝ほど）。

そのとき、身体の加速回転が右腕を介してクラブの右力点を押し下げます。右腕は右肘《ひじ》を伸ばすことで右前腕のピストン運動を行い、右手首のスナップ動作（僅か15センチほど）でさらにクラブを押し下げます。

このときグリップが滑車のようにまわされながら、ひっくり返りつつ、クラブヘッドは加速されます。

「クラブが押される右力点」と「クラブが引かれる左力点」に偶力《ぐうりょく》（物をまわす一対の力）が働き、倍率が大きい加速構造を作るからこそ、小さな手元の動きがクラブヘッドを1mも走らせるのです。留意点は、ピストンスナップを手や腕の力のみで行おうとしないことです。クラブヘッドを効率良く加速する実態は、身体（体幹）の回転と肩（肩甲骨《けんこうこつ》）の動作とピストンスナップが絡み合った1セットの複合運動になっているのです。このときに忘れがちなのが土台の左ヒップターンであり、結局は「全身運動」です。それを110頁《ページ》で解説します。

左力点のUターンは目に見えない

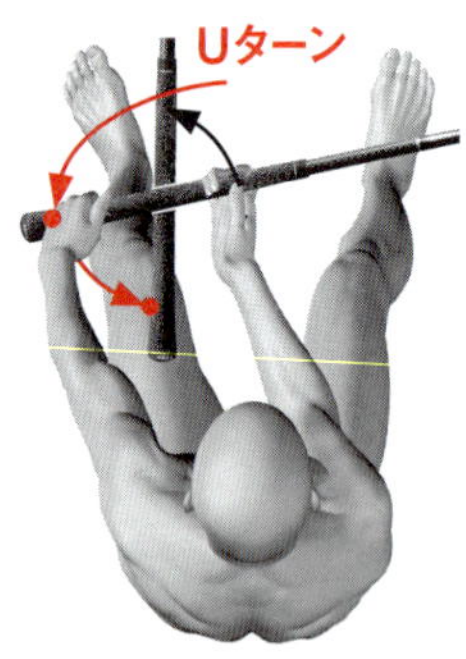

左力点は胸との相対位置でUターンしているが、身体の回転が手やクラブを左へ進めてしまうので「Uターン」は見えない

図 58 グリップの増速回転構造（加速テコ）

滑車をまわしながらクラブをひっくり返すイメージ。実際は右前腕のピストンスナップと左腕の外転で自動的にひっくり返る

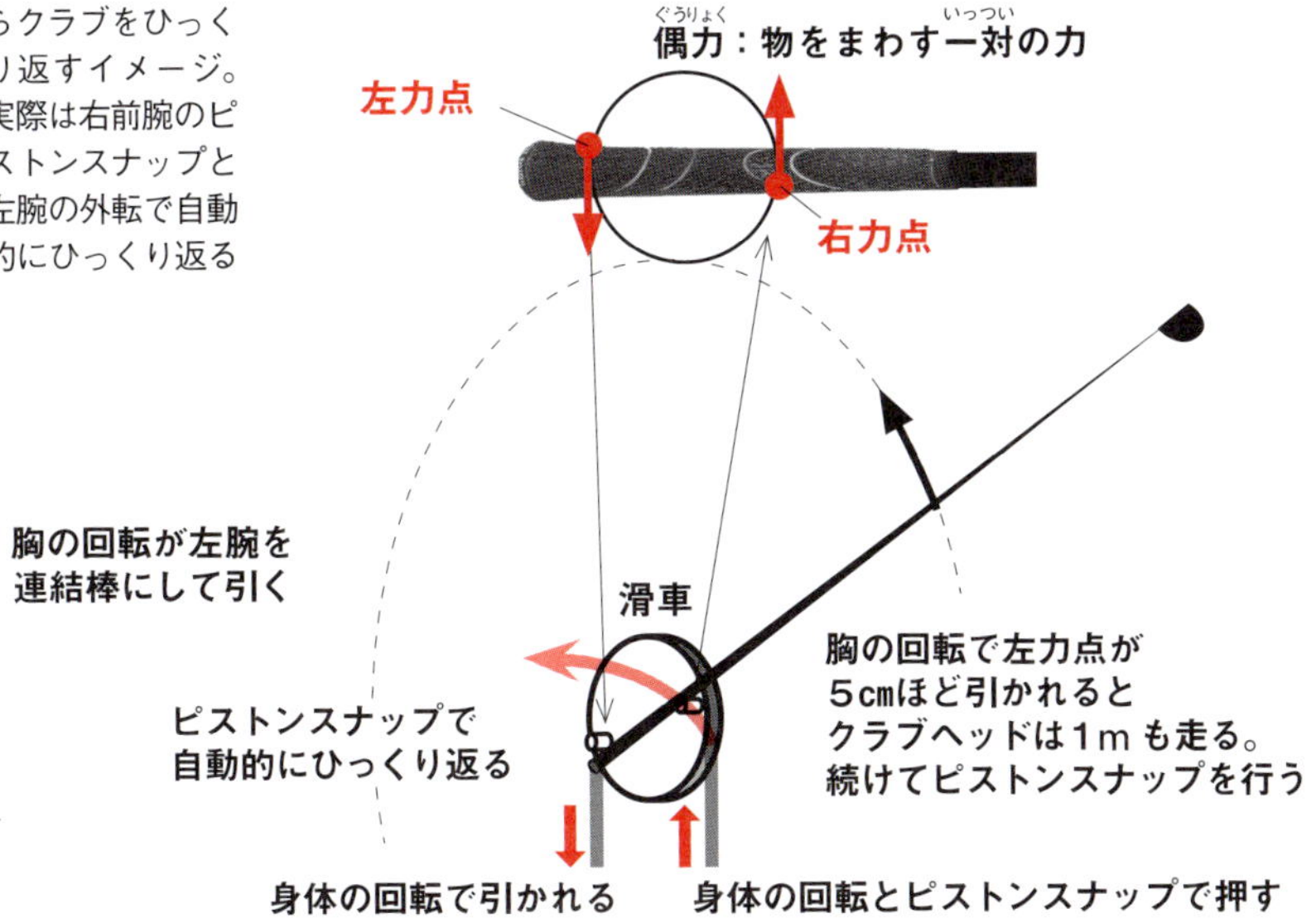

偶力《ぐうりょく》：物をまわす一対《いっつい》の力
左力点
右力点
胸の回転が左腕を
連結棒にして引く
滑車
胸の回転で左力点が
5cmほど引かれると
クラブヘッドは1m も走る。
続けてピストンスナップを行う
ピストンスナップで
自動的にひっくり返る
身体の回転で引かれる
身体の回転とピストンスナップで押す

参考図 ヘッドを加速させる左右の力点の働き

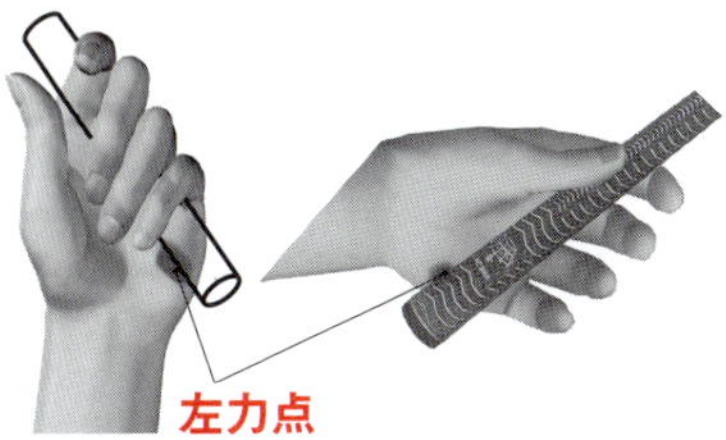

左力点

胸が回転する力が左腕を介して伝わり、
左力点は左肩の方へ引き上げられる

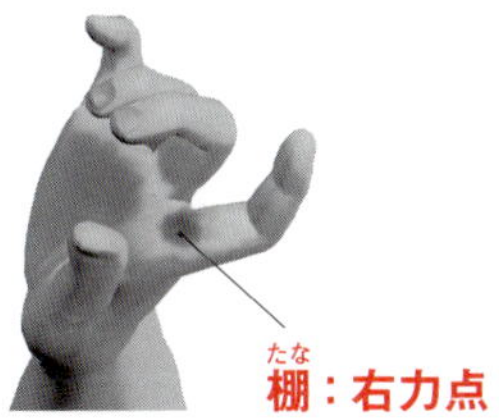

棚《たな》：右力点

胸の加速回転とピストンスナップ
でクラブを胸の中央前方へ押す

「肩と両手」二つの滑車で飛ばす

クラブヘッドを加速する「仕組み」については「理論らしきもの」が種々発表されてきました。しかし、一つとして「手や腕の動作」と「身体の回転」と「クラブヘッドの軌道」が関連した理論はなかったのです。

水が入ったバケツは身体から遠いと上げられないように、クラブも振るときは重量物ですから手を身体の近くで動かしてしまいます。

ところがプロは左腕を伸ばして身体から遠いところでクラブを操作しています。まさに、そこにゴルフの本質が隠れているのです。

クラブヘッドを加速する仕組みは、「両手の幅」を小さい滑車《かっしゃ》（プーリー）に見立てて、胸郭《きょうかく》（肩）の大きな滑車で回す増速回転構造です（図59－Ⓐ）。

それはクラブヘッドを時速150キロ以上にも、際限なく速く動かそうとする重労働ですが、実際は力を出す部位が順次下から上へ短時間で変わってい

図59-Ⓐ 「二重増速回転構造」で加速する

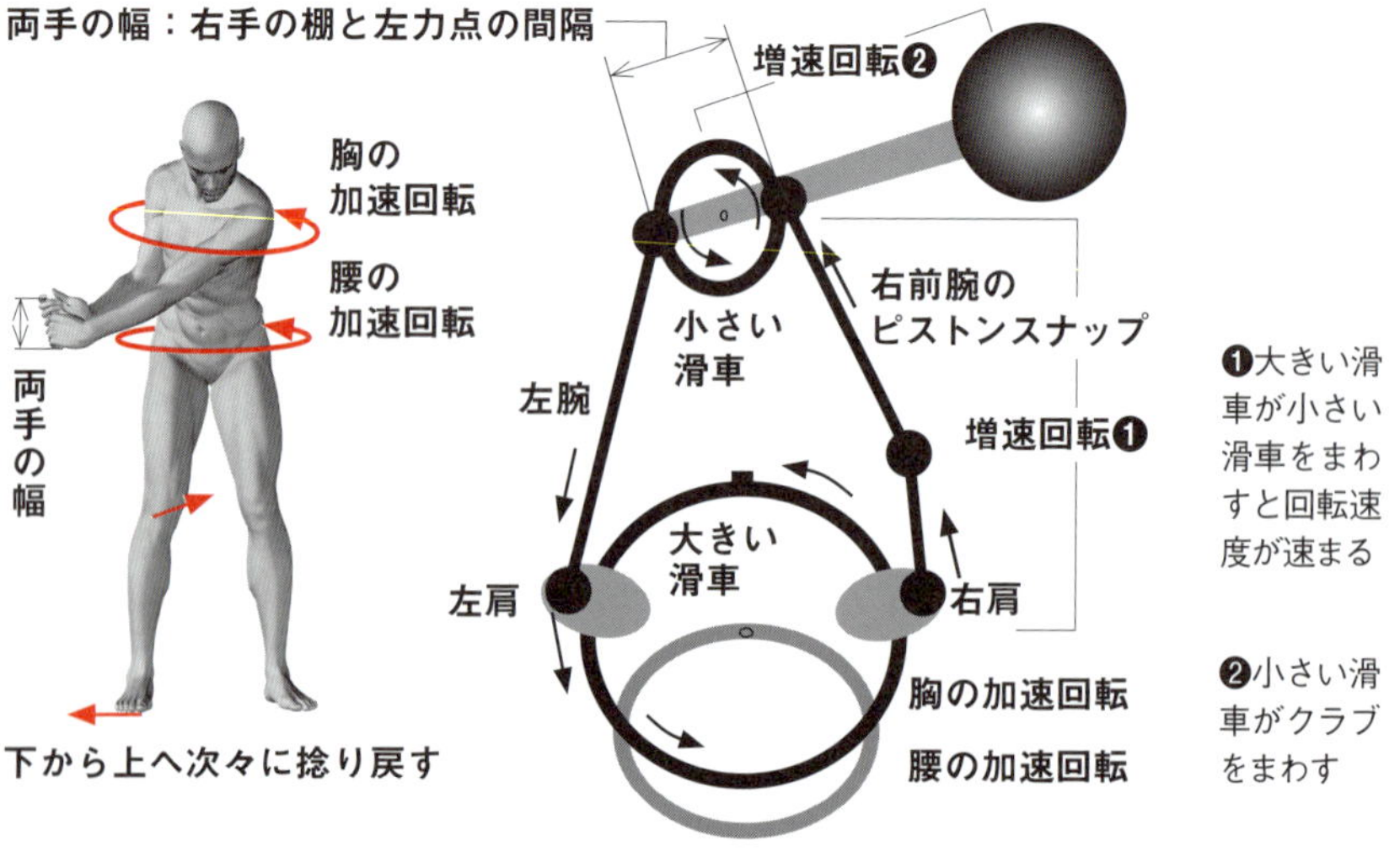

両手の幅：右手の棚と左力点の間隔
胸の
加速回転
腰の
加速回転
両手の幅
下から上へ次々に捻り戻す
増速回転❷
小さい
滑車
右前腕の
ピストンスナップ
左腕
増速回転❶
大きい
滑車
左肩
右肩
胸の加速回転
腰の加速回転
❶大きい滑車が小さい滑車をまわすと回転速度が速まる
❷小さい滑車がクラブをまわす

くのでそれほどには感じません。

スウィングの本質は、左力点をたった５㎝ほどUターンさせることです。それも左腕の力ではなく大きな滑車の回転と、左肩の動作に引かれて動く５㎝です（左腕は身体の回転を左力点に伝える連結棒）。

右手の棚《たな》（力点）を胸の中央前方に15㎝ほど動かしますが、それも大きな滑車に押されながら行う右前腕のピストン運動とスナップ動作です。

その際、小さい滑車はひっくり返されながら大きな滑車の回転で左方へ移動します（図59－Ⓑ）。この動きがあたかも手を振った様に見えるのです。

クラブ（小さい滑車）が自動的にひっくり返えらなければ、インパクト近辺の加速能力は激減します。

この二重増速回転構造は、名人達が述べてきた名言や動作にぴったりと一致して、力学的にも素晴らしい構造です。

参考までに付け加えると、スウィングでは体重も仕事をしているので、体重の重い人の方が飛距離は出やすくなります。

図59-Ⓑ 小さい滑車は自動的にひっくり返る

身体の回転とピストンスナップで小さい滑車を裏返しながらまわす（ひっくり返す）

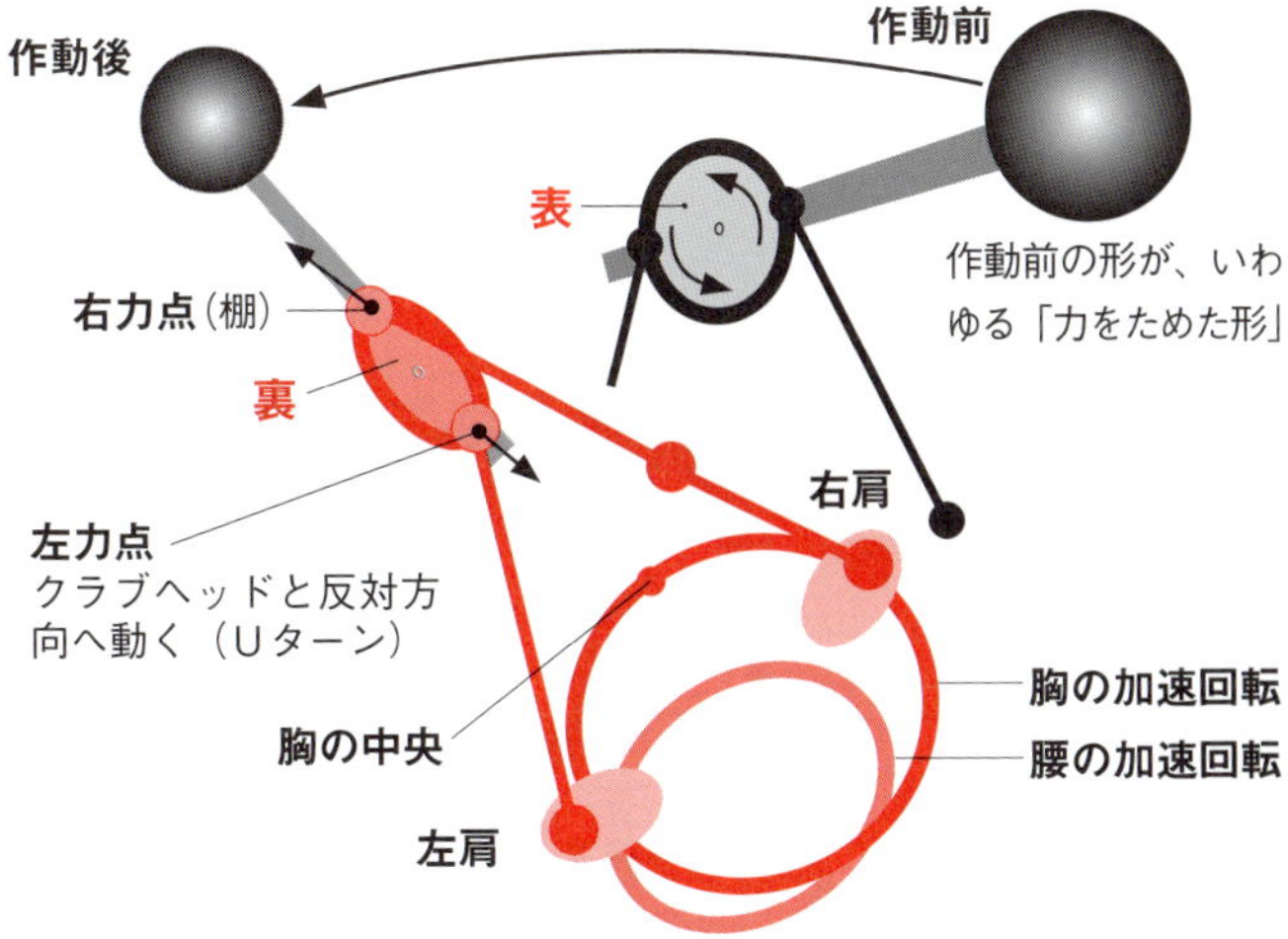
作動後
作動前
表
作動前の形が、いわゆる「力をためた形」
右力点（棚）
裏
右肩
左力点
クラブヘッドと反対方向へ動く（Uターン）
胸の加速回転
腰の加速回転
胸の中央
左肩

この構造に名前を付けるなら「二重増速回転理論」になる

ヒッティングの距離感を養《やしな》う

肩と両手、二つの滑車がイメージできたら次はヒッティングで距離感を養う練習をしてみましょう。各動作を小さくゆっくり力強く行い「より遠くへ飛ばそうとしない」ことが肝心です。

図60①のバックスウィングでクラブヘッドが意図したところへ上がった瞬間の②で、右ヒップターン逆転による切り返しを行い腰を正面に戻す。

続けて右前腕とシャフトの直角を維持して左ヒップターンを始める。スナップバックで遠い位置にあった左力点を、身体をまわしつつ左肩で引き寄せ、左力点が分水嶺（左軸）を越えた③から右肘を伸ばし始めてピストンスナップ。その際、左肩の動作で左腕が引かれると左力点がUターンします。そのたった5cmでクラブヘッドが3mも走る。

図61のように左右の膝でテンポとリズムをとり、どの振り幅も時間を一定にすると距離感を養えます。ⓒまで上げたら加速をⓒまでというように、ボー

図60 右膝《ひざ》で腰と胸をまわしつつピストンスナップ

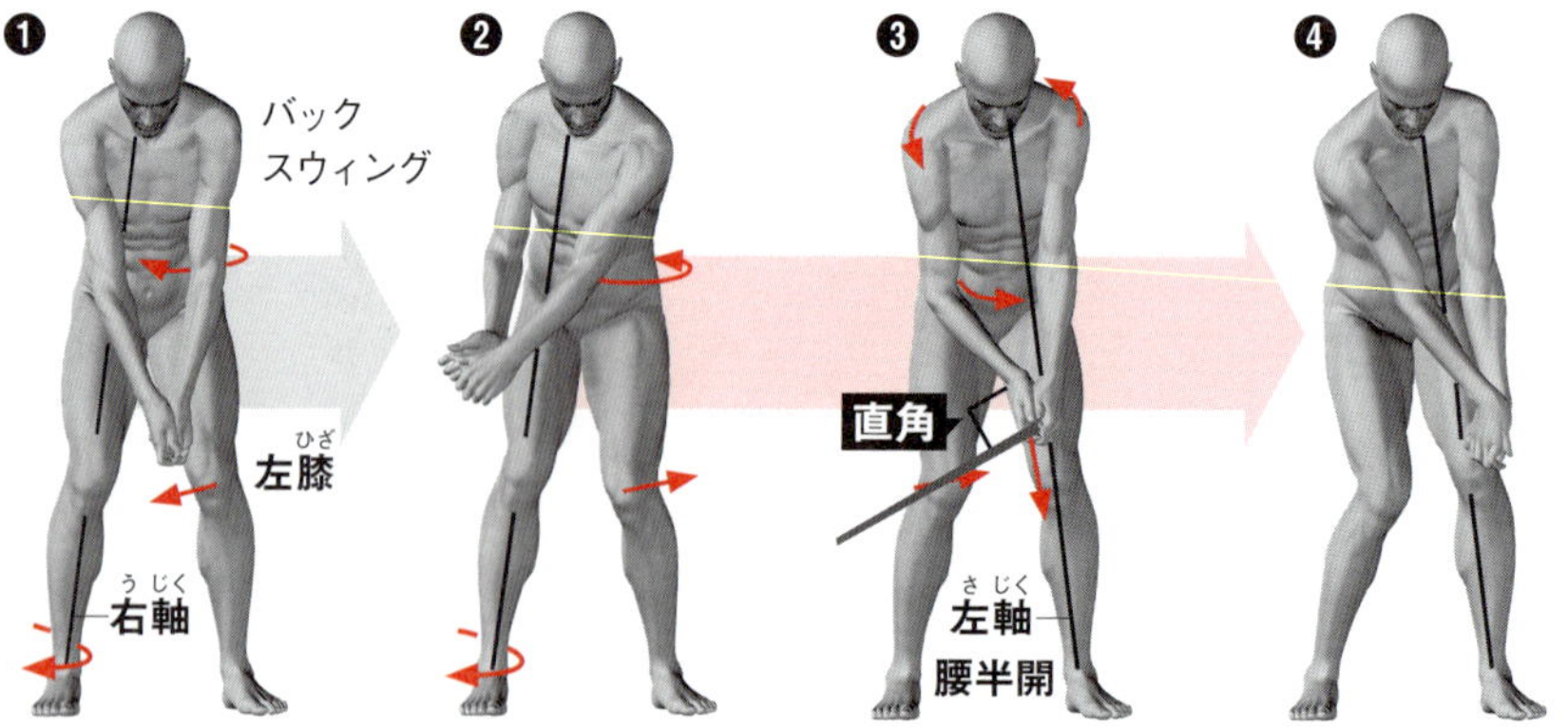

腰の右回転

左膝を戻す

右膝で身体をまわしつつ
ピストンスナップ

ルを挟んで等距離の振り幅にするなどして、どの振り幅も時間を一定にして各飛距離を覚える。

それを可能にするのが、右ヒップターン逆転で行う「切り返し」です。それは意図した処へクラブヘッドが上がった瞬間に「右膝下右捻り」を一段と強く捻りながら左膝をアドレスの位置へ戻すことです。

左腕は身体の回転と左肩の微妙な動作で「引かれる感じ」が大切。「左手や左肘で左力点を引こうとする」ことが最悪（左腕は素直に伸ばしたままが良い）。

ピストンスナップを開始するタイミングは左ヒップターンで腰（胸）が「開き始めた」そのときです。

クラブヘッドで30㎝ほどの直線軌道を描いてボールを目標線上に落とすには、下コックの進捗《しんちょく》調整と左ヒップターンとピストンスナップの力加減のバランスに加えて折れた右肘をまわりつつある胸の中央前方へ伸ばしていくことが重要です。如何なるスウィングも、その心臓部は「つっかい棒の左腕」が身体の回転と左肩の動作で「わずか5㎝」引かれたときに起きる物理現象です。

図61 時間を一定にして振ると距離感をつかめる

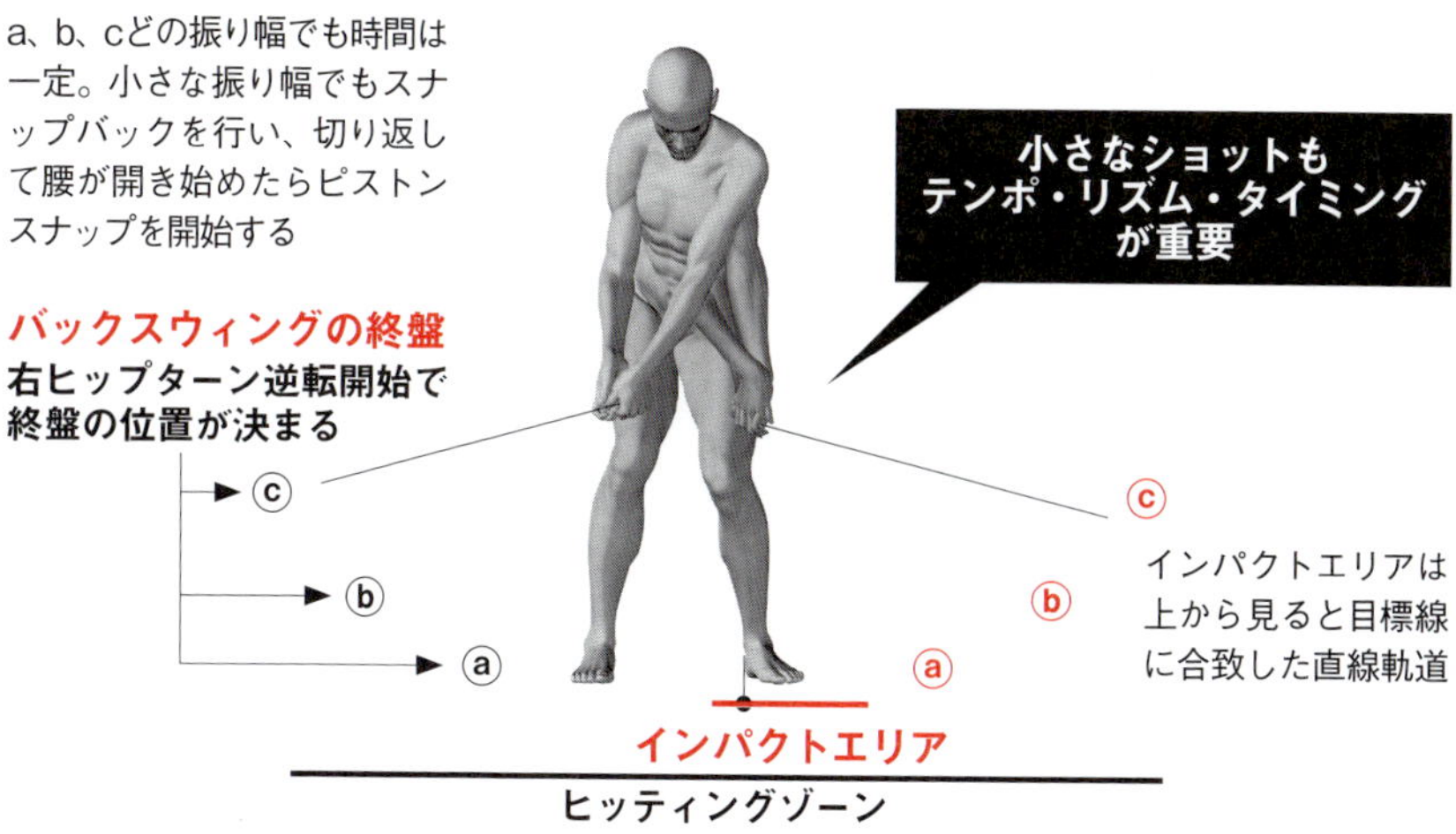

a、b、cどの振り幅でも時間は一定。小さな振り幅でもスナップバックを行い、切り返して腰が開き始めたらピストンスナップを開始する
バックスウィングの終盤
右ヒップターン逆転開始で終盤の位置が決まる
小さなショットもテンポ・リズム・タイミングが重要
ⓒ
ⓑ
ⓐ
ⓒ
ⓑ
ⓐ
インパクトエリアは上から見ると目標線に合致した直線軌道
インパクトエリア
ヒッティングゾーン

合わないライ角がスウィングを破壊へ導く

〝テンポ・リズム・タイミング〟（96頁《ページ》）を覚えたら、インパクト直前から30㎝程の直線軌道（図62）を妥協せずに追求します。

身体の回転を主力にしたピストンスナップでクラブヘッドが確実に見える程の〝ゆっくりした速さを維持〟して、左右前腕左捻《ねじ》りによってフェースを開から閉へ閉じながら下コックを大胆に行うピストンスナップで軌道を調整しつつ直線上を加速します。インパクトでフェースが正確に目標へ向き、閉じながら直線上を走れば打ったボールは目標線上に落下します。

前傾姿勢の法則（72頁）で構えると、持ったクラブの長短で最も打ちやすい前傾姿勢とスウィングプレーンの傾斜が必然的に決まります。

そのとき、図63のようにフェースに刻まれた溝が地面と平行になっているかを注意深くチェックする必要があります。

図62 インパクトエリアの直線軌道は身体の回転とピストンスナップで

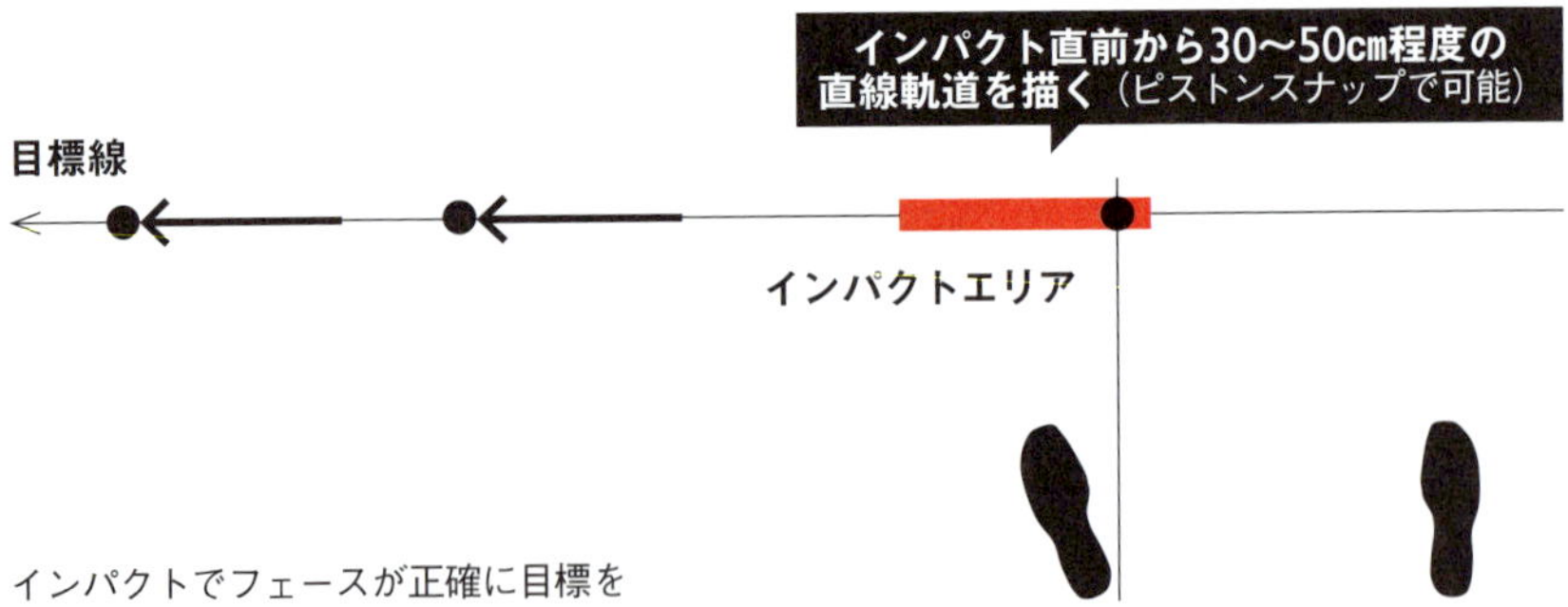

インパクトでフェースが正確に目標を向き閉じながら直線上を走れば、ボールは目標線上に落ちる。距離の打ち分けは下半身の捻転（83頁）と胸の回転の大小強弱で行う

身体の回転とピストンスナップによるスウィングは、撓《しな》りに頼らずトゥダウンさせない打ち方なのでトゥアップの必要性は僅《わず》かです。

腕振りスウィングは撓りを頼りにして打たざるを得ない。すると図63のように「トゥアップ」が必要になる。しかし、それは個人差が激しく、撓り具合が問題になるのです。

驚くほど多くの人が、トゥが過度に上がりすぎていることを気にせずに使っているのが現状で、ボールが左へ飛べばスウィングで調整しようとします。するとスウィングは気が付かないうちに崩れます。

トゥが上がった状態のインパクトはロフトが大きいものほど左へ飛ぶリスクが増大する。

それは〝ライ角〟が合っていないからで、その場合はクラブヘッドが目標線に合致《がっち》した直線上を走ってもボールは左へ飛びます。ライ角を修正するか、買い換えるか、クラブを短く持って図63の◯印の状態にする必要があります。

図 63 インパクトでトゥが上がれば ボールは左へ飛んでしまう

いくら正確なスウィングをしても、クラブのライ角が適正でなければボールを真っ直ぐ飛ばすことはできない。ライ角が合っていないクラブを使い続けていれば、無理に真っ直ぐ飛ばそうとしてスウィングを壊してしまうこともある

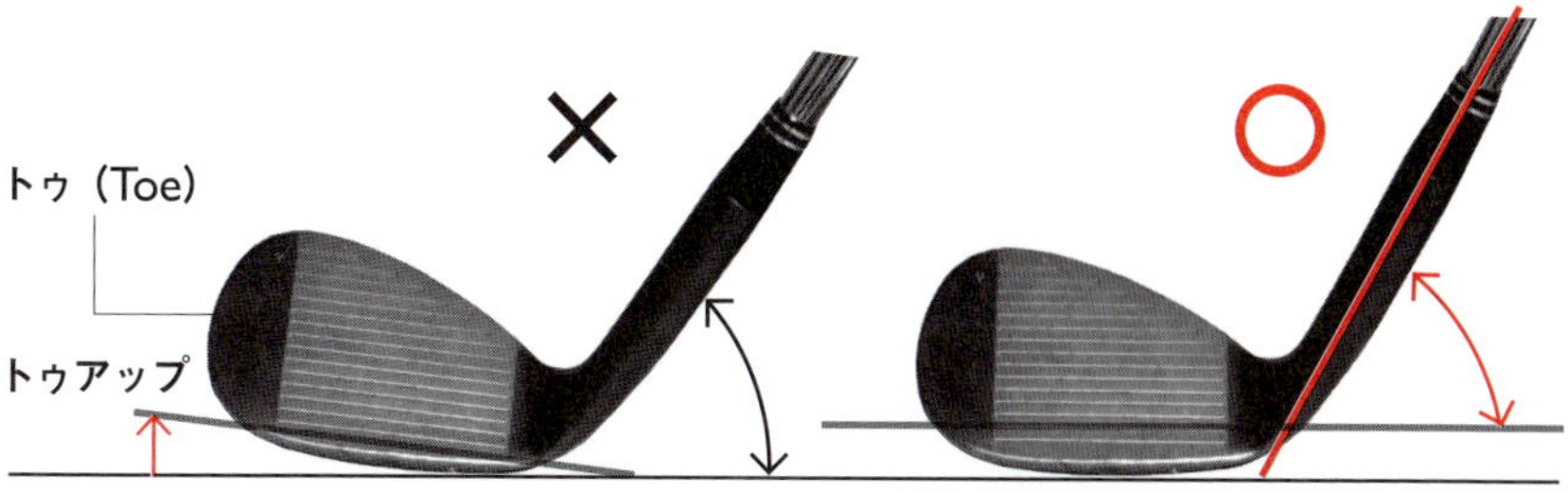

インパクト時のトゥアップはライ角不良

インパクトで溝が水平になるライ角

スウィング成功のキーワードは
ハンドファーストと左力点のUターン

ボールをスタンスの中央付近に置いたら真っ直ぐ飛んだから「これでいいや」なら、本書を手にした価値は殆《ほとん》どありません。なぜなら、スタンスの中央付近は手打ちスウィングで打つ位置です。ボールの位置が中央付近では体力に見合った飛距離を得られません。しかもその打ち方ではグリーン周りで多彩なわざを使えません。手打ちスウィングでは、グリーン周りのラフからのアプローチや、ロブショットやバンカーショットで飛距離を調整しにくいのです。

「早くドライバーを打てるようになりたい」その気持ちを抑えて一刻も早くハンドファーストの位置と形（91頁《ページ》）を得ることです。

重要なことは右ヒップターン逆転と左ヒップターンの前半でハンドファーストの位置と形にすることです。「腰をまわす」意識では強い身体の回転を得られません。左力点が分水嶺《ぶんすいれい》（左軸《さじく》）を越えたときに、左力点をUターンさせる条件が整うのです。

ベン・ホーガンの言葉「ゴルフは簡単。しかし、それがわかるまでには時間が掛かる」は、「シナプスを繋《つな》げるのに時間が掛かる」という意味です。手や腰は脳と太い神経で結ばれています。その神経は、ちょっと眠っていただいて、右ヒップターン逆転と左ヒップターンと手や腕の連動を行うシナプスを繋《つな》げることが重要なことなのです。シナプスが繋がるまでには少し時間が掛かるのです。

第5章

フルスウィングとヒッティングの違い

- 両肩と右手右肘《ひじ》を一緒に上げつつ三角形を極限まで崩す
- ダウンスウィング前半で右小指を胸の中央前方に戻す
- 左力点が分水嶺を越えてからピストンスナップを行う

フルスウィングは胸の回転を追加

スウィングの基本となるヒッティングは胴を捻《ねじ》らず（胸をまわさず）「右手右肘《ひじ》」を上げませんが、ヒッティングより大きいフルスウィングでは、バックスウィングから胸をまわして胴を捻るので、両肩と右手右肘を一緒に上げながら右手を高い位置へ上げ、三角形（参考図①）を極限まで崩してクラブシャフト全体を平面に合わせなければなりません。

なぜなら、クラブを高い位置から下ろした方が飛ぶに決まっているし、シャフトが平面から外れていれば、ダウンスウィングで平面に乗せる余分な動作が必要になってしまうからです。身体を限界まで捻れば強い捻り戻しをできることも当然です。

それは、最も合理的なスウィングで「規準スウィング」と呼ぶに相応しいものです。

しかしながら、誰もがその通りにできるとは限りません。

両肩を上げなければ、④に示した高いバックスウ

参考図 バックスウィングの外見

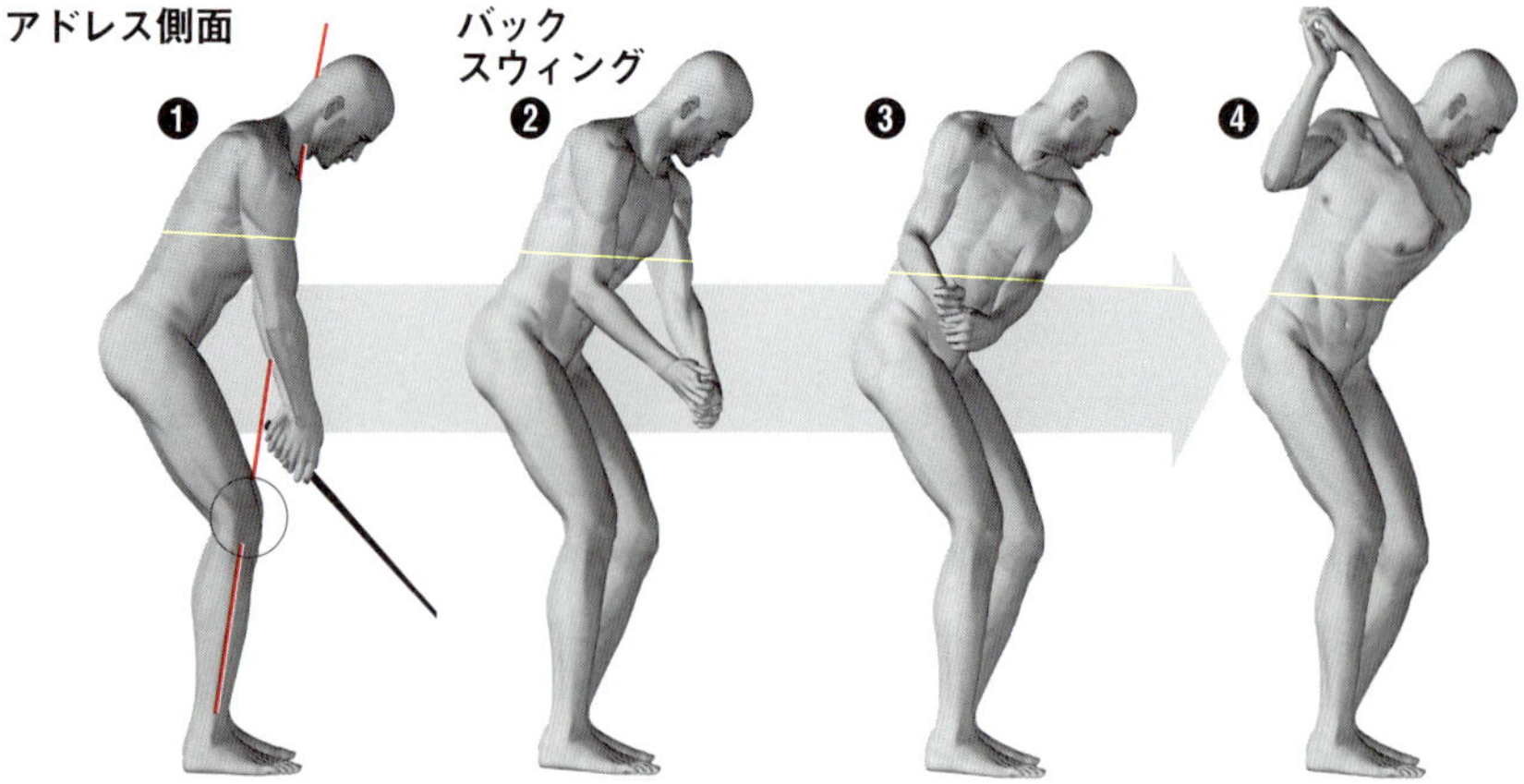

「肩を上げる」や「胴を捻る」は、各人の限界までで良い（個人差大）

ィングを作ることは困難です。

人それぞれの外見は同じ形に見えても、肩（肩甲骨）を動かせる量（範囲）には違いがあって、かなりの個人差があるのです。肩甲骨《けんこうこつ》に関わる筋肉が鍛えられ、ガッチリとしたために、その作動範囲が狭くなっている場合もあります。

胸をまわして胴を捻ることについても個人差があるし、右人差し指を甲側へ少し反らすこと（43頁のトリガーフィンガー）についても同様です。

とりわけ「肩を上げる」や「胴を捻る」については各人がその限界まで行えば良い。

その場合に重要なことは、バックスウィングの終盤でクラブシャフト全体が、斜めであろうと平面（スウィングプレーン）に載っていることです。

いずれにしても、本書が貫いているスウィングの骨格（原理・摂理《せつり》）は普遍的なものです。

ですから「あらゆる一人一派のスウィング」に、たとえ一部であろうとも応用する価値があるのです。

それが他のゴルフ書と決定的に異なるところです。

それがゆえに「○○打法」とか「○△打法」などの題名にしなかったのです。

参考図 フルスウィングでは三角形を極限まで崩してバックスウィング

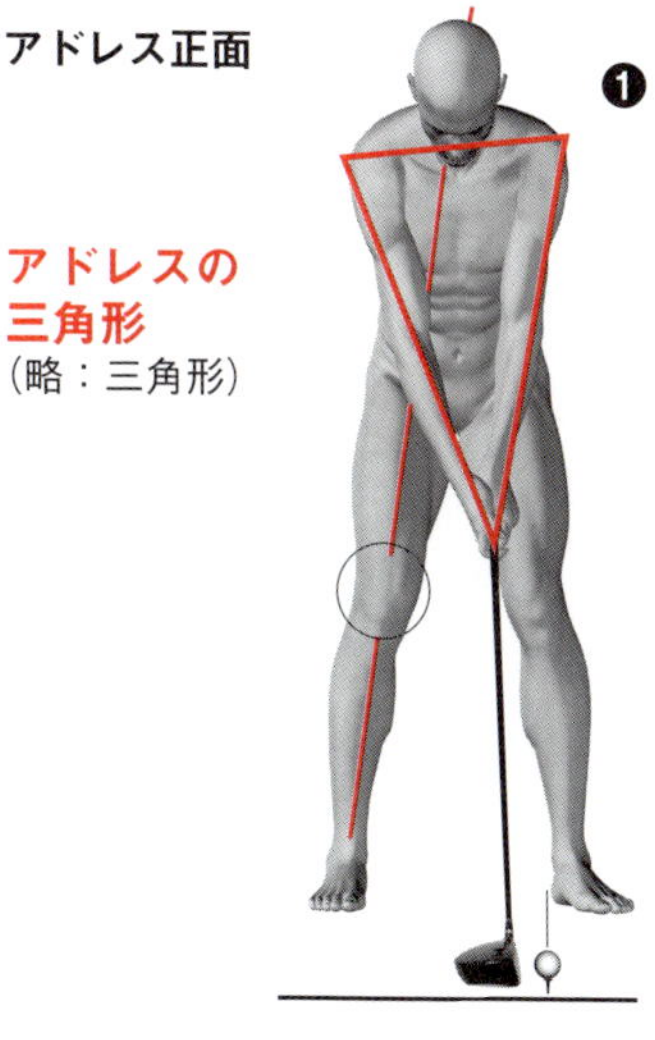
アドレス正面
❶
アドレスの三角形
（略：三角形）

フルスウィングは多段加速

〝腰をまわす感覚〟では効率の悪い加速を一度しか得られません。ですから、まずは腰をまわす感覚を捨てなければなりません。

図64-Ⓐの④から⑦を見てください。

④右ヒップターン逆転と⑤左ヒップターンを次々に行い、その力でクラブヘッドを加速していきます。さらに⑥ソラックスターン逆転（胸の加速回転）を行いつつ左肩（左肩甲骨《けんこうこつ》）を上げながら背骨の方へ動かす動作とピストンスナップのコラボレーションで、クラブヘッドを三段加速してボールを打ち抜きます。

④加速開始（一段目）

- 右膝《ひざ》下を一段と強く右捻《ねじ》り。左膝をアドレスの位置へ戻す。
- 右前腕とシャフトの直角を維持したまま左右前腕を左捻り。
- 両肩（肩甲骨）と右手右肘《ひじ》を一緒に下ろしつつ右小指を胸の中央前方へ戻す。

図64-Ⓐ **身体の回転が三段で加速する**

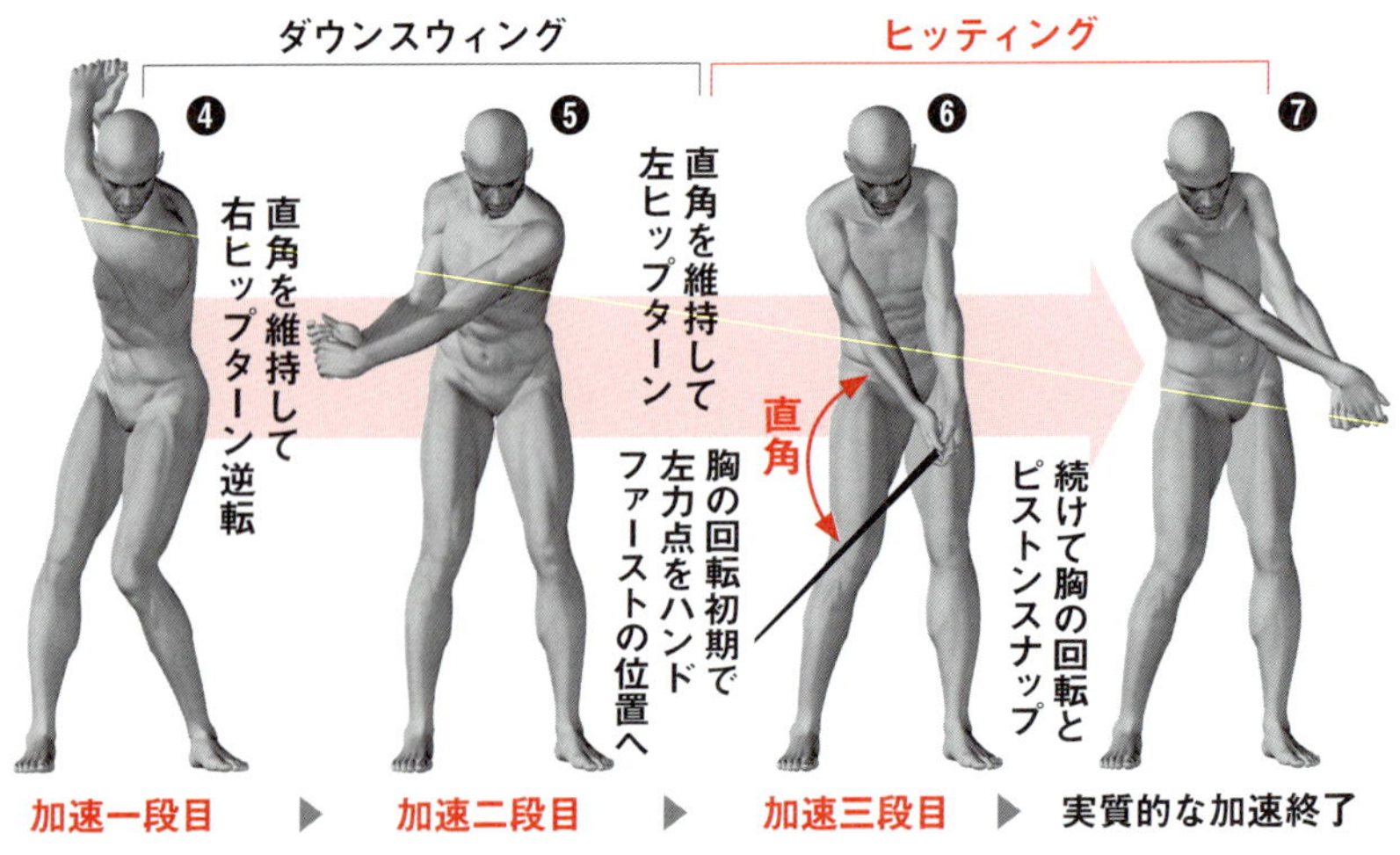

ダウンスウィング
ヒッティング
❹
❺
❻
❼
直角を維持して右ヒップターン逆転
直角を維持して左ヒップターン
直角
胸の回転初期で左力点をハンドファーストの位置へ
続けて胸の回転とピストンスナップ
加速一段目
加速二段目
加速三段目
実質的な加速終了

•左腕を一直線に伸ばす。

⑤二段目の加速

•右膝を前方左寄りへ動かす。

•右前腕とシャフトの直角を維持したまま、左右前腕を左捻り（僅少）。

•右前腕とシャフトの直角を維持したまま、右手と右肘を一緒に下ろす。

•右小指を胸の中央前方に維持。

•左腕は一直線に伸ばしたまま。

⑥三段目の加速

•胴を捻り戻して胸をまわす。

•一直線に伸ばした左腕を維持し、左肩を上げながら背骨の方へ動かしつつピストンスナップ（まわりつつある胸の中央前方へ右肘と〝直角〟を限界まで伸ばす）。

⑦実質的な加速終了

⑦で実質的な加速はほぼ終了しますが、より遠くへ飛ばすには、図64-Ⓑの⑧から⑪に至るフィニッシングの形を覚え、最強の加速を行いながらインパクトエリアの直線軌道を得る必要があります。

図64-Ⓑ フィニッシングの外見

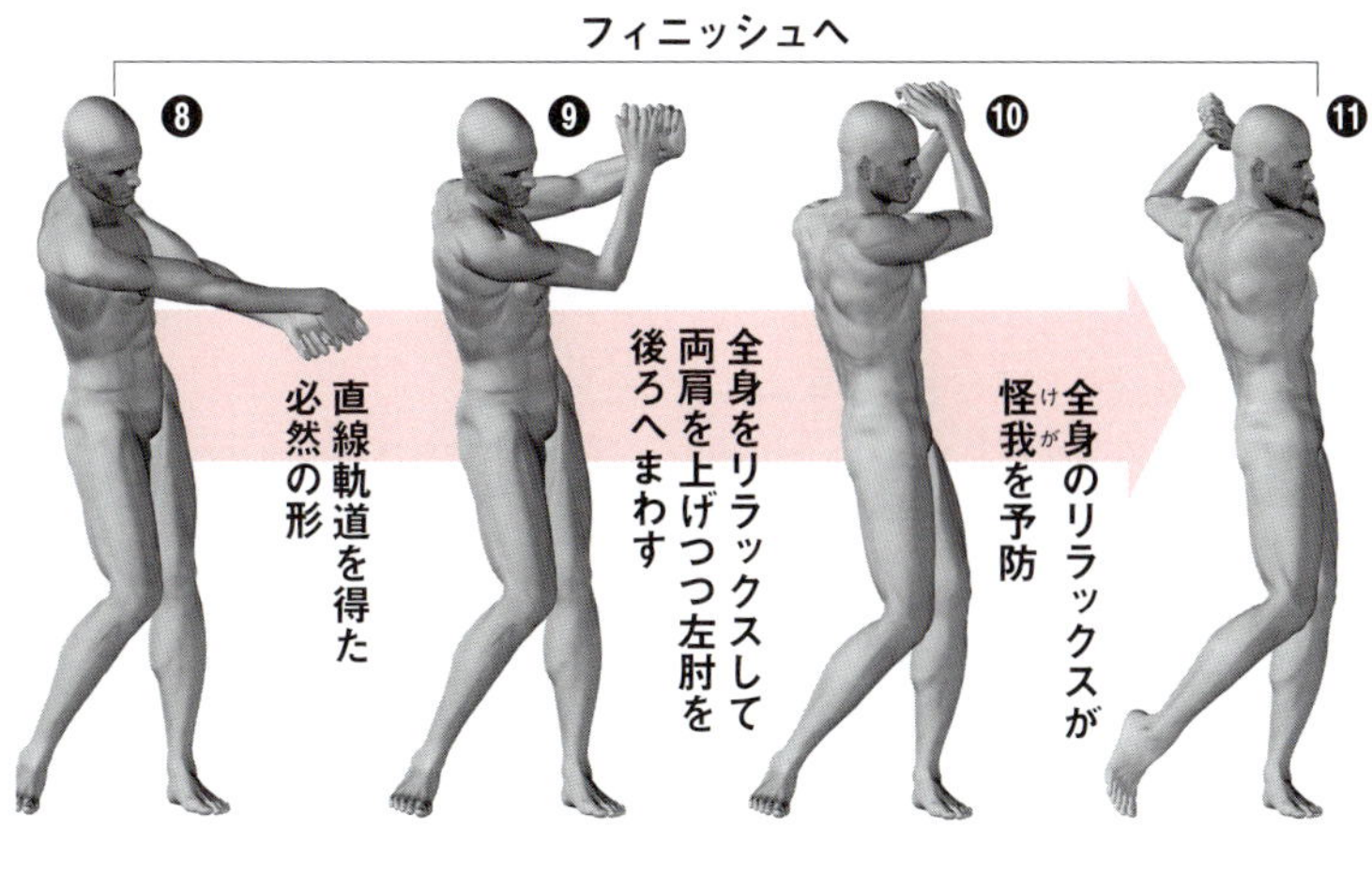
フィニッシュへ
❽
❾
❿
⓫
直線軌道を得た必然の形
全身をリラックスして両肩を上げつつ左肘を後ろへまわす
全身のリラックスが怪我《けが》を予防

ドライバーで構える

　ドライバーを持ってアドレスしてみましょう。ボールの位置と目標線を基準にアドレス前傾姿勢の法則（72頁《ページ》）に則《のっと》って、図65のようにスクェアスタンスで構えます。左足踵《かかと》内側の線上にボールがあるように左足をセットして爪先を少し開き、右足を目標線に平行かつ直角にして肩幅より少し広めにセットします。「肩幅より少し広め」は曖昧《あいまい》な表現ですが切り返すときの反動（右ヒップターン逆転を開始して両肩と右手右肘《ひじ》を下ろすときの反動）を支えるためには足幅を肩幅より少し広げた方が力を発揮しやすく、クラブヘッドの初期加速が向上します。

　ボールと身体の距離は、肩幅を狭め、ハンドダウンで構えたときの間隔が目安であり、それは練習時に微調整が必要です。頭の位置を図65-Ⓑのようにスタンスの中央線にセットすると、左右の足に体重が均等に掛かるのでこれを基本にします。

図65-Ⓐ ドライバーのスタンス（スクェアスタンス）

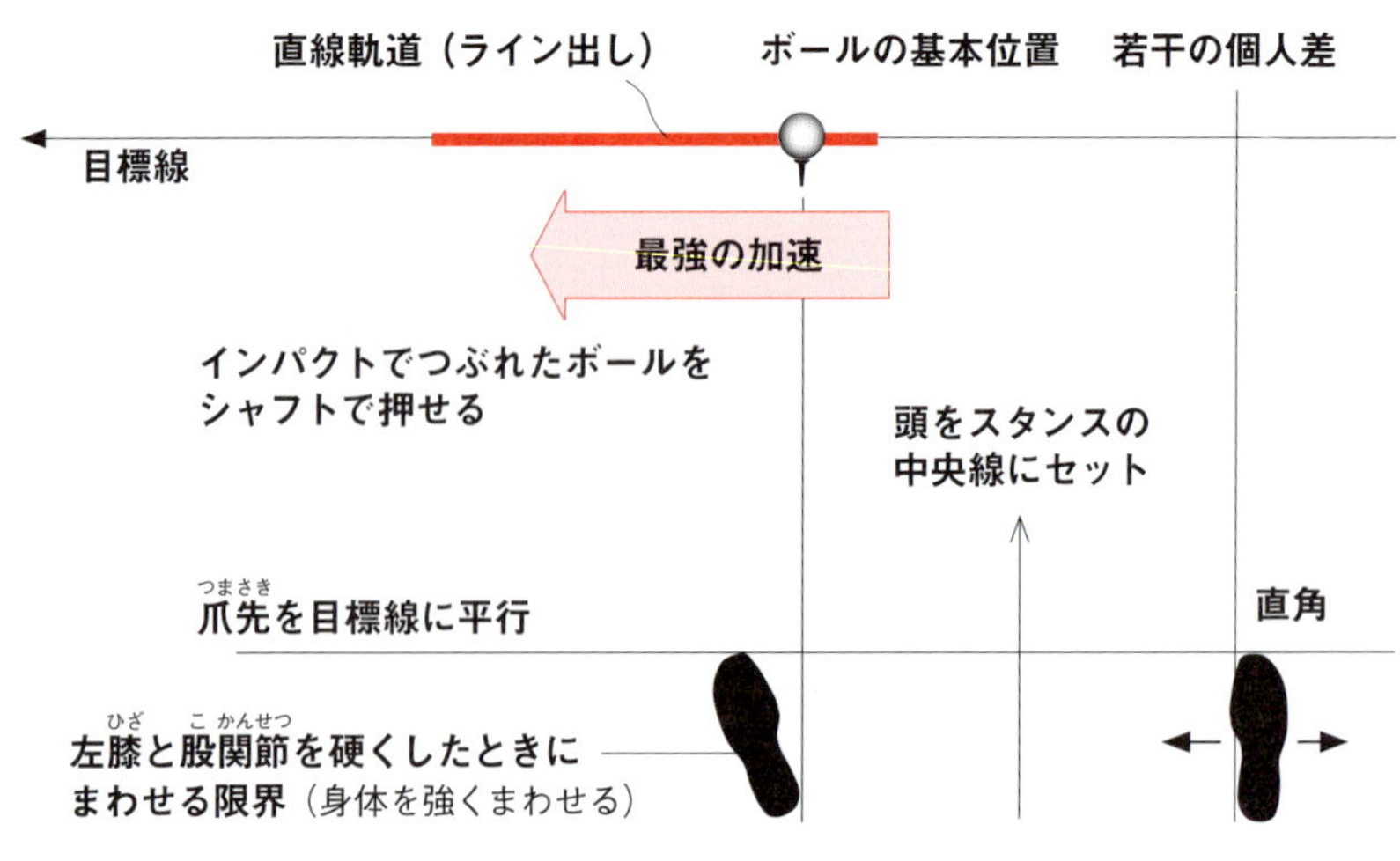

図65-Ⓑ 構えた骨組みが身体の回転軌道を決める

左踵の内側前方にボールがあるように左足を置く。左足の爪先を開く。右足を目標線に直角に置き肩幅より少し広めの足幅でスクェアスタンスにする。右膝を右軸に合わせる。頭をスタンスの中央に置いて身体を前後に安定させる。両肩を狭めてハンドダウンで構える

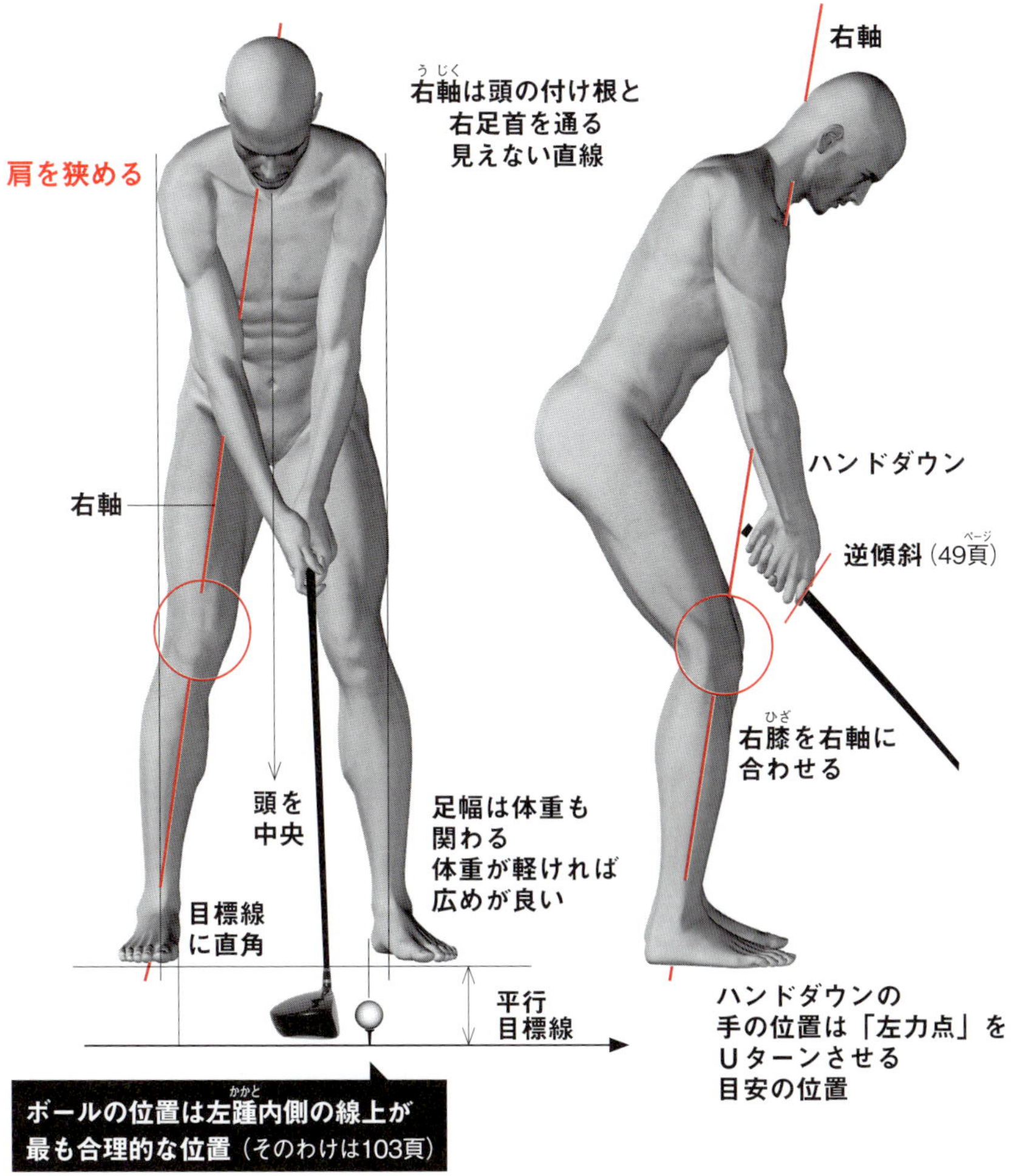

肩を狭める
右軸《うじく》は頭の付け根と
右足首を通る
見えない直線
右軸
頭を
中央
足幅は体重も
関わる
体重が軽ければ
広めが良い
目標線
に直角
平行
目標線
ボールの位置は左踵《かかと》内側の線上が
最も合理的な位置（そのわけは103頁）
右軸
ハンドダウン
逆傾斜（49頁《ページ》）
右膝《ひざ》を右軸に
合わせる
ハンドダウンの
手の位置は「左力点」を
Uターンさせる
目安の位置

バックスウィングは四つの運動で行う

フルショットのバックスウィングは、左記①②③④の各運動で行います。クラブシャフト全体をオンプレーンで進めるために、各運動を始動するタイミングやそれぞれの緩急を工夫する必要があります。

バックスウィングでは、何はともあれ右軸《うじく》に合わせた右膝《ひざ》の位置を死守しなければなりません。

バックスウイングの進行（図66）

①スナップバック…左右前腕45度右捻《ねじ》りを含む
②右ヒップターン…歯止めが極めて重要
③ソラックスターン…胸をまわして胴を捻る
④両肩（両肩甲骨）と右手右肘《ひじ》を一緒に上げながら三角形を崩し、さらに左右前腕45度右捻り

下半身は、右ヒップターンでまわし、上半身（胸）はソラックスターンでまわします（詳細後述）。

右ヒップターンには二つの方法があり、どちらを選ぶかは好みの問題となります。

A、右膝下の右捻りで下半身の回転に歯止めを掛けてから左膝を前方右寄りへ動かして身体をまわすと腰（下半身）が30度ほどまわる。

B、右膝下の右捻りを「行《おこな》わずに」左膝を前方右寄りへ動かして身体をまわすと、その結果で右膝下が捻られて、腰が45度ほどまわったところできつくなり「歯止めが掛かる」。

下半身（腰）の右回転に「歯止め」（右膝下の右捻り）を掛けると、胸をまわして胴を十分に捻れます。歯止めを掛けないと、胸をまわして胴を捻るときに右脚全体が捻られて胴の大きな筋肉をストレッチできないばかりか、右膝を怪我《けが》する危険があるのです。

胴を十分に捻る目的は右ヒップターン逆転を開始したときに、その力を胴や肩や腕を介して瞬時にクラブヘッドに伝えることにあります。アドレスで肩を狭めることもその理由の一つであり、左肩や胴に緩みがあると力が瞬時に手やクラブに伝わりません。狭めた左肩は左力点をUターンさせる時に活躍します。

図 66 バックスウィングを構成する動作のすべて

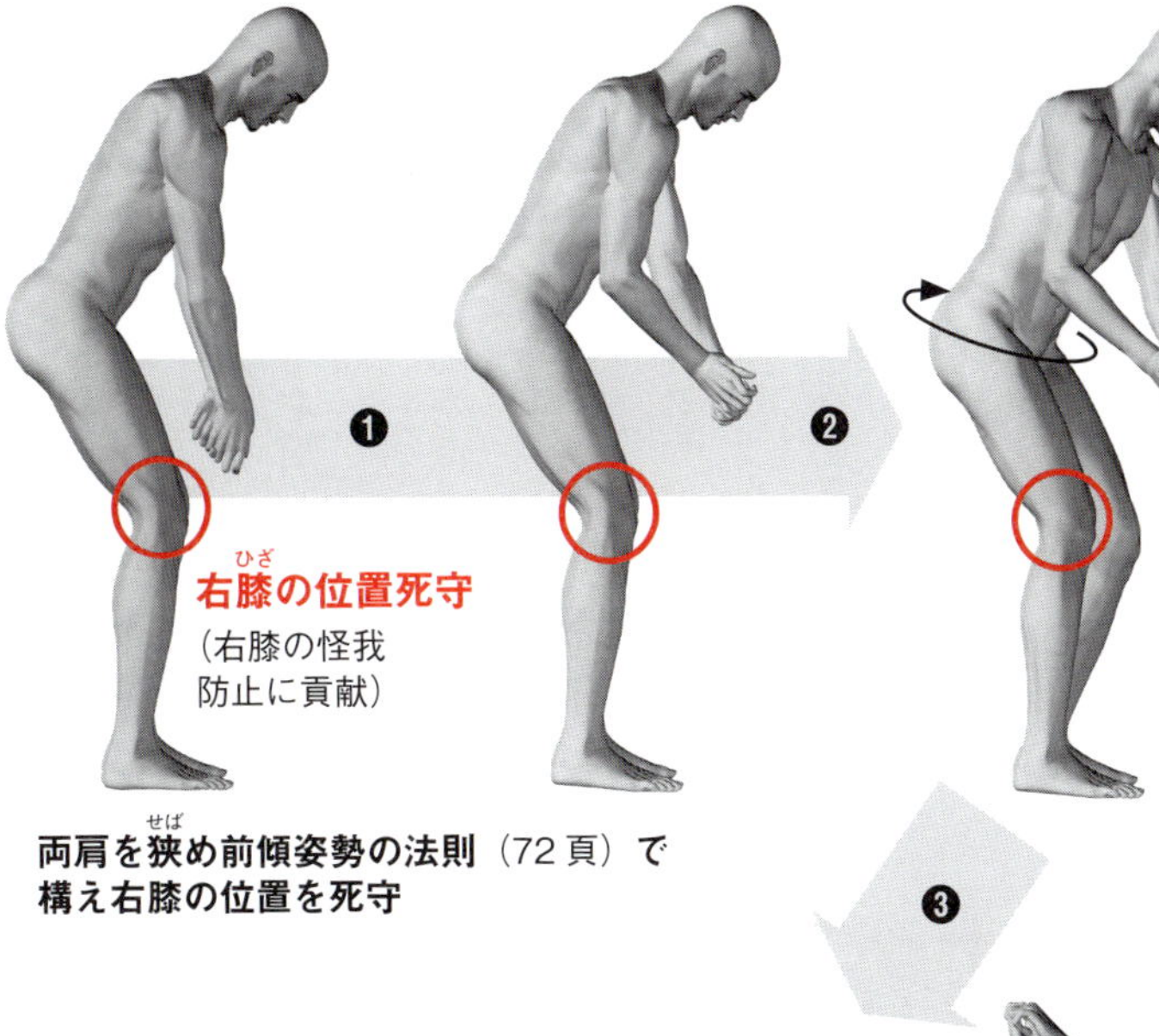
❶
❷
右膝《ひざ》の位置死守
(右膝の怪我
防止に貢献)
❸

両肩を狭《せば》め前傾姿勢の法則（72 頁）**で**
構え右膝の位置を死守

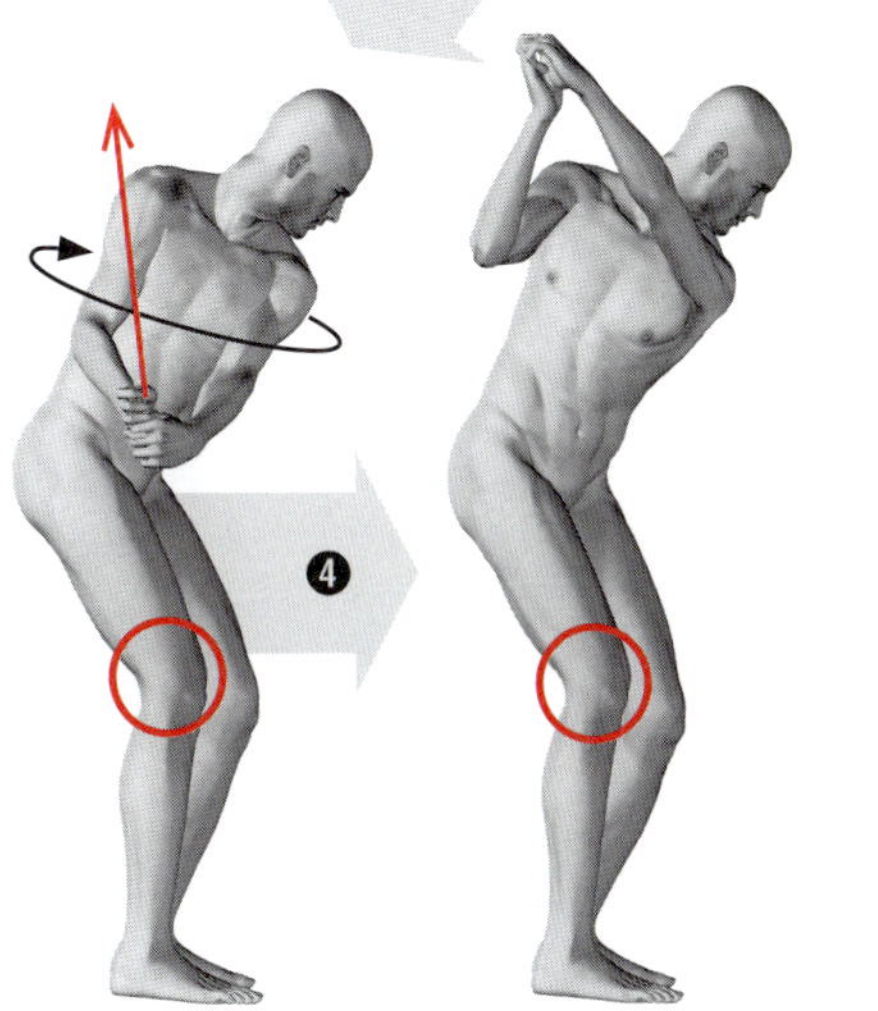
❹

❶スナップバック（28頁）
（左右前腕45度右捻りを含む）

❷右ヒップターン
A）30型腰回転
右膝下右捻りと
左膝で腰を回す
B）45型腰回転左膝で
腰を右回転
右膝下が腰の
右回転で捻られる
（AとBはどちらかを選択）

❸ソラックスターン
（胸の右回転で胴右捻り）

❹両肩と右手右肘《ひじ》を上げる
左右前腕を更に45度右捻り
（構えてから合計90度捻る）
三角形を限界まで崩す

バックスウィング終盤
右膝の位置を死守

フルスウィングの手や腕の動作

バックスウィングの手や腕の動きを、もう少し詳しく見てみましょう。バックスウィングの手や腕は「スナップバック」「両肩と右手右肘《ひじ》を一緒に上げる」「左右前腕右捻《ねじ》り」「三角形を崩す」で動かします。これらはフォワードスウィングで逆行する時期が異なり、別々に把握《はあく》する必要があります。

スナップバック

スナップバックはヒッティングの場合（28頁）と同じですが、ドライバーのフルスウィングは平面の傾斜がフラットになるので（30頁）、ハンドダウンで構えた左手からさらに遠くに平面があり、左手を上げる動作が大きく、フィーリングが異なります。

両肩と右手右肘を一緒に上げる

スウィングを大きくするにつれ、両肩と右手右肘を高く上げながら、アドレス時の右小指と両肩で作る三角形の頂点を右の方へ移動させて崩します。
※右手を胸の高さでハーフスウィングです。

図67 スナップバックを終えた右手と右肘の位置

手と肘は身体の回転で刻々に位置と高さが変わる

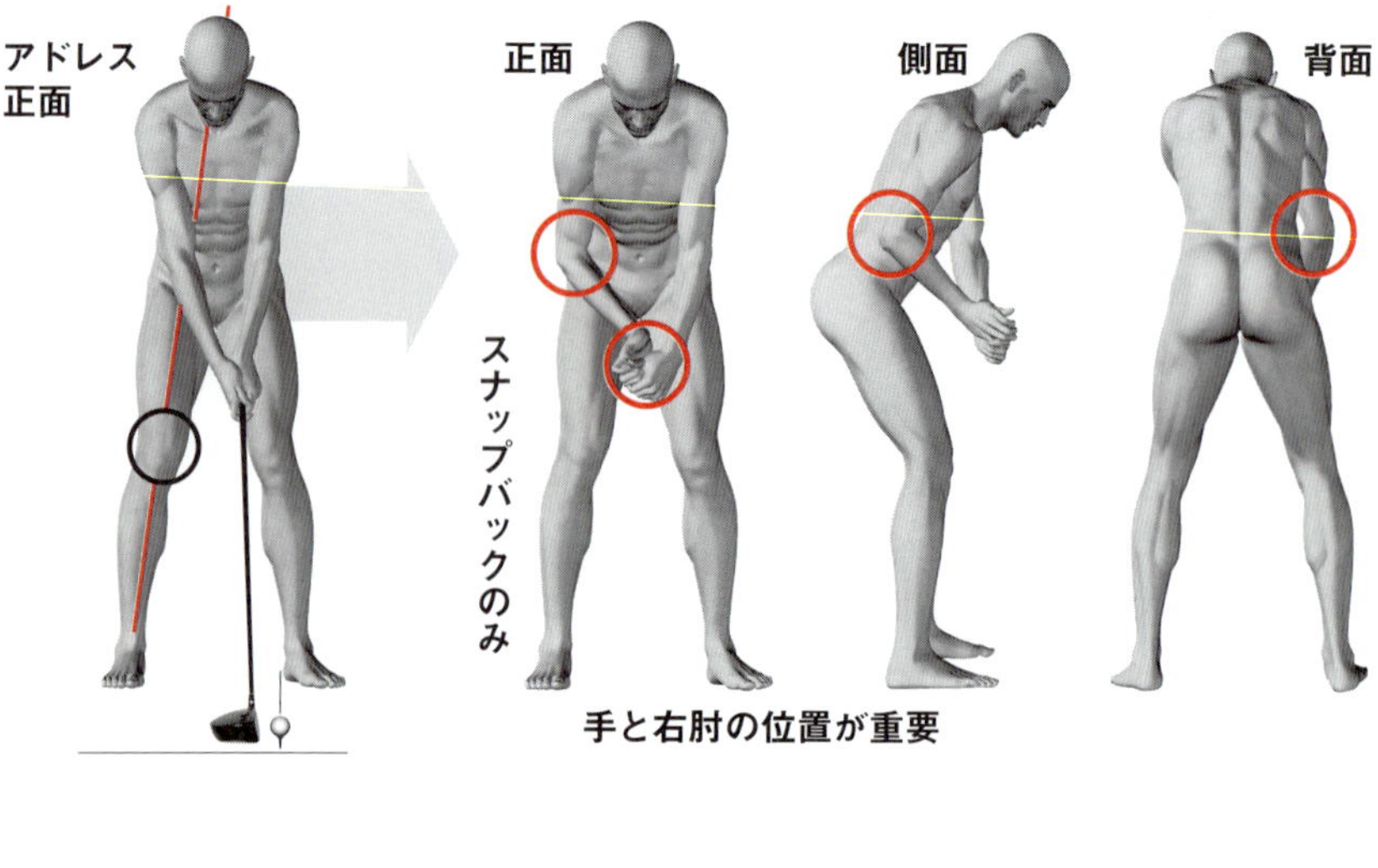

※肩の高さでスリークォータースウィングです。
※耳の高さでフルスウィングです
（身体をまわすと驚くほど高い位置へ行く）。

左右前腕右捻り

バックスウィング終盤までに合計90度右捻り。フルスウィングでは両肩を上げ、三角形を限界まで崩し、左右前腕を右に捻ると、クラブシャフトを高い位置でオンプレーンにすることができます。

図67は、身体をまわさずに「スナップバック」を終えたときの、グリップの位置と右肘の位置と向きを示したものです。

図68は右手と右肘を上げた形を示したものです。この状態から、胸と両腕でできた三角形を崩しながら両肩を上げげつつ左右前腕45度右捻りを行い身体をまわすと、フルスウィングのトップの位置となります（シャフトが目標を指せばベスト）。

図 68 脇《わき》をゆるめて右手と右肘《ひじ》を一緒に上げる

「右手右肘」を上げたこの図から三角形を限界まで崩しつつ左右前腕を右に捻り身体をまわすと高いトップの形が現れる

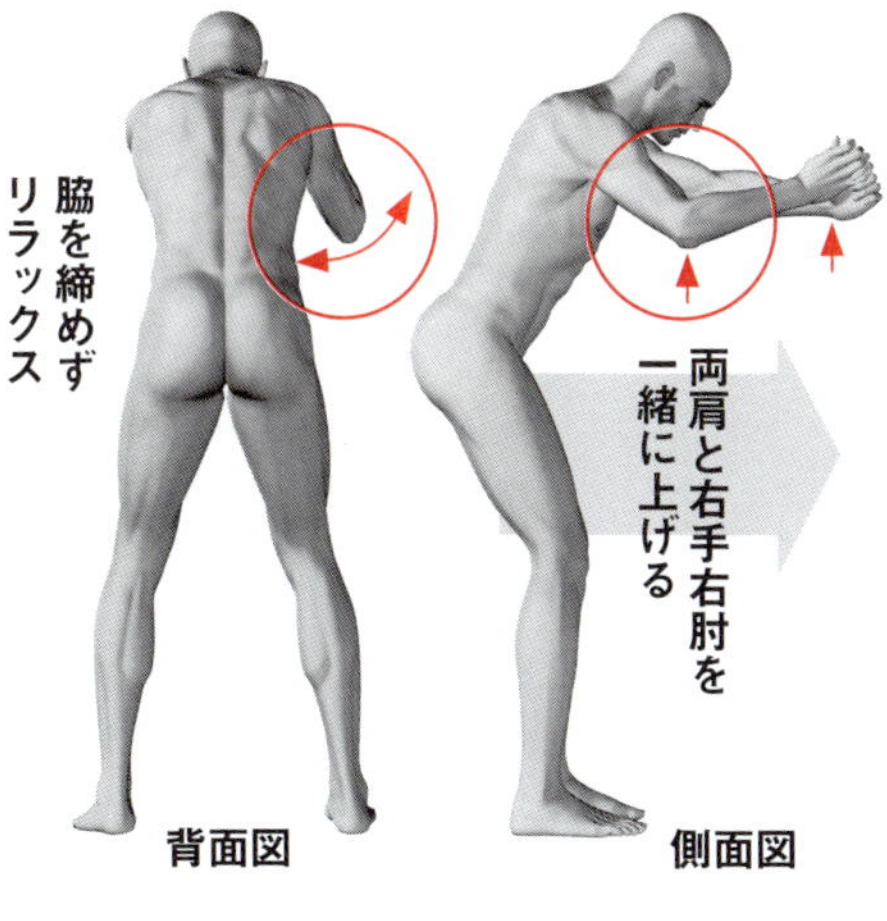
脇を締めずリラックス
両肩と右手右肘を一緒に上げる
背面図
側面図

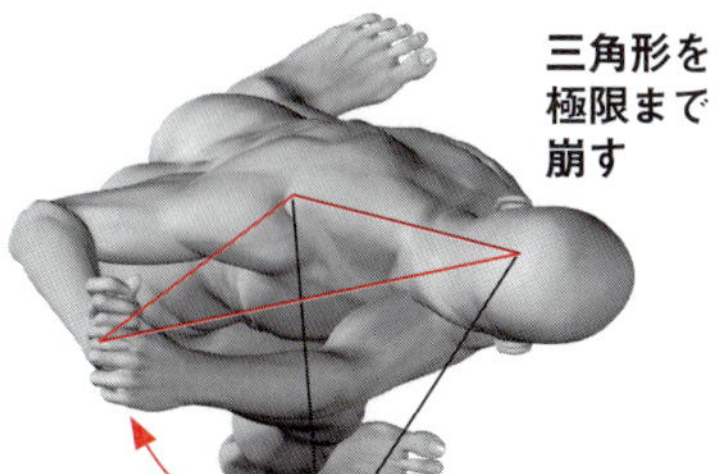
三角形を極限まで崩す

フルスウィングはアドレス時の三角形を極限まで崩さなければオンプレーンにならない

バックスウィングにおける手や腕の役割《やくわり》

図69のⓐⓑⓒは、バックスウィングの終盤をカメラアングルを変えて現したものです。

飛ばすためには当然のことながら、クラブを高い位置へ上げなければなりません。

その場合、手や腕を動かす内容を知らずにバックスウィングを総合運動として行っても上達しません。従来のように見た感じに頼っていたのではどうにもならないのです。

「肩をまわす」の本来は肩甲骨《けんこうこつ》を動かすことです。その動作は手や腕の動作の一部として捉えますが、身体をまわす運動の一部としても働きます。ですから胸の回転と区別して覚えなければなりません。

トップの高さについても、知識なしに左腕を伸ばして高く上げることは困難です。

〝左腕を伸ばす〟にしても、伸ばさなければならない理由が判っていれば、左肘《ひじ》を緩めて左腕が少々折れてもかまいません。

バックスウィングの終盤で右肘をどこへ向けるかについては先人がそれぞれに述べてきましたが、確たる知識（18頁《ページ》実験1の体験）があれば〝脇を締めろ〟の半世紀にも及ぶ真っ赤なウソもわかります。

手や腕の動きには、スナップバックで伸ばした左腕で「歯止め」を掛け、更《さら》に「平面」を活用して動きのすべてを規制しなければなりません。

なぜなら、手や腕には動きを規制する軸を設定できないから自由に動かせてしまう。すると毎回同じ位置へ同じ向きでクラブを上げられない。

一方、身体の回転は「軸の概念」（37頁）を知ることで身体やクラブが動く方向が自ずと定まります。すべての動作は「動かす方向や動かせる範囲」を規制することで強い力を発揮できる安定したスウィングとなり、ジャストミートが可能になるのです（それらの規制で、使わなかった筋肉をリラックスさせられる。さもないと全身が「カミ」で硬くなる）。

ではバックスウィングで絶対に必要な手や腕の動作とは何でしょうか。

図 69 バックスウィングの終盤

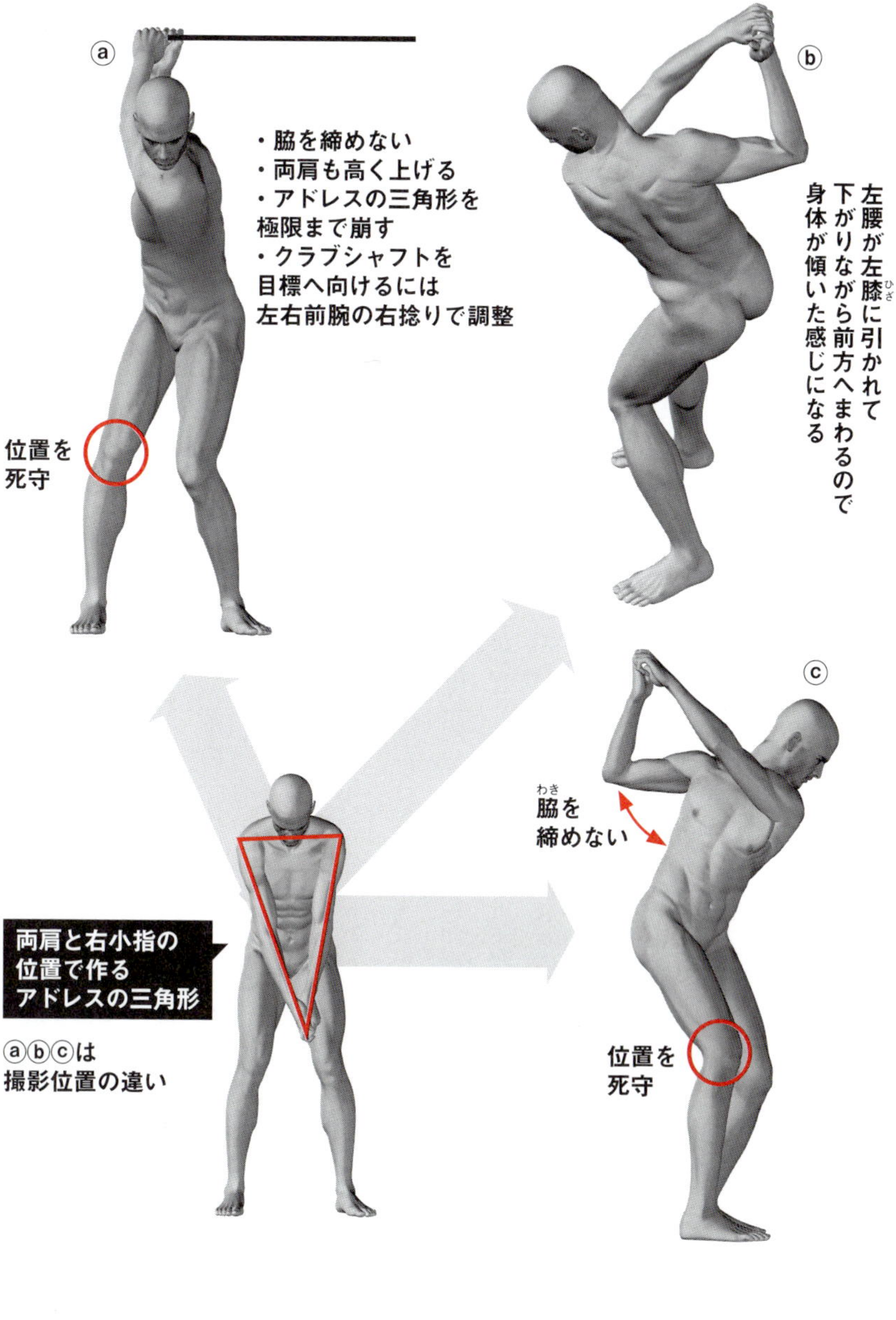
ⓐ
・脇を締めない
・両肩も高く上げる
・アドレスの三角形を
極限まで崩す
・クラブシャフトを
目標へ向けるには
左右前腕の右捻りで調整
位置を
死守
ⓑ
左腰が左膝《ひざ》に引かれて
下がりながら前方へまわるので
身体が傾いた感じになる
ⓒ
脇《わき》を
締めない
位置を
死守
両肩と右小指の
位置で作る
アドレスの三角形

ⓐⓑⓒは
撮影位置の違い

手や腕の動作を頭に焼き付けるドリル

図70の①の構えから、右手首を親指側へ折る「コック」でクラブを垂直に立てながら、右手を目の高さに上げて②にします。

②で左右の前腕《ぜんわん》をそれぞれ右に「90度捻《ねじ》って」クラブを水平の③にします（左右の手がズレて良い）。

③の俯瞰《ふかん》図から「クラブが90度向きを変えた、目標線に直角の④」にするために、アドレス①の三角形を極限まで崩さなければならない。

ここまでが「手や腕や肩の動作のすべて」です。これらの動作を、落ちこぼれがないように注意深く取り出して記憶しなければなりません。

④から、身体を90度右に捻ると（まわすと）クラブの位置が高いトップの形⑤になります。クラブを高い位置へ押し上げたのは、傾斜した右軸《うじく》と胸軸《きょうじく》の二本の働きです。

当然のことながら、各動作のどれ一つが欠落してもトップの形⑤を作れません。ここではクラブを動かした各動作のフィーリングも頭に焼き付けましょう。

これらの動作はグリップを「握ったら」できません。左右の手の「一体感」は邪魔《じゃま》なだけです。

右手と左手の一体感をなくし左右の手を別々に動かせる遊びを作らなければ④の状態にできません。それを可能にするのが44頁《ページ》のパーフェクトグリップです。

③の俯瞰図から④へ、極限まで三角形を崩すときに工夫が必要で１３２頁に詳細説明があります。

④から⑤へ身体の捻転を90度行います。それは右ヒップターンの「右膝《ひざ》下右捻り」の方法の違いや、各個人の体格の違いで⑤のクラブの位置や向きは多少、異なります。

その場合でも身体から遠いスウィートスポットをボールに当てるために「シャフト全体」をオンプレーンにする必要があります。

図 70 記憶すべき「クラブの動き」と「すべての基本動作」

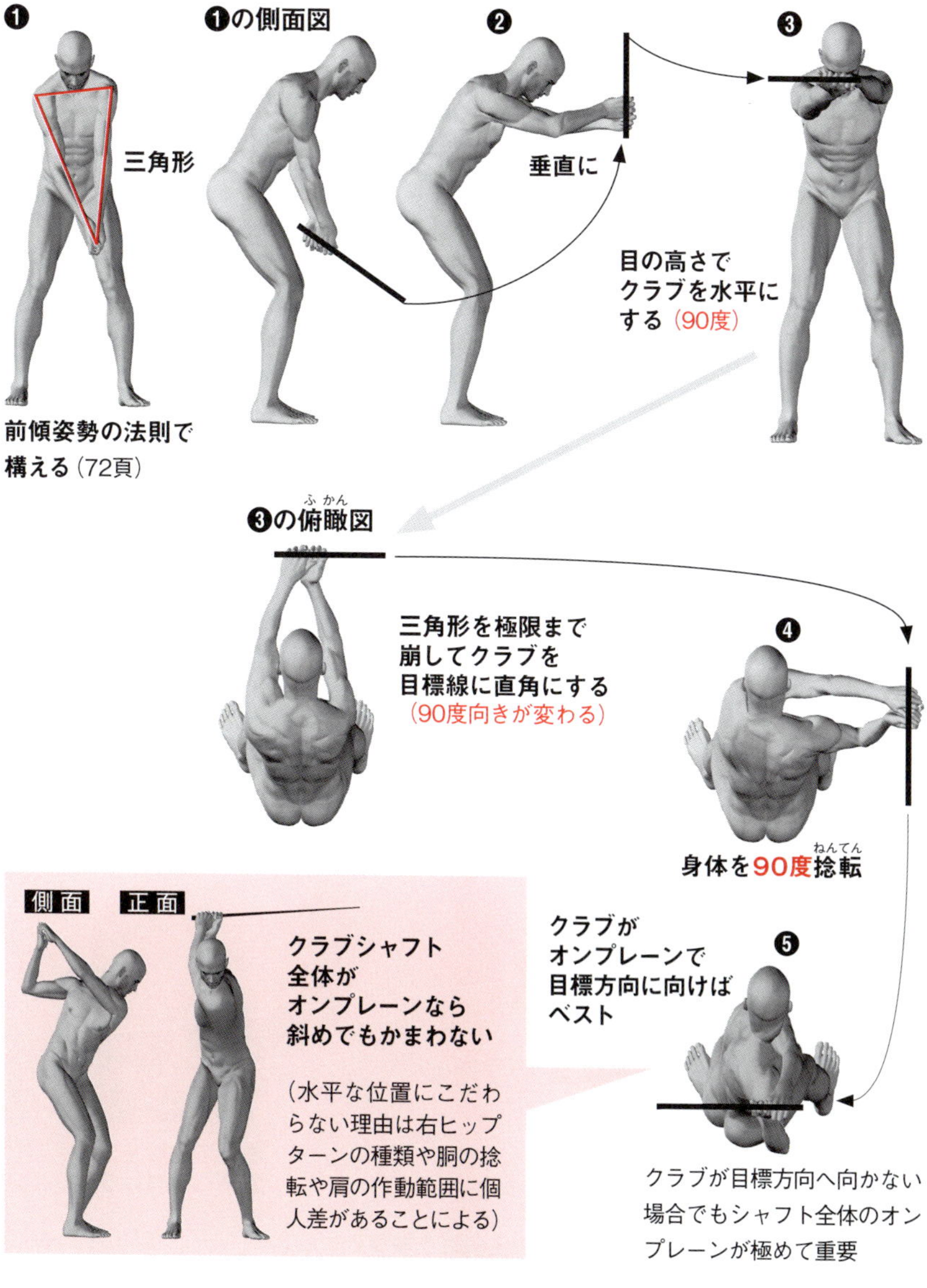
❶
前傾姿勢の法則で
構える（72頁）
三角形
❶の側面図
❷
垂直に
❸
目の高さで
クラブを水平に
する（90度）
❸の俯瞰図《ふかん》
三角形を極限まで
崩してクラブを
目標線に直角にする
（90度向きが変わる）
❹
身体を90度捻転《ねんてん》
❺
クラブが
オンプレーンで
目標方向に向けば
ベスト
クラブが目標方向へ向かない
場合でもシャフト全体のオン
プレーンが極めて重要
側面
正面
クラブシャフト
全体が
オンプレーンなら
斜めでもかまわない
（水平な位置にこだわ
らない理由は右ヒップ
ターンの種類や胴の捻
転や肩の作動範囲に個
人差があることによる）

左肩甲骨《けんこうこつ》の遊びをなくす「飛ばしのわざ」

〝飛ばしの潜在能力〟を引き出すには左腕と左肩甲骨の遊びを極限までなくして、129頁《ページ》のようなバックスウィング終盤の形を作る必要があります。左肘が下の図71Ⓐの①の位置ではまだ〝遊び〟があります。

より遠くへ飛ばすには、③（図71－Ⓑ）のように左肘《ひじ》を右肩に近づけて「アドレス時の三角形」を極限まで崩します。しかし、左腕には遊びがなくなるまで自力で三角形を崩す能力がありません。①の左腕を自力で③の位置へ動かそうとすれば筋肉が引きつるでしょう。

左腕を③の位置へ動かすには、伸ばした左腕の左手首や左肘や左肩甲骨の力を完全に抜いて、②のように左腕を右手で右耳の方へ押します。すると左腕は右手で押されて抵抗なく③の位置へ収まります。

それは「膝《ひざ》」を自力で限界まで折り畳《たた》んでも踵《かかと》が尻に付かないときに、手で足を押せば踵は苦も無く

図71-Ⓐ 左腕は最後に右手の力で動かす

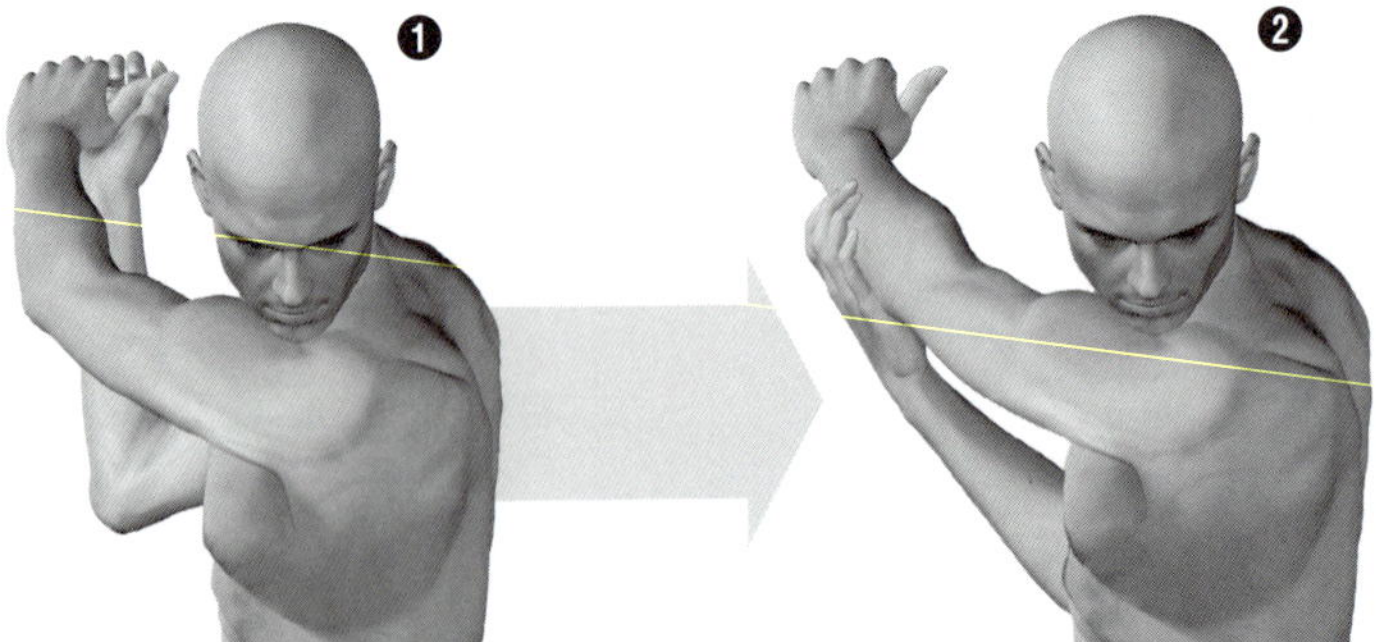

肩の力を抜いて限界まで上げる

右手で左肘《ひじ》を右肩へ近付ける

アドレス時の三角形を徹底的に崩す

尻に付くのと同じ。「肩」や「膝」の関節には、他力による関節破壊を防ぐ「遊び」があるのです。

伸ばした左腕や左肩甲骨の「力《りき》み」を抜いて両肩を上げ、右手でグリップを右耳の後方へ引っ張れば、いとも簡単に③の状態に収まり、肩甲骨の筋肉がストレッチされます。

このように「左上腕《じょうわん》・左肩甲骨・胸郭《きょうかく》」に関わる筋肉の「遊び」をなくすのも〝見えない動作〟の一つであり、飛ばす秘訣でもあるのです。

当然のことながらソラックスターン逆転を強く行うためには、バックスウィングでソラックスターン(胸の回転)を十分に行い胴の筋肉を十分にストレッチしなければなりません(詳細次頁《ページ》)。

バックスウィングの終盤で左腕を一直線に伸ばすのはつらいし、その形は窮屈そうです。左腕を伸ばして「つっかい棒」にする目的がわかっていれば「左腕のたわみ」はスウィングに優雅な余裕を感じさせます。その「たわんだ左腕」をダウンスウィングで伸ばせばこと足ります。

図71-B 左腕・左肩の「力《りき》み」を抜いてストレッチ

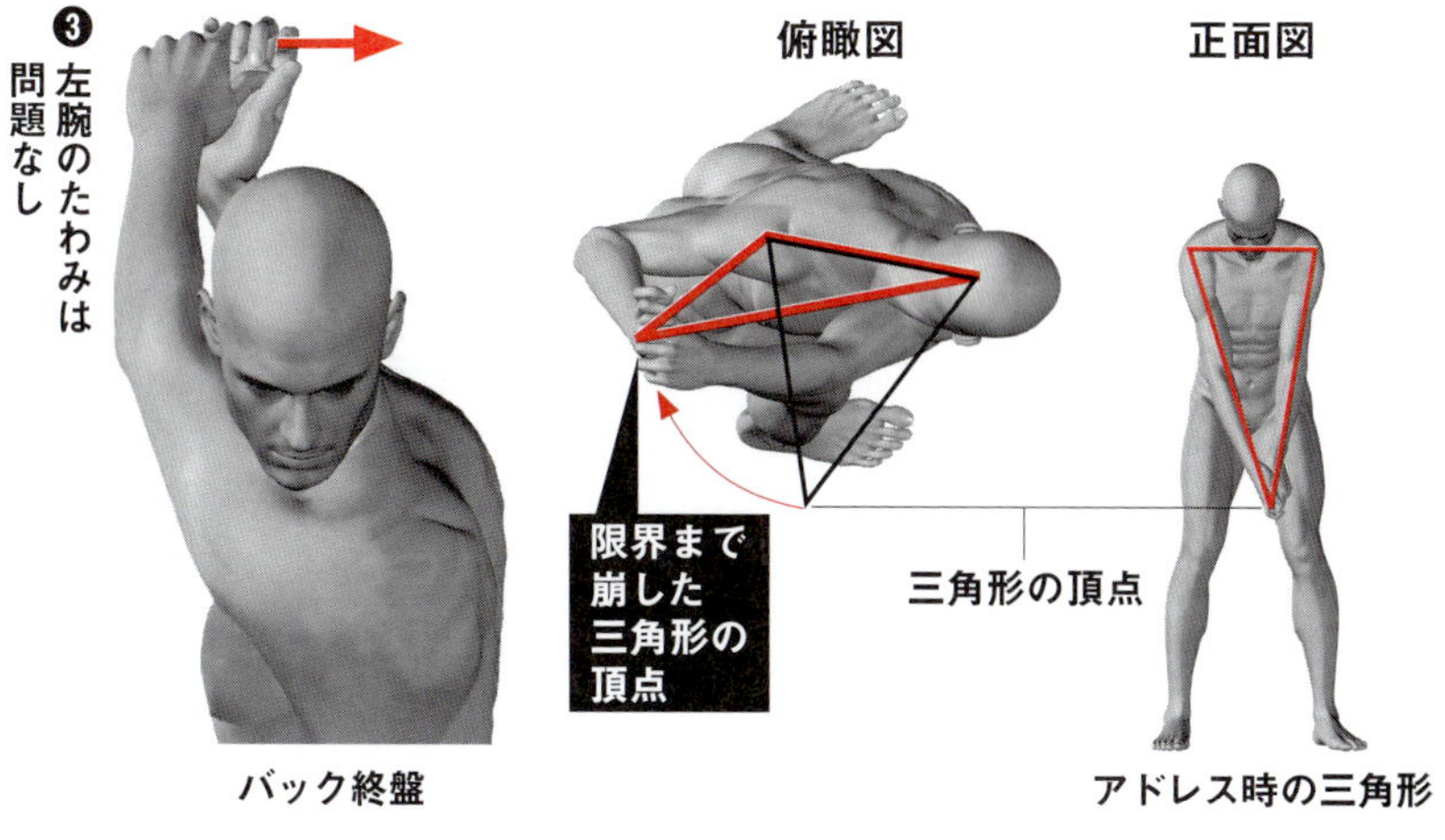
③ 左腕のたわみは問題なし
俯瞰図
正面図
限界まで崩した三角形の頂点
三角形の頂点
バック終盤
アドレス時の三角形

頭の高さと腰がまわる量の関係

フルスウィングは〝腰をどこまでまわさなければならない〟と考えてはいけません。

同じドライバーであっても、構えたときの頭の高さが変われば腰がまわる量も変わります。頭の位置を高く構えると増え、低く構えると回転が減ります。クラブの長さが変わればアドレス前傾姿勢の法則により頭の高さが変わり、腰の回転量が変わるというわけです。

図72は右膝《ひざ》の位置死守により、頭の上下動が身体（腰）の回転量に深く関わることを説明したものです。右軸上にある右膝の位置を死守することが、いかに重要なことかがおわかりになると思います。

右下半身の捻転《ねんてん》方法によっても身体の回転量は変わります。

すでに説明した腰が30度まわる30型は、ドライバーを含むフルショットとアプローチショットの両方に兼用できます。30型は右膝下右捻《ねじ》りを先に行い、

図 72　頭（第1頸椎）が上下動すると腰がまわる

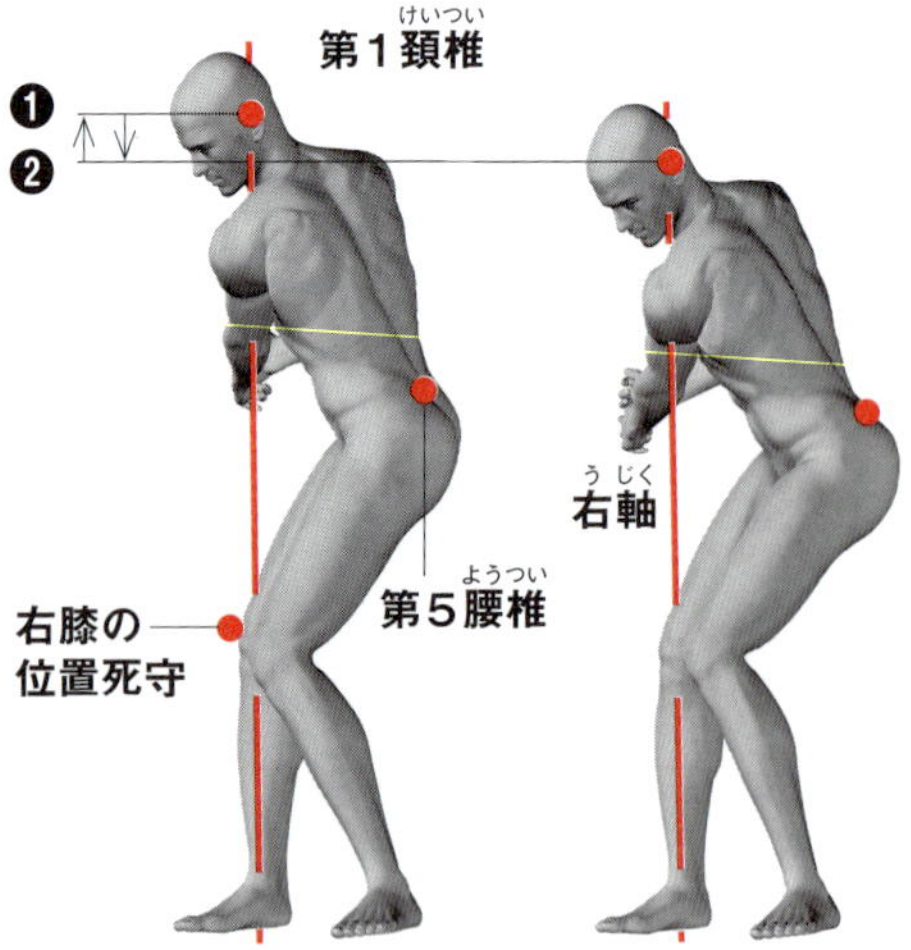

- 第１頸椎が②から①へ上がると第５腰椎は第１頸椎に引かれて、骨盤の中央共々右軸の方へ引き寄せられる。その際右膝の位置が固定されているので骨盤（腰）は右へまわらざるを得ない
- 同様に第１頸椎が①から②へ下がれば右膝の位置が固定されているので第５腰椎が骨盤の中央を後ろへ押し、骨盤は左へまわらざるを得ない
- 全盛期のタイガー・ウッズが頭を下ろして飛ばしていた理由がここにある

それを「歯止め」にして右ヒップターンを行います。図73で説明する45型（よんごーがた）はフルショット専用です（ドライバーに限らず）。左膝を前方右寄りへ動かすときに、右軸に合わせた右膝の位置を死守していると、右膝下は腰の回転の成り行きで捻られ、腰が45度ほどまわったところで限界に達して「歯止め効果」が現れます。そこが30型（さんまるがた）と異なるところです。切り返しでは限界を感じた右膝下を「右捻り」しつつ左膝をアドレスの位置へ戻します。

いずれにせよ、右膝を右軸に合わせて死守する意識が重要です。

バックスウィングでは、下半身の回転に歯止めを掛けると、上半身をリラックスすることができます。上半身をリラックスさせることで、胴を胸の右回転によって限界まで捻ることができるのです。これも飛ばす秘訣の内の重要な要素の一つです。

図 73　45型の腰（身体）の回転

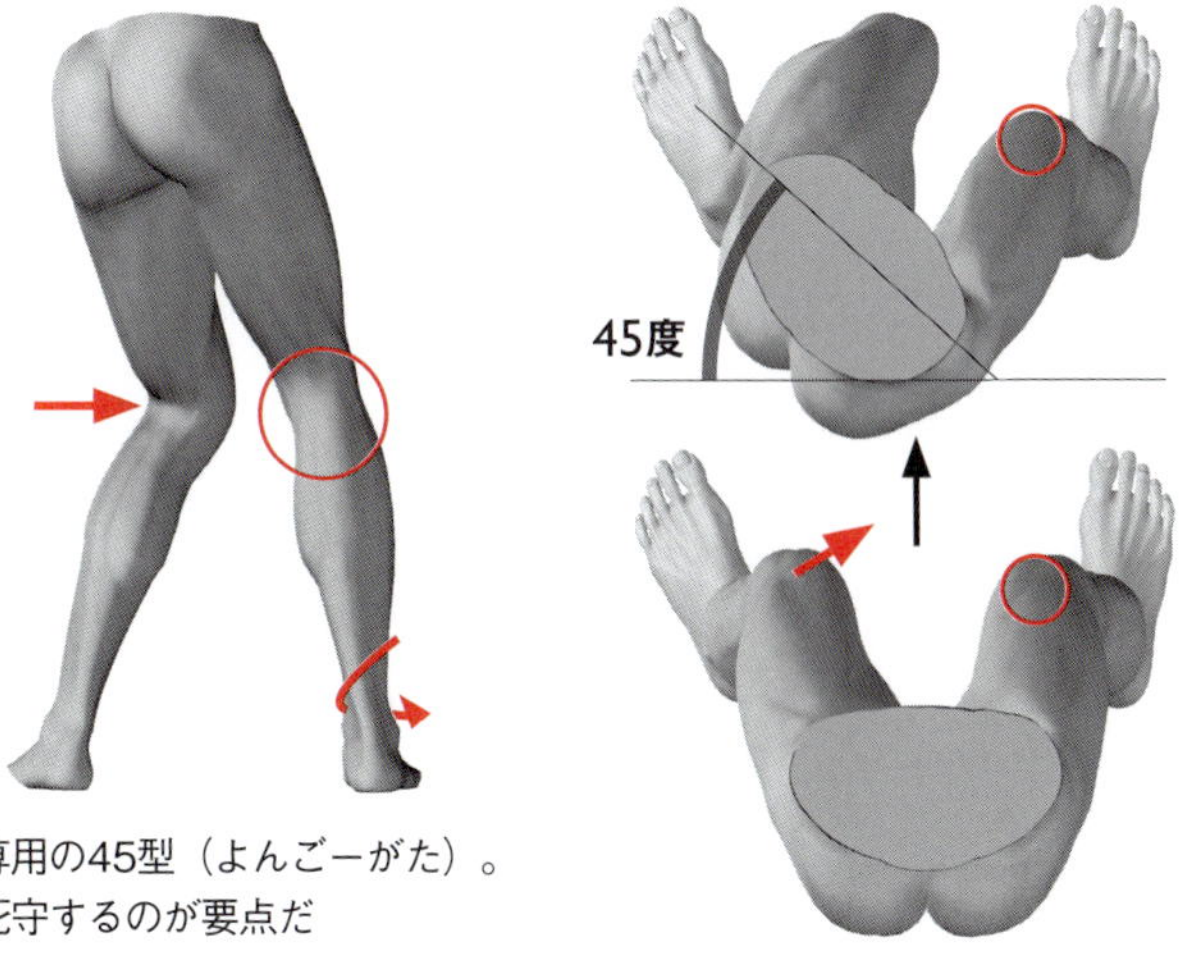

フルショット専用の45型（よんごーがた）。
右膝の位置を死守するのが要点だ

飛ばしの主力「胸をまわす」

バックスウィングで胸や肩を限界までまわす目的の一つは、限界まで捻《ねじ》った胴を維持してダウンスウィングを開始すると、右ヒップターン逆転の開始を瞬時に手やクラブに伝えられることです。

他の目的の一つは、捻った胴をピストンスナップを行う時（最終加速段階）まで温存《おんぞん》し、ピストンスナップと共同作業を行うことにあります。

胸の回転（ソラックスターン）とは、図74に示した肋骨や背骨のブロック、すなわち胸郭《きょうかく》（略・胸）をまわして胴を捻ることです。

頭の付け根を動かさずに胸をまわすと、肋骨《ろっこつ》や背骨は頭の付け根と第5腰椎を通る見えない直線を中心にまわります。

この回転の中心線を胸軸《きょうじく》と呼ぶことにします。

胸をまわすと、クラブヘッドがインサイドへ上昇します。その軌道を円弧の一部と見なしますが、実際は腰の回転で第5腰椎《ようつい》が少し移動するので完全な円軌道ではありません。それを前提に手や腕の動作を行うのでスウィングの妨げにはなりません。

バックスウィングで胸をまわして胴を捻り、それを右ヒップターン逆転と左ヒップターン前半で温存します。左ヒップターンを継続し、ソラックスターン逆転の初期に左手力点が分水嶺《ぶんすいれい》（左軸《さじく》）を越えたら胴を捻り戻して胸をまわし（ソラックスターン逆転）、左肩を上げつつ後ろへまわして、その強大な力とピストンスナップでクラブヘッドを加速します。

人体はまことに上手くできている有機体で、第4章のヒッティングのように「腰・胸一体」でまわすことも、これから述べるように時間差をもうけて次々にまわすこともできるのです。

胸の回転は、意外に作動範囲が狭いのですが、その左回転と左肩（左肩甲骨）を上げつつ後ろへまわす動作が、左力点をたった5㎝ほど動かしてUターンさせクラブヘッドを3ｍも動かすのです（詳細後述）。

図 74　胸をまわして胴を捻る

胸右回転：ソラックスターン
胸左回転：ソラックスターン逆転

胸 = 胸郭《きょうかく》

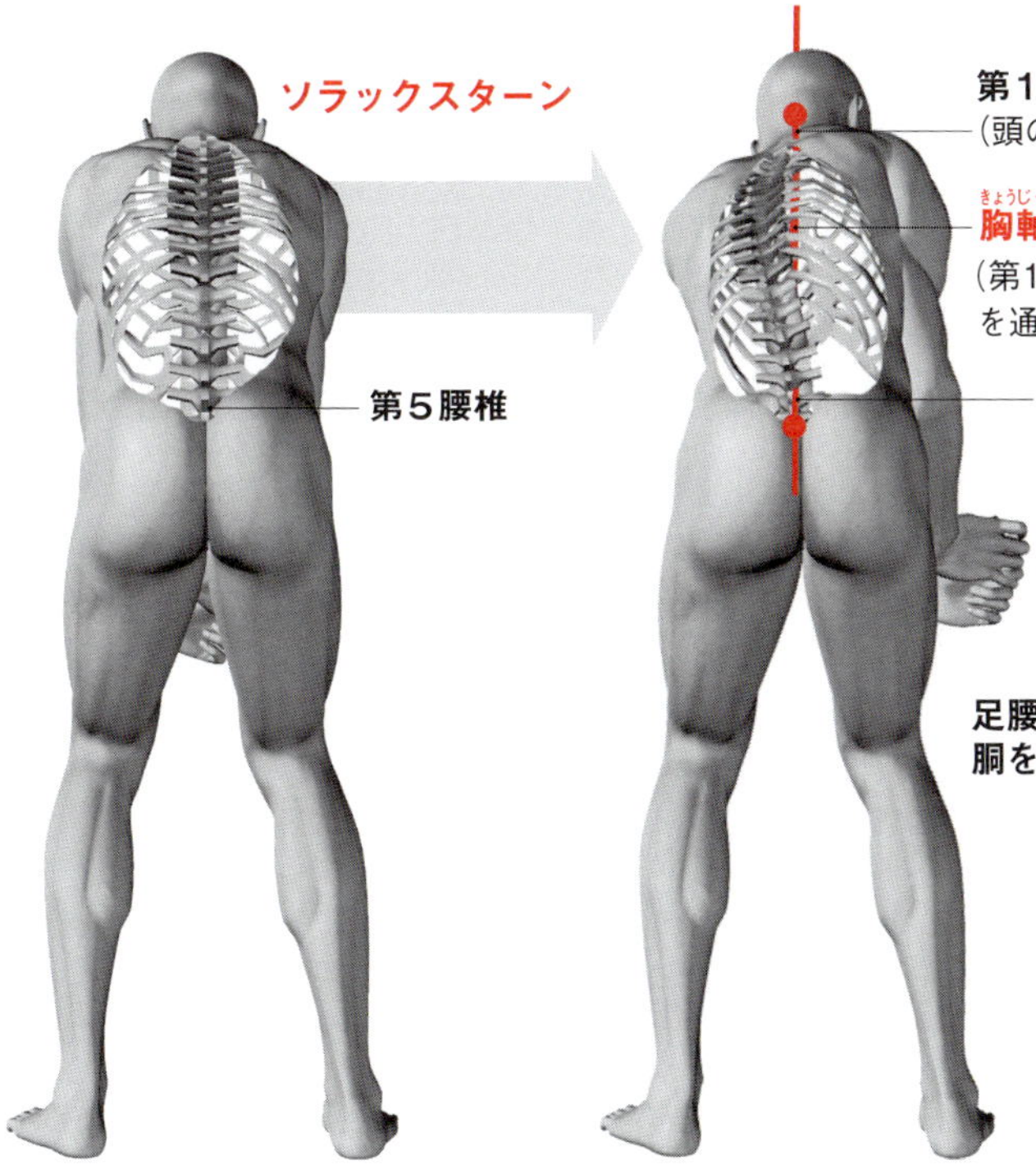
ソラックスターン
第5腰椎
第1頸椎
(頭の付け根)
胸軸《きょうじく》
(第1頸椎《けいつい》と第5腰椎
を通る直線)
第5腰椎《ようつい》
足腰を固定して
胴を捻る訓練

●頭の付け根を固定すると背骨や肋骨は、頭の付け根と第５腰椎を通る見えない直線を中心にまわりクラブヘッドは円弧の一部を描く
●この運動は筋肉量が多く、スウィングの主力にするべき運動だが作動範囲が意外に狭い
●その作動範囲の狭さを巧みに利用したのが、ピストンスナップと連動した二重増速回転構造（110頁）だ

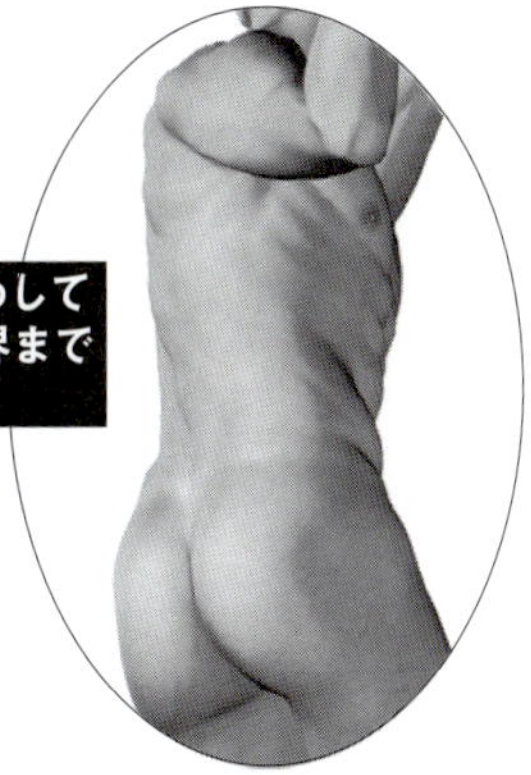
胸をまわして
胴を限界まで
捻る

胸の右回転に同調して両肩と「右手右肘《ひじ》」を一緒に上げる

フルスウィングでは図75のように胴を限界まで捻《ねじ》ります。

その時、上腕や肩（肩甲骨《けんこうこつ》）の力を抜いて左右の肩を上げるとともに、右手と右肘を一緒に上げ、尚且《なおか》つ三角形を極限まで崩し、左右の前腕をそれぞれ右へ捻らなければ、意図するスウィングプレーンにクラブは載《の》りません。

132頁《ページ》で述べたように、左腕を右手（右肘）で引っ張り、左腕の付け根（左肩）を、あごの下に入れるようにしながら（個人差大）、左肩甲骨や胴捻転《どうねんてん》の筋肉を限界までストレッチします。

すると、バックスウィングの終盤で、右ヒップターン逆転開始の力が即座にクラブヘッドに伝わります。

それはあたかも、玩具《がんぐ》の糸電話の糸に緩《ゆる》みがないと音が伝わることに似ています。

その「緩みのない状態」で右ヒップターン逆転を開始すると、バックスウィングで進行中のクラブヘッドは一瞬の静止状態になりますが、そのときすでに右ヒップターン逆転によるクラブヘッドの加速は始まっているのです（この状態が、いわゆるトップ）。

切り返しを手や腕で行うと、せっかくストレッチした左肩甲骨や胴の捻転に関わる筋肉が働いてしまい、ストレッチする前の状態に戻ってしまいます。

すると胸（体幹）は、手や腕に追随《ついずい》してまわるだけになり、手や腕の動きの反作用を支えているだけになります。

手や腕を追ってまわるだけの体幹《たいかん》（身体）には大きな荷重が掛からず、回転速度が速くなるので外見的には「ボディターンを豪快に行っている」ように見えますが、その体幹の筋肉は「使用済の状態」なので、インパクトゾーンで力を発揮できません。

図 75 胸の右回転がクラブを平面から引っ込める

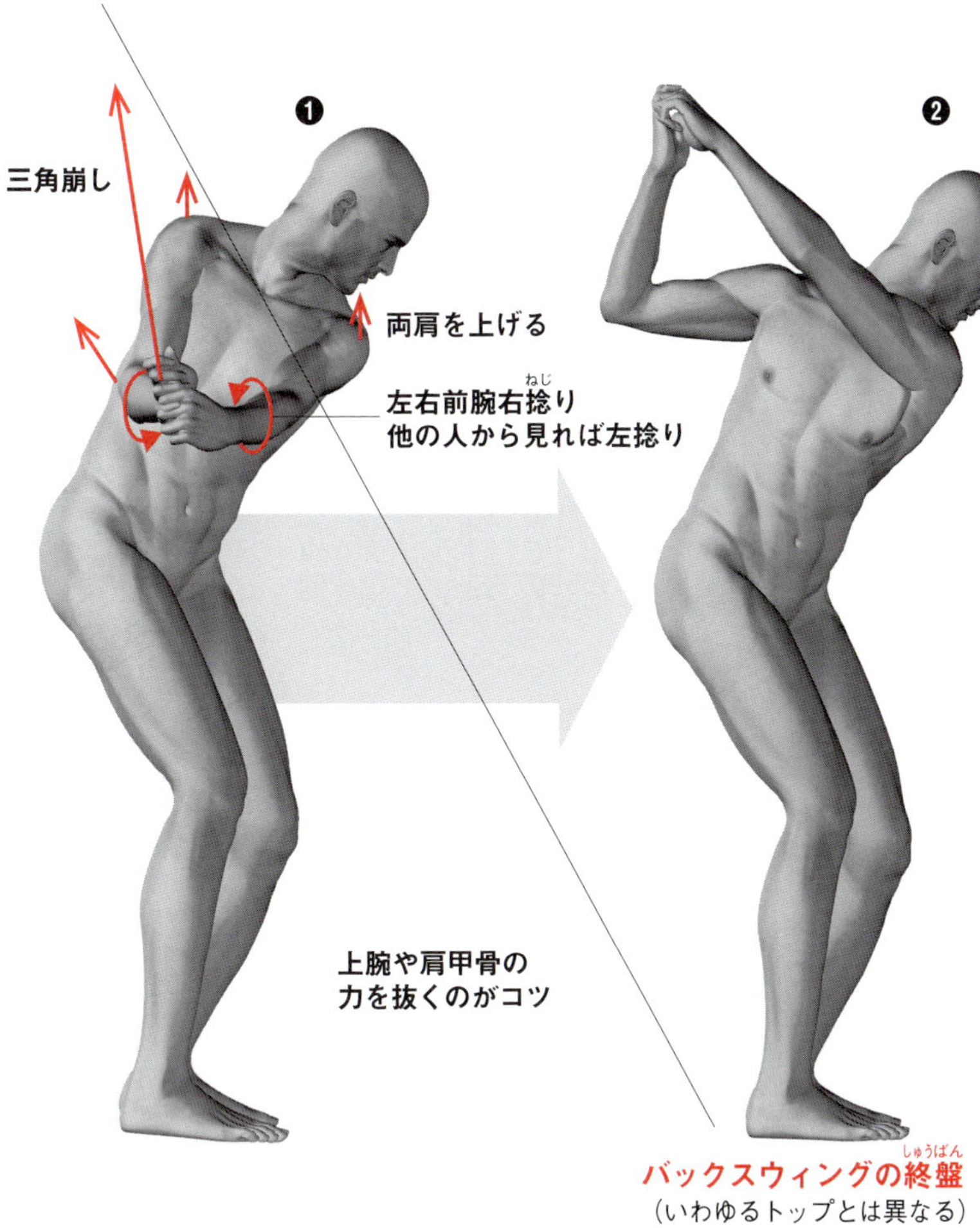
❶
❷
三角崩し
両肩を上げる
左右前腕右捻《ねじ》り
他の人から見れば左捻り
上腕や肩甲骨の
力を抜くのがコツ
バックスウィングの終盤《しゅうばん》
（いわゆるトップとは異なる）

胸の回転と共に両肩を上げ、右手・右肘を一緒に上げる。右前腕と左前腕をそれぞれ右に90度捻る。三角形を極限まで崩すとシャフト全体をオンプレーンにできる

右手と右肘を一緒に上げるフライングエルボーは合理そのもの。それがダウンスウィングで身体の回転の力を手やクラブに効率良く伝える（実験1で実証済）

真っ先に覚えたい、三つの「原動機《げんどうき》」

スウィングで真っ先に覚えるべきは、手や腕もろともに身体を回す「原動機」です。右ヒップターンとその逆転、左ヒップターン、ソラックスターンとその逆転が、それぞれ「原動機」となって身体を回転させ、肩や腕や手やクラブを「まるごと一緒に」動かし（まわし）ます。

バックスウィングで、まず最初に行う身体の回転は、右膝《ひざ》を右軸《うじく》に死守して行う右ヒップターンですから、左腰が必然的に下がり身体が斜めに傾きながらまわります。未経験の人は違和感があると思いますが、身体をしっかりと傾けながら、ソラックスターン（胸の回転）で胴を捻ります。

フォワードスウィングの開始は、身体の下の方から順次捻《ねじ》り戻さなければなりません（図76）。その際に、感覚的な節目（リズム）を作ります。

なぜなら、身体と手や腕をまるごと動かす（まわす）三つの原動機のそれぞれを、次々にタイミング良く起動しなければならないからです。

三つの原動機とはこの頁《ページ》の冒頭でも述べたように、④右ヒップターン逆転、⑤左ヒップターン、⑥ソラックスターン逆転の三つです（①②③は125頁）。

ところがほとんどの人が、それらを知らなかったり、あるいは忘れて、手や腕の動かし方にのみ没頭してしまうのです。

手や腕でクラブヘッドをボールの方へ動かしたつもりでも、身体の回転が手や腕やクラブを別の方向へ動かしてしまう。それが原因で、ダフリ、トップ、空振り、スライス、引っかけ、などになってしまうのです。

本書は物理学的なややこしい問題を避け、動作の詳細を極力日常用語で理解して頂き、上達できることを目指しています。

ところがそれだけでは、理由も知らずに示された動作を黙々と練習することになってしまう。

それでは、あなたご自身が許さないでしょう。ですから仕組みの概要を説明しているのです。

手や腕はクラブを機械的に一定方向へ動かすことは不可能です。なぜなら手や腕の動きには、身体の回転と異なり、右軸や左軸や胸軸《きょうじく》のように運動方向を規制する〝軸〟を設定できないからです。

一方、身体の回転は〝軸〟が意図しない方向へ機械的にクラブヘッドを進めてしまう。

ですからバックスウィングの終盤で切り返すそのときから〝手や腕〟でクラブヘッドを加速させながら軌道を整え、フェースがインパクトで目標方向を向くように誘導しなければならないのです。

④から⑦で手や腕が行うべきは「左右前腕を左へ捻る」「両肩を下ろし右小指を胸の中央前方に戻しながら右手と右肘を一緒に下ろす」「右小指を胸の中央前方に維持する拮抗《きっこう》運動」と「ピストンスナップ」です。

この中で忘れがちなのが右前腕と左前腕の捻り戻しと、スナップバックで平面（スウィングプレーン）へ上げた左手（左力点）を逆行する（下ろす）動作です。

図76 フォワードスウィングの節目《リズム》

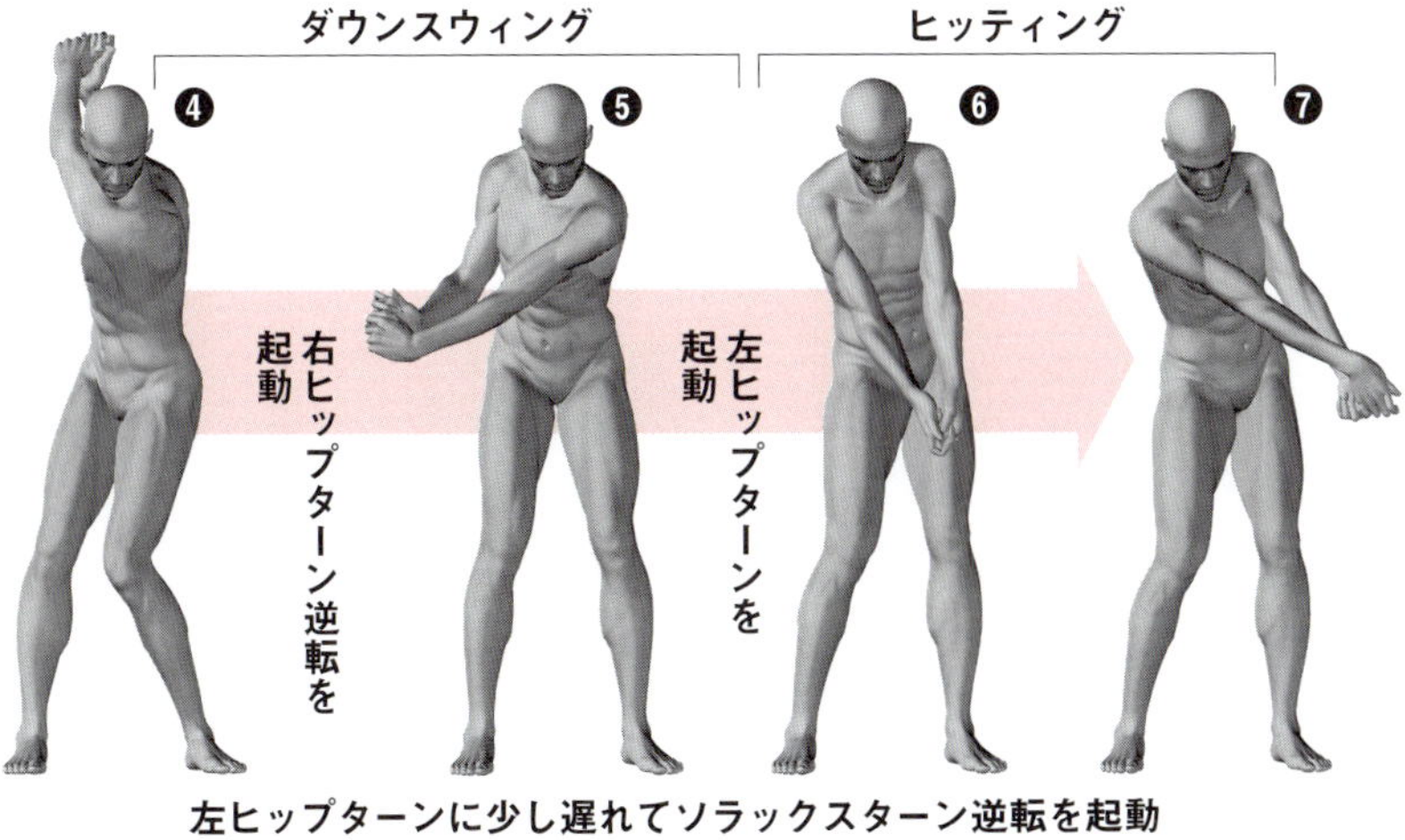
ダウンスウィング
ヒッティング
❹
❺
❻
❼
右ヒップターン逆転を起動
左ヒップターンを起動

左ヒップターンに少し遅れてソラックスターン逆転を起動

加速動作はバックスウィングの終盤にすでに始まっている

バックスウィングの終盤からは、右ヒップターン逆転の開始に一瞬遅れて、左右の前腕《ぜんわん》をそれぞれ左に捻《ねじ》りながら両肩と右手右肘を一緒に下ろします。

その時にバックスウィングで三角形を崩して右へずらした右小指を胸の中央前方へ戻して、その位置を維持し、右前腕とシャフトの直角も維持します。

維持することに気を奪われ忘れがちなのが、切り返しから行うべき左右前腕の45度左捻りです。

飛ばない人達は、切り返しで真っ先に手や腕の力を発揮してクラブヘッドを加速してしまいます。するとと、身体の回転は出番がなくなり、手や腕の動作につれてまわるだけになってしまうのです。

前にも述べましたが本来の加速は、バックスウィングの終盤で開始する右ヒップターン逆転（右膝《ひざ》下の一段と強い右捻りと腰を正面に戻す左膝戻し）から始まっています。これが切り返しであり、「切り返し専用の特別な動作」はありません。

これを厳密に述べると、バックスウィングが「終わりつつあるとき」に、すでに右ヒップターン逆転が始まっていることが望ましい（これも飛ばしの秘訣）。

右ヒップターン逆転で加速されたクラブヘッドはその速さで走り続けます。

続く左ヒップターン（右膝で右腰を左へまわす）の開始でクラブヘッドは更に加速されて走り続け、ソラックスターン逆転（胸の左回転）を開始してピストンスナップと共に、極限まで加速していきます。

右軸で身体（腰）を半分まわしてアドレスの位置へ戻すと最大の効率でクラブヘッドが加速され、残り半分を左軸《さじく》を支えにまわすと、クラブヘッドは再び最大の効率で加速されます。それを、そのつど確実にクラブヘッドに伝えなければなりません。

もし仮に、バックスウィングで捻った胴や、肩幅を狭めた肩甲骨《けんこうこつ》に緩《ゆる》みがあると左右二つの原動機が発揮する力が即座に手やクラブに伝わらないのです（この遊びがある状態を機械工場などでは「バックラッシュがある」といい、「リラックス」と異なるものです）。

　腰を正面（アドレスの位置）へ戻したときに、胸が右斜め前方に向いていてバックスウィングで十分に捻った胴を維持した状態でなければならない理由がそこにあるのです。

　ピストンスナップは、バックスウィングで十分に捻られた胴の捻り戻しを主力にして行われるべき二重増速回転構造の一部です（110頁）。

　手や腕は、身体の三つの原動機がそれぞれ勝手に描くクラブヘッドの軌道を受け入れて、その軌道を補いながらクラブヘッドを加速しなければならないのです。

　実質的な加速作業が終わった⑧から⑪に至るスウィングのフィニッシングも重要です（図77）。

　この区間で行う減速とリラックスの要領《ようりょう》を習得しなければ、ヒッティングゾーンで十分な加速運動を行えない可能性が高いうえにインパクトエリアの直線軌道も得にくいのです。

図77 フィニッシング

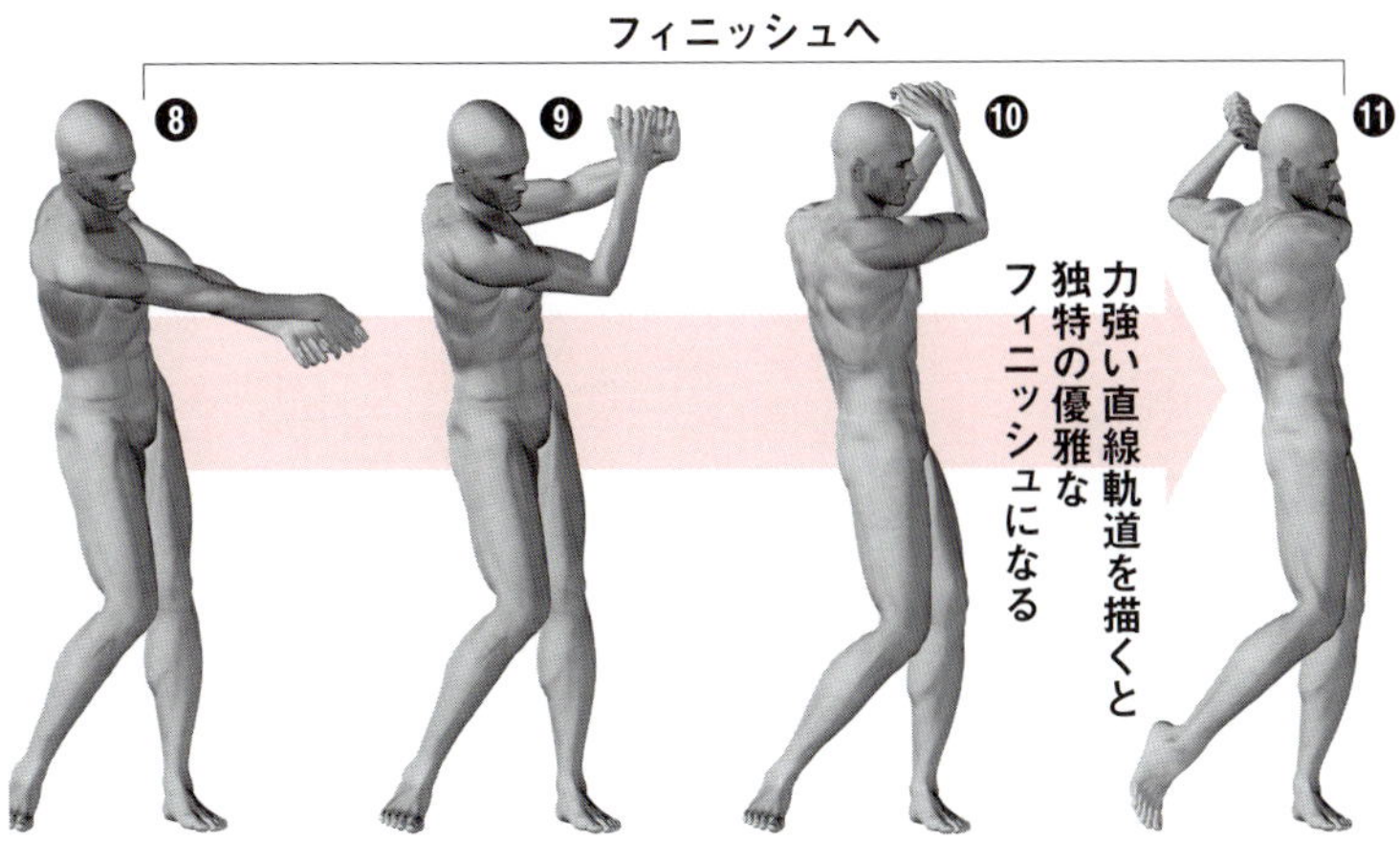
フィニッシュへ
8
9
10
11
力強い直線軌道を描くと
独特の優雅な
フィニッシュになる

第5章 フルスウィングとヒッティングの違い

ダウンスウィングの前半

ダウンスウィングでクラブヘッドを加速する身体の回転は前の頁で述べたように、下半身の左右の原動機の違いで前半と後半に分かれます（左図）。

前半とは、バックスウィングの終盤から左膝《ひざ》をアドレスの位置へ戻すまでの区間です。ここで身体を加速回転させる原動機が右ヒップターン逆転です。

後半とは、左膝をアドレスの位置へ戻した瞬間からソラックスターン逆転とピストンスナップを行う直前までの区間であり、ここで身体を回す原動機が左ヒップターンです。

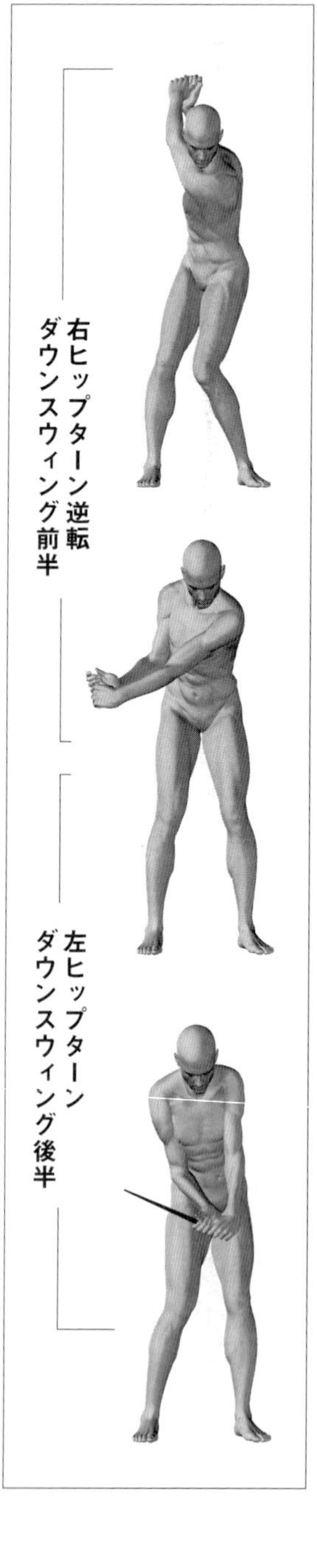

ここで忘れてはならないのは、バックスウィングの終盤にも飛ばしの潜在能力を引き出す業《わざ》が潜《ひそ》んでいるということです。

バックスウィングが終盤にさしかかるとき、左腕や左肩には自力では解決できない遊びがあります。それを解決するために、クラブヘッドがバックし続ける惰性も利用し、右手や右肘《ひじ》も手伝ってアドレス時の三角形を極限まで崩して、十分に深いバックスウィングの終盤を得なければなりません（132頁《ページ》）。

それを理解しなければ「飛ばしの潜在能力」を引き出すバックスウィングの終盤はできません。

バックスウィングで胴を限界まで捻り、左肩甲骨《けんこうこつ》の遊びをなくしたそのときに、右ヒップターン逆転による加速を開始していなければならないのです。

バックスウィングが終盤にさしかかったら、即座に右膝下を一段と強く右へ捻りながら左膝をアドレスの位置へ戻してクラブヘッドを加速します。

その初期が〝切り返し〟であり、右ヒップターン逆転の始まりです。

そのときに身体（体幹）が、バックスウィングで捻《ねじ》った胴をそのまま維持しながら左へまわった分だけ、胸や肩や腕や手がまわされ、その分だけクラブヘッドも加速されなければなりません。

右ヒップターン逆転で始まる〝切り返し〟の力が、149頁に示しているようにクラブを後方へ動かして平面から離脱させてしまうのですが、それは右軸《うじく》特有の働きによるものです。

その対策が、手や腕でクラブを平面の表側へ導く動作です。それは、右前腕とシャフトの直角を維持して、両肩を下ろしつつ左右の前腕を左に捻りながら右手右肘を一緒に下ろすことで行います。

平面の後方へ離脱する力と、前方へ導く力の両方でクラブヘッドが平面上を走るのです。

その際、**バックスウィングの終盤でクラブヘッドを真っ先に加速してダウンスウィングを開始するのが、「右膝下右捻り」と「左膝戻し」による右ヒップターン逆転だということを忘れないでください。**

それに合わせて手や腕で反対特性の軌道、つまり〝上まわり軌道〟を描くことでクラブヘッドを「平面上」で走る事を可能にするのですが、真っ先に習得しなければならないのは右ヒップターンとその逆転です。

ところが、バックスウィングの終盤で右ヒップターン逆転によって切り返し、ダウンスウィングへ移行することは想像以上に難しいことなのです。

なぜなら、切り返そうと思った瞬間には、すでに手が勝手に切り返しを始めてしまう。どうあがいても手が先に動いてしまう。それを克服するには反復特訓が必要になります（106頁）。

その反復特訓により、脳の複数のシナプス（運動信号を送受する端子《たんし》）が互いに手を伸ばして連絡したとき、手が勝手に動くことはなくなります。シナプスが手を伸ばしあって繋がるのには、ある程度の時間がかかるのです。

右ヒップターン逆転は、複数の動作を集約した名称です（図78）。

「頭の付け根を動かさない」

「右軸に合わせた右膝の位置を死守する」

「右膝下を一段と強く右捻り」

「左膝をアドレスの位置へ戻す」

「胴や腕や手を介してクラブヘッドを加速する」

などです。

一つひとつの動作を反復特訓することで、シナプスを繋げていってください。

「クラブを立てる」本当の意味

バックスウィング終盤で即座に右ヒップターン逆転を開始してクラブヘッドを加速しなければなりません。

その力がクラブヘッドを図79に示した赤い矢印の方向へ動かしてクラブを平面から後方へ離脱させてしまいます。そのまま手を下ろすとクラブが寝た悪い状態の「振り遅れの形」（左図）になってしまう。

クラブが寝るとは、クラブが身体の右側へ振り出

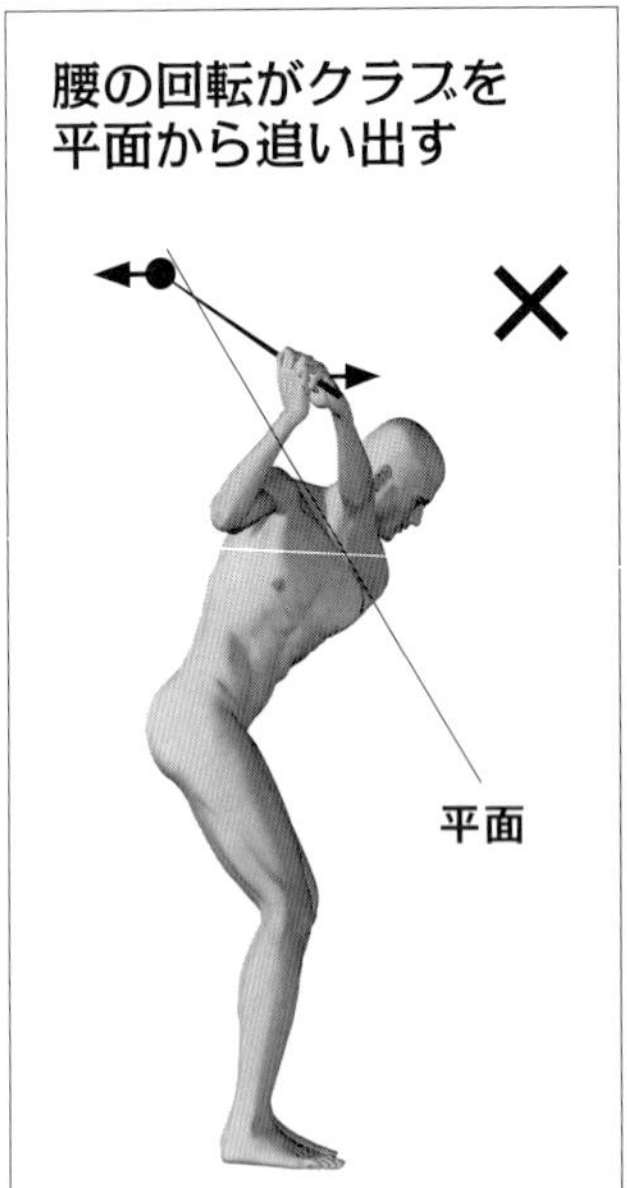

腰の回転がクラブを
平面から追い出す
×
平面

図 78　下肢《かし》の動作で切り返す

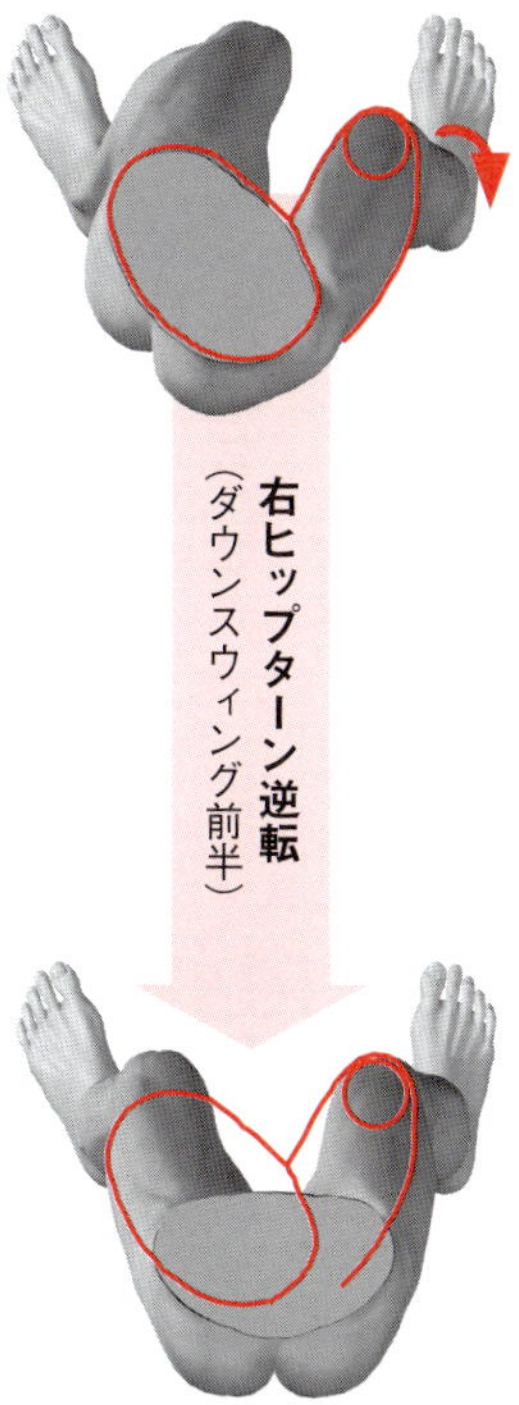

腰の回転（45型）
右ヒップターン逆転
（ダウンスウィング前半）
アドレスの位置へ
戻した状態

この右ヒップターン逆転がクラブヘッドを最初に加速する主力。この複合動作を徹底的に正確に習得する必要がある

右ヒップターン逆転（腰の左回転）

左腰を「左膝戻《ひざもどし》し」でアドレスの位置へ戻す

「右膝下右捻り」を一段と強く右に捻りながら左膝をアドレスの位置へ戻して腰を正面に向ける

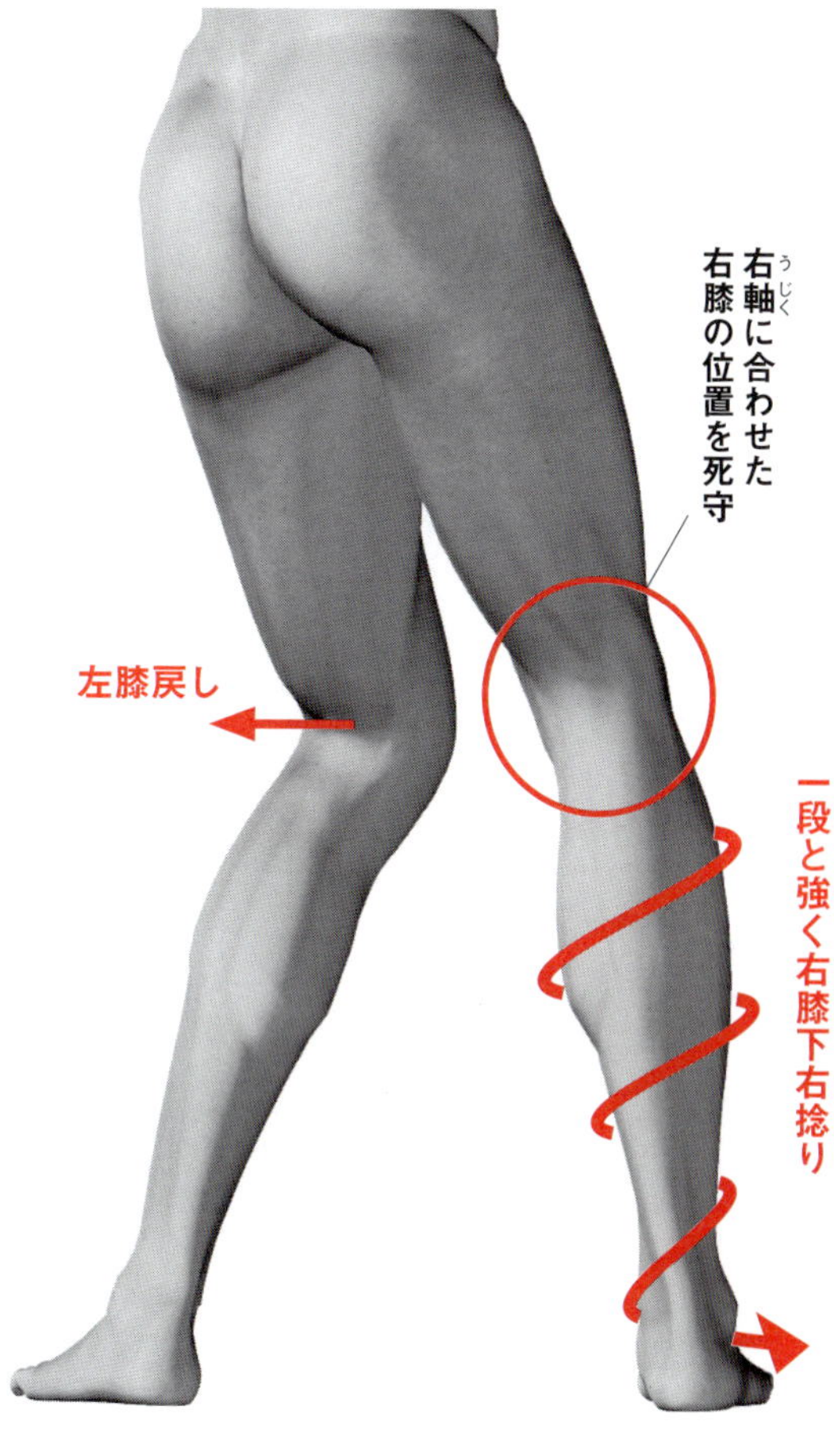

右《う》軸《じく》に合わせた右膝の位置を死守
左膝戻し
一段と強く右膝下右捻り

されて横になる悪い状態です。

その反対語が「クラブが立つ」「クラブを立てる」であり、それは良い状態です。

ですから、右ヒップターン逆転で切り返す瞬間から、右前腕《ぜんわん》とシャフトの直角を維持して左右の前腕を各々左に捻り戻しつつクラブを立てながら両肩と右手右肘を一緒に下ろさなければなりません。それはクラブを最短距離で下ろす感じです（下図）。


この「クラブを立てる」動きが、シャフト全体をオンプレーンに保ち、クラブヘッドがクラブフェース（打面）を先頭にして走るプラス（＋）の加速（64頁）を生み出します。


クラブを立てるためには左右の前腕を「それぞれ」左に捻り戻すのですが、そのためには右手と左手が「それぞれ」異なる動きをしなければなりません。それを可能にするのが、44頁のパーフェクト・グリップです。

左右の手がズレなければ平面上でクラブシャフト全体を走らせることは困難です。クラブを「握る」と、クラブヘッドが平面上を走り続けようとする慣性を阻害してしまいます。

左右の前腕をそれぞれ左に捻り戻す動作は、手が腰の高さへ下りるまでに45度です。その効果の一端がプラス（＋）方向の加速（64頁）となって現れるのです（左図）。

参考図　クラブを立ててオンプレーン

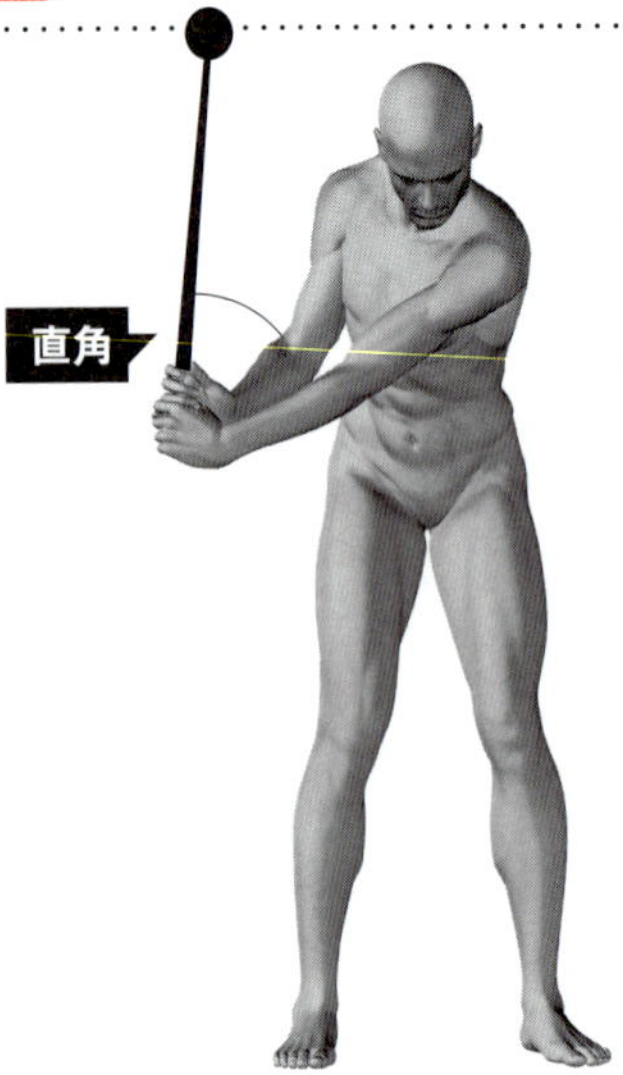

クラブを立てながらクラブシャフト全体を平面上の最短距離で下ろす。その際、左右の手がズレて良い

図 79　右ヒップターン逆転の功罪

**切り返す身体（腰）の回転がクラブヘッドを平面から後方へ離脱させてしまう。
その対策が「クラブを立てる」なのだ**

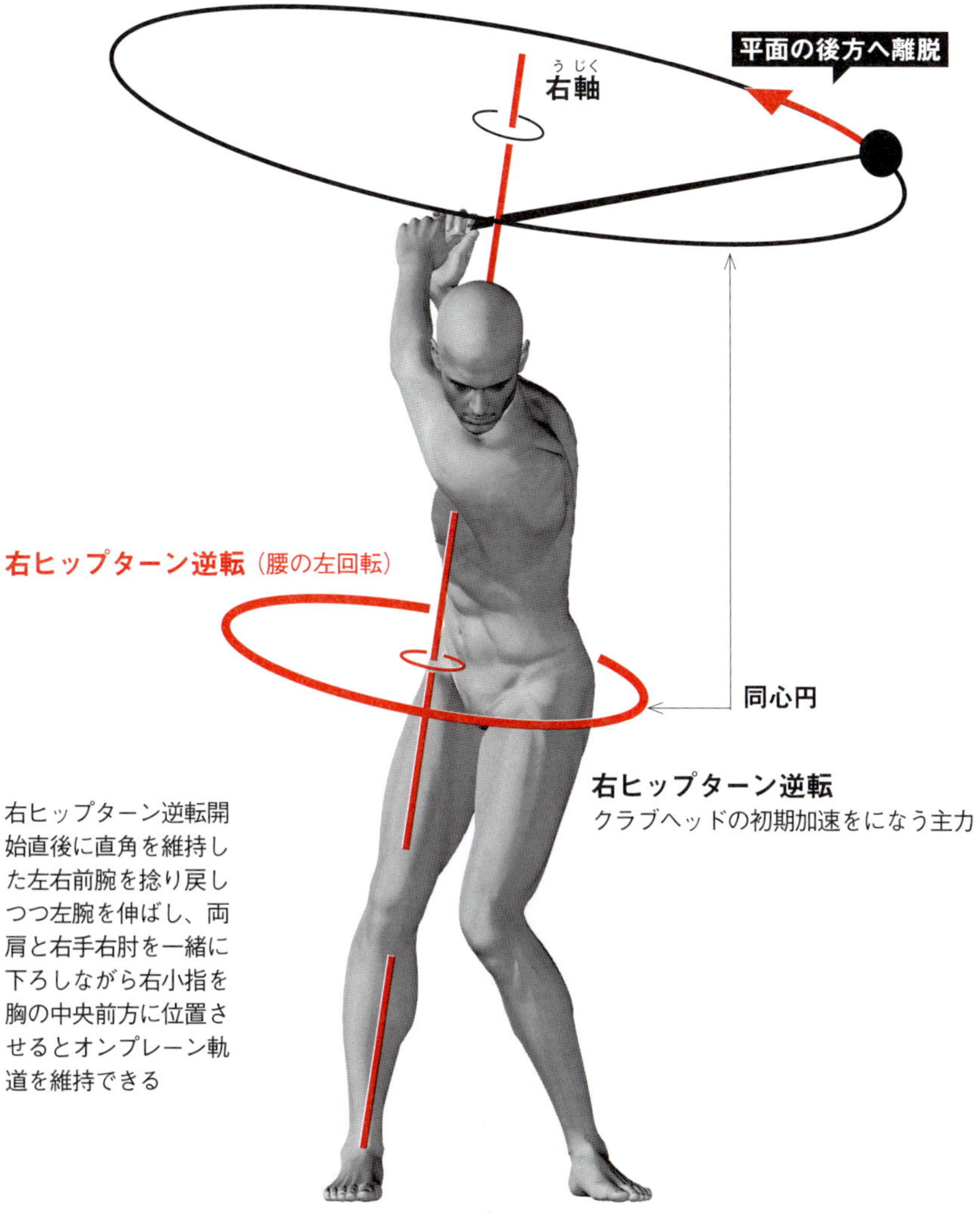
平面の後方へ離脱
右軸《うじく》
右ヒップターン逆転（腰の左回転）
同心円
右ヒップターン逆転
クラブヘッドの初期加速をになう主力
右ヒップターン逆転開始直後に直角を維持した左右前腕を捻り戻しつつ左腕を伸ばし、両肩と右手右肘を一緒に下ろしながら右小指を胸の中央前方に位置させるとオンプレーン軌道を維持できる

オンプレーンの状態を作るコツ

ダウンスウィング前半のクラブ操作は、シャフトをオンプレーンに保ちクラブヘッドを加速させるために欠かせない動作です。図を見ながらもう一度、確認してみましょう。

右ヒップターン逆転がクラブヘッドを加速する力は、グリップをスウィングプレーンの前方へ離脱させ、クラブヘッドを後方へ離脱させて悪い状態にします（146頁×印の図）。ですから、右ヒップターン逆転による加速開始を合図（引《ひ》き金《がね》）に、左右の前腕を左へ捻りながら直角を維持して、両肩と右手右肘《ひじ》を下ろさなければならないのです。

この場面で最も重要なことは

●クラブシャフト全体をオンプレーンで進める

●直角を維持する（ピストンスナップを行える形を維持）

であり、加速の主力は右ヒップターン逆転に委ねざるを得ないのです。その結果で図80②にしなければなりません。

②の右肘は胴へ向いているように見えますが、胴に向けると右ヒップターン逆転の力をクラブに伝えにくくなって飛距離をそこない、スライスも直りません。

スウィングプレーンをイメージしてクラブを操作できれば良いのですがそれは見えません。

以下はその対策です。

右ヒップターン逆転を行う際に、○印のイラストのように、左腕を伸ばして右小指を胸の中央前方に戻します。

すると右ヒップターン逆転がクラブシャフト全体をオンプレーンの状態の②にしてくれます。

右ヒップターン逆転がグリップを平面の前方へ押し出し、クラブヘッドを平面の後方へ押し出すことを、あらかじめ計算に入れて右手右肘を下ろすというわけです。

慣れてくると、左手をボールめがけて下ろすだけで、クラブシャフト全体が平面上を走ります。

図 80 ダウンスウィング前半のクラブ操作

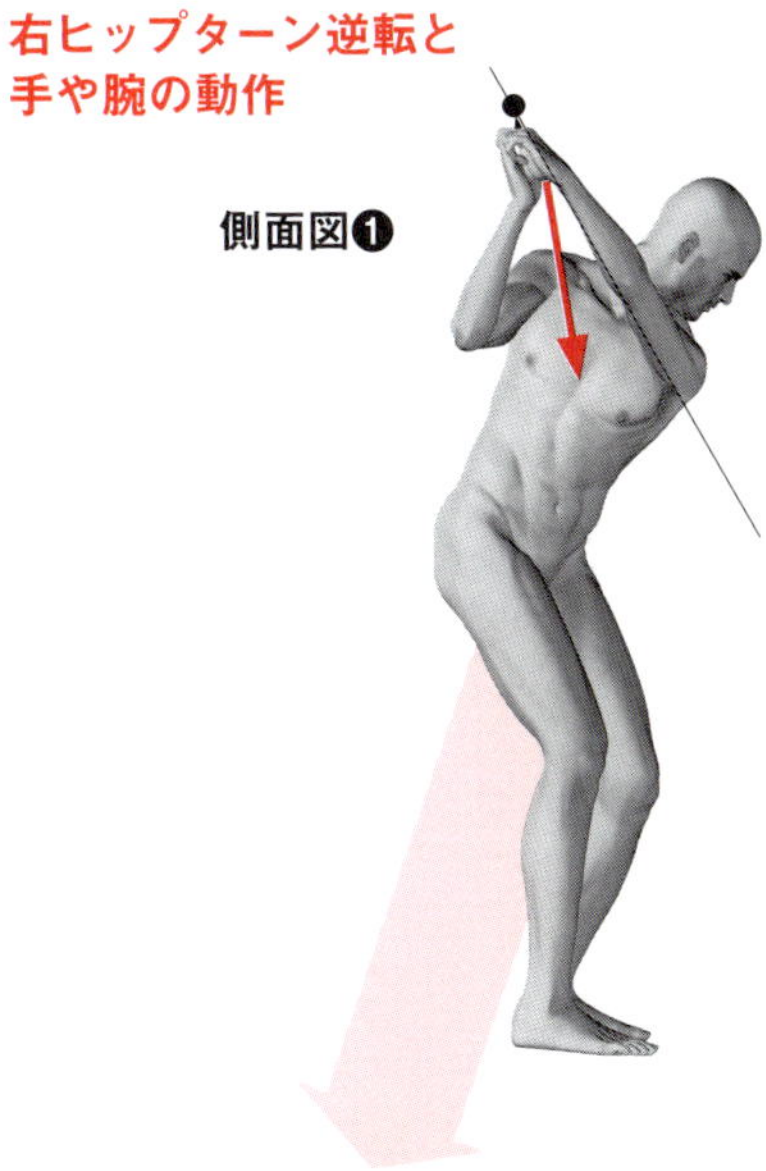
右ヒップターン逆転と
手や腕の動作
側面図❶

右ヒップターン逆転とアームアクション（両前腕をそれぞれ左に 45 度捻り、右小指を胸の中央前方に下ろす）の両方で❷のオンプレーンが可能となる。「右手右肘」は左腕を伸ばして肩と一緒に下ろさなければならない

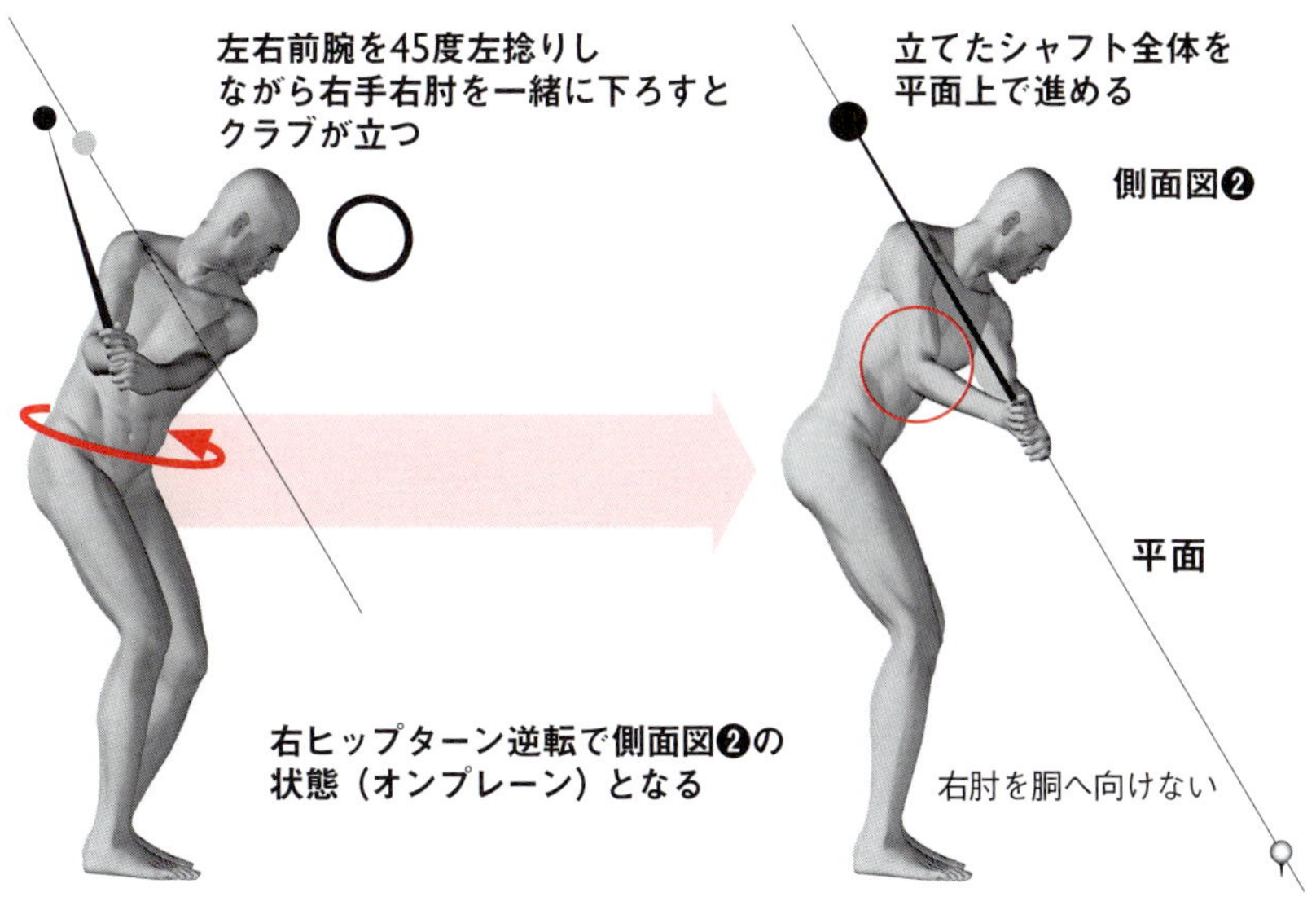
左右前腕を45度左捻りし
ながら右手右肘を一緒に下ろすと
クラブが立つ
立てたシャフト全体を
平面上で進める
側面図❷
平面
右ヒップターン逆転で側面図❷の
状態（オンプレーン）となる
右肘を胴へ向けない

切り返しから左右前腕左捻り

ダウンスウィングでは、スウィング軌道（スウィングアーク）を最小にすることも重要です（図81Ⓑ）。

右ヒップターン逆転の開始を合図に、左右前腕《ぜんわん》をそれぞれ左に捻《ねじ》り戻しながら、右前腕とクラブシャフトの直角を維持して、右手の小指を胸の中央前方に戻すべく下図ⓓのように両肩と右手右肘《ひじ》を一緒に下ろします。

するとクラブシャフトが立って首からあまり遠くならずに下りてきます（154頁《ページ》）。

この動きができれば、クラブが遠心力で右側へ振り出されることを阻止しながら、クラブシャフト全体を最小のスウィングアークで進めることができます（図81Ⓑ）。

右手小指をⓓ（図81Ⓐ）の動きで胸の中央前方に下ろすと、右ヒップターン逆転ⓚの働きで、クラブはオンプレーンの位置へ進みます。これが、クラブが立ち、ダウンスウィングの弧（軌道）が小さくなる仕組みです（新

図81-Ⓐ 切り返しでクラブを立て始める

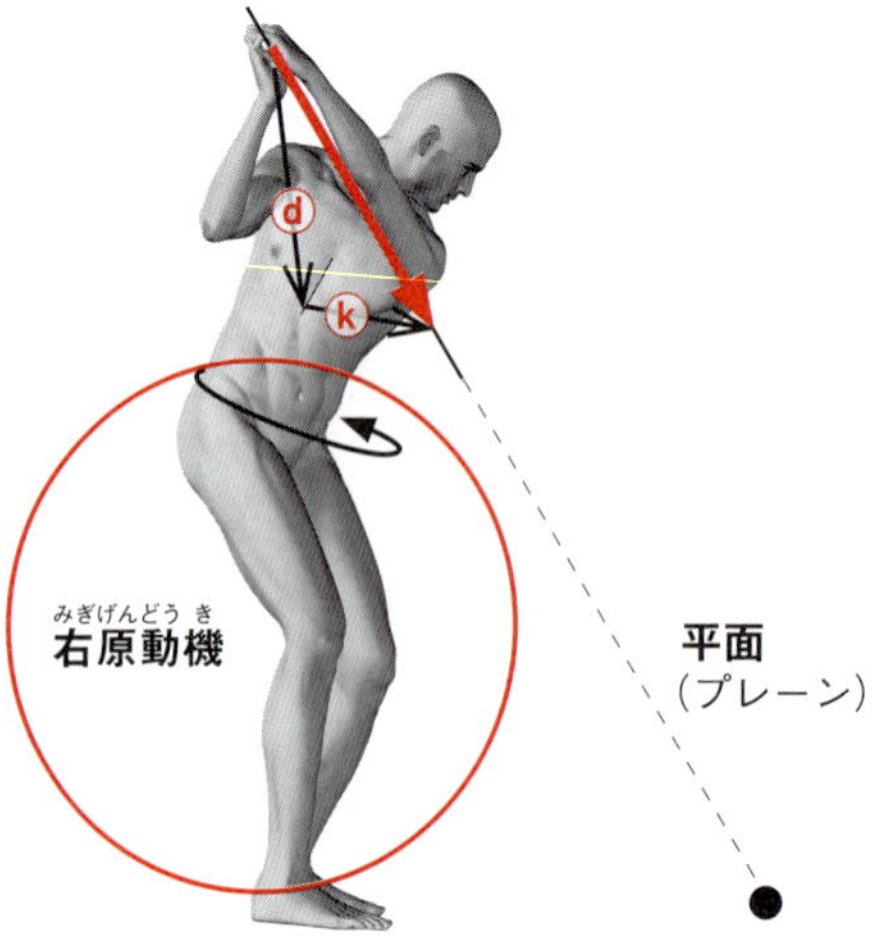

- 右ヒップターン逆転で加速しながら、左右前腕を45度左捻り。それはクラブフェースを閉じ続ける作業の始まりで、身体の回転がクラブフェースを開き続けることに対処したもの
- 右前腕とシャフトの直角を維持して左右前腕を45度左捻りしつつ、右小指が胸の中央前方に来るように右手と右肘を一緒に下ろすⓓ
- 下ろしたときの右肘は身体の右後方へ向ける。その際、左右の手が「ズレ」なければクラブをオンプレーンにできない

解析：下のスウィングアークのイラスト）。

この仕組みを知らずに左手をボールめがけて下ろすと、アウト・インの軌道になって右へ向いて左へ打つことになりかねません。

クラブを右側へ進めずに立てながら下ろす感覚には違和感があると思われますが目を見張るような一発の長打が違和感を消し去ります（身体の回転先行と、右小指を胸の中央前方に維持する拮抗《きっこう》運動が重要）。

ゴルフを難しくしてしまう第一の原因は、バックスウィングの終盤でクラブヘッドを手で加速してしまうことにあります。それは身体の仕事を奪っているのです。

第二の原因は手が身体の近くを通ることです。その原因は、腕振り手打ちのなごりです。

軌道を最小にし、しかも手が身体の近くを通らないダウンスウィングを行うためには、右ヒップターン逆転で腰を正面に戻しながら、両肩と右手右肘を下げつつ左右前腕左捻りを行い、シャフト全体をオンプレーンで進める必要があります（図81Ⓑ）。

図81-Ⓑ シャフト全体をオンプレーン

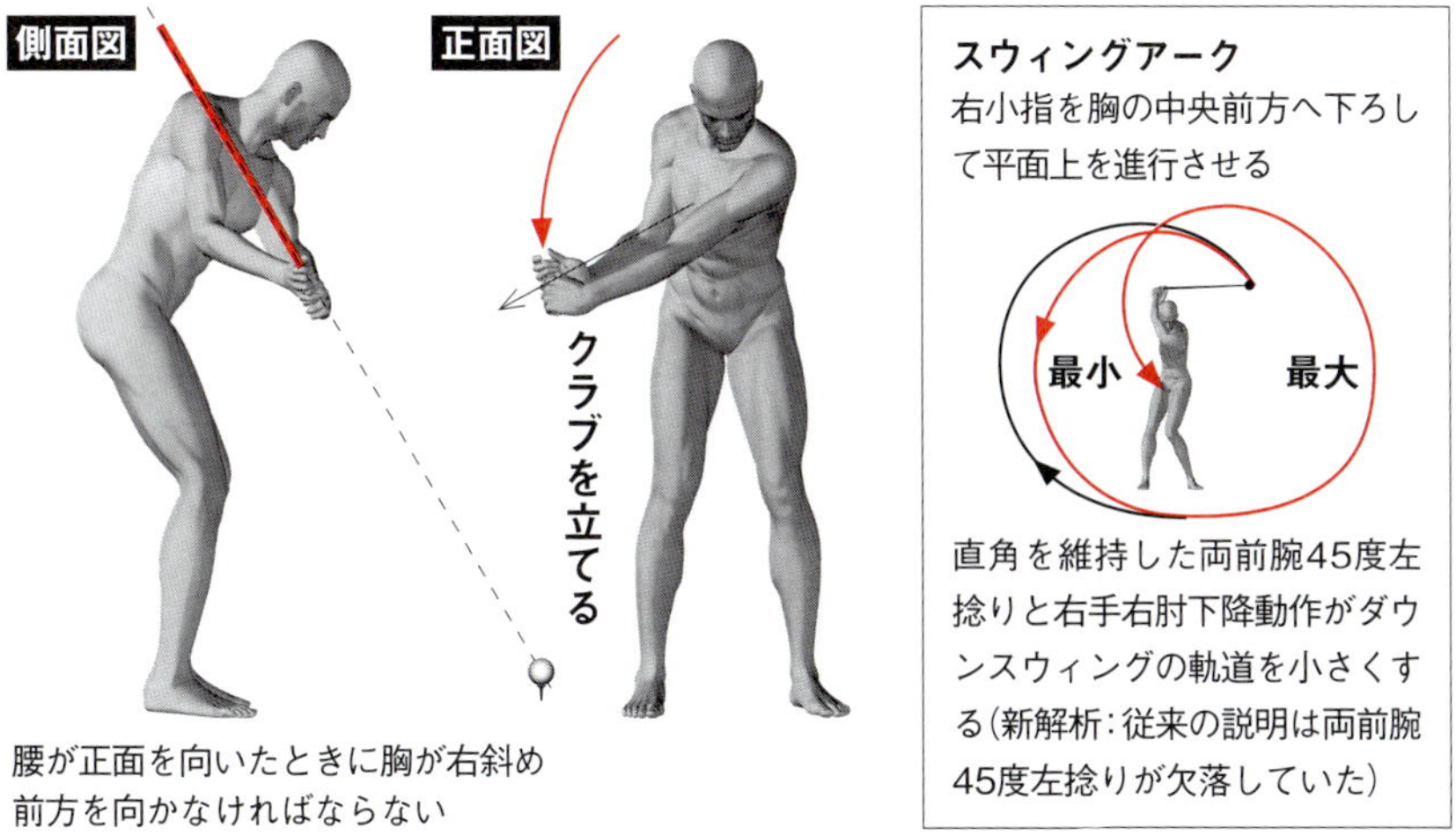
側面図
正面図
クラブを立てる
腰が正面を向いたときに胸が右斜め前方を向かなければならない
スウィングアーク
右小指を胸の中央前方へ下ろして平面上を進行させる
最小
最大
直角を維持した両前腕45度左捻りと右手右肘下降動作がダウンスウィングの軌道を小さくする（新解析：従来の説明は両前腕45度左捻りが欠落していた）

切り返しは右ヒップターン逆転で開始

切り返しで重要なのはクラブシャフトを立てる左右前腕《ぜんわん》の働きですが、その前に、真っ先に行うべきは「右膝下を一段と強く右へ捻《ねじ》る加速動作ⓐ（図82①）」です。それとほとんど同時に「左膝をアドレスの位置へ戻すⓑ」を行います。

その際にバックスウィングで上げた両肩を①から②にいたる過程で下ろしつつ左右前腕左捻りを行います。それも加速動作の一端《いったん》です。

切り返しから右手の小指を戻す「胸の中央前方」は、右ヒップターン逆転とともに刻々と左へ移ります。下の図の③以降は、スウィングプレーンからクラブが外れないように、なおかつ右小指を常に胸の中央前方に死守（拮抗《きっこう》運動）しなければなりません。

実際にスウィングしてみると、グリップが意外に身体から遠い位置を通ることに驚くことでしょう。クラブをオンプレーンの状態に保つ左右前腕左捻

図82【正面図】 切り返しからクラブを立て始める

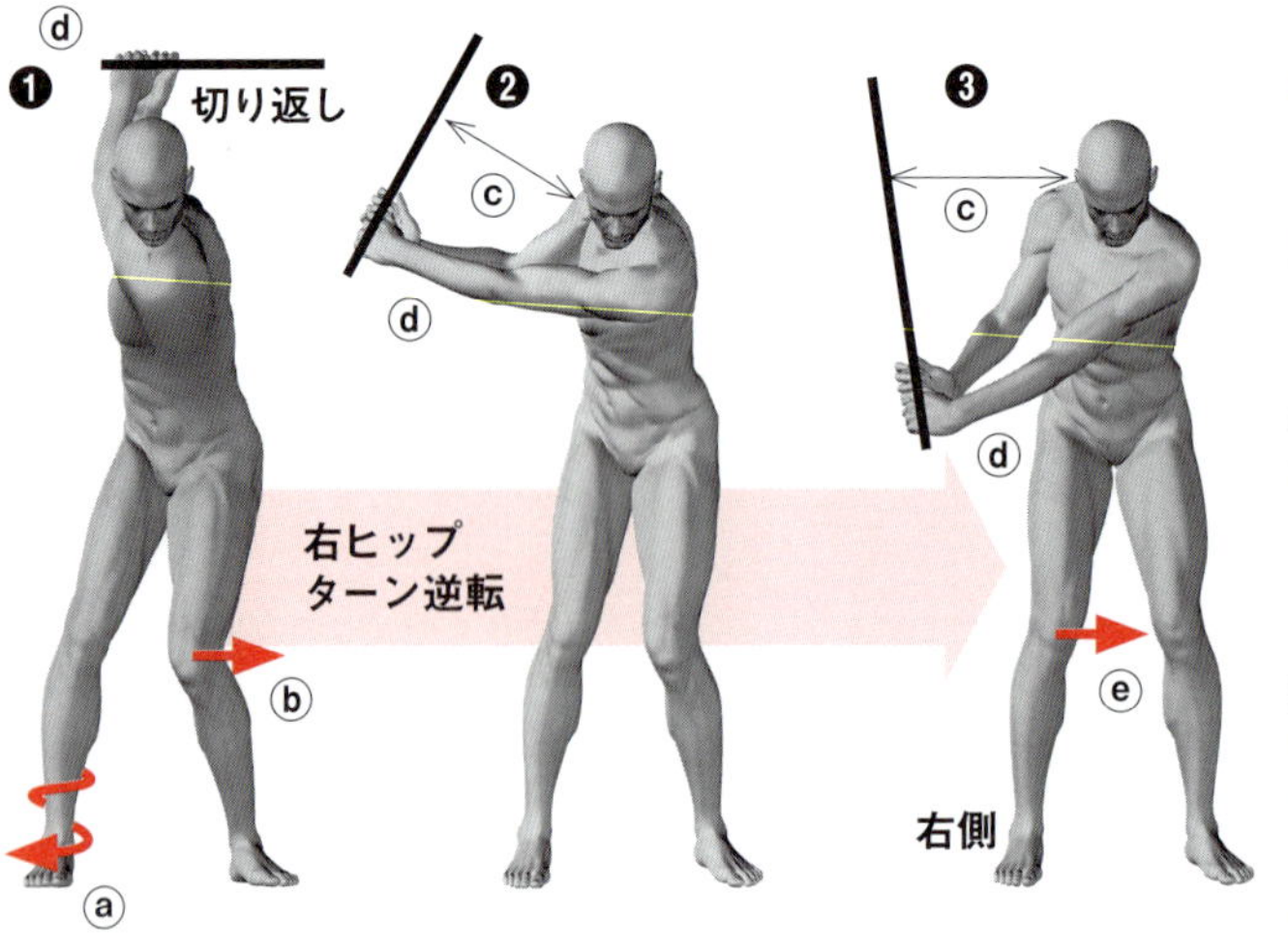

右ヒップターン逆転に合わせて両肩と「右手右肘」を下ろしながら両前腕を45度左へ捻る。その際、左手を平面上で進めて右小指を胸の中央前方に戻す（図のd）。ここまでがダウンスウィングの前半。ここから、左ヒップターン（157頁の図83）が始まり、ダウンスウィング後半となる

りは「加速行為《こうい》」であり、その左捻りの働きには、クラブシャフトと首の間隔ⓒがあまり広がらないという効果もあります（クラブが立つ）。

捻り戻しを忘れるとクラブが身体の右側へ振り出されてしまい、振り遅れの状態になるし、打面が開きます。

これが打球が右へ曲がるスライスの大きな原因となります。

③までに右ヒップターン逆転で腰をアドレスの位置へ戻しますが、それは身体（腰）を回し続ける通過点であり、右膝のⓔの動きで身体（腰）を回し続けなければなりません。それが左ヒップターンです。

③の側面図（下）に示したⓕは左手が身体から遠い事を示しています。

ここからは、左ヒップターンへと続きます。

図82【側面図】 スウィングプレーン上の左手は遠い位置にある

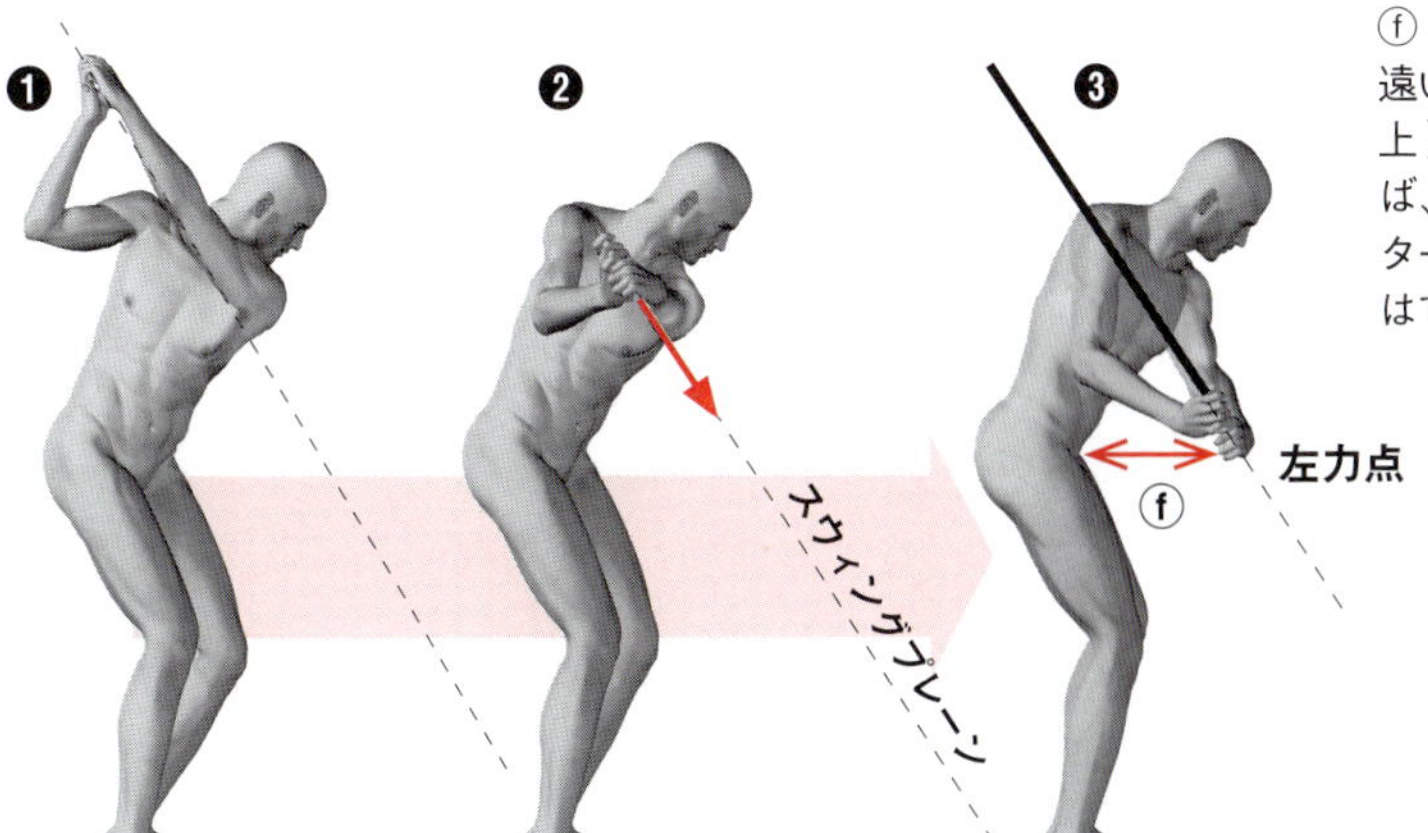

ⓕ「左力点」が遠い位置（平面上）になければ、左力点のUターン（102頁）はできない

フルスウィングの左ヒップターンは突然、止まってしまう

フルスウィングの左ヒップターンは、第4章の左ヒップターン（92頁《ページ》）と少しおもむきが異なります。

右ヒップターン逆転で腰がアドレスの位置へ戻った図83の①から②へ、右膝《ひざ》を左前方へ動かして身体を滑らかにまわし続けると腰が左に開きます。これが左ヒップターンの前半です。

ところが、②③④では下半身をまわし続けようと思っていても、図のように下半身（腰）の動きが止まってしまう。なぜなら、②でソラックスターン逆転を始めると、その反作用で腰の回転（下半身の回転）は止められてしまうからです。

ヒッティングのときには、腰と胸を一体にして身体をまわし、左ヒップターンをインパクトゾーンの加速終了の位置まで行えばそれで良かったのです。

しかし、フルスウィングの場合は、左ヒップターンで②のように腰がまわって少し開いたときから、胴を捻《ねじ》り戻して胸をまわし（ソラックスターン逆転）、強い捻り戻しの力で思い切ってクラブを加速しなければなりません。

すると、左ヒップターンは力を抜いていないにもかかわらず止まってしまうのです。

このときの腰がまわる様子は、人によってさまざまです。腰がゆっくりとまわり続ける、腰の回転が止まる、腰が少し逆回転する、などです。

これらは意識的にコントロールできるものではなさそうです。ここでいえることは、実際に腰はまわらなくても左ヒップターンを行う力を抜いてはいけない、ということです。

ソラックスターン逆転で胸が少し左へ開いたときに、ソラックスターン逆転とピストンスナップのコラボレーションでクラブヘッドを加速しますが、その加速が終わったとたんに反作用の力が無くなり、腰が急に左へまわりだします。その後の左ヒップターンはフィニッシュまで柔らかく滑らかに続けます。

図 83 左ヒップターンはフィニッシュまで働く

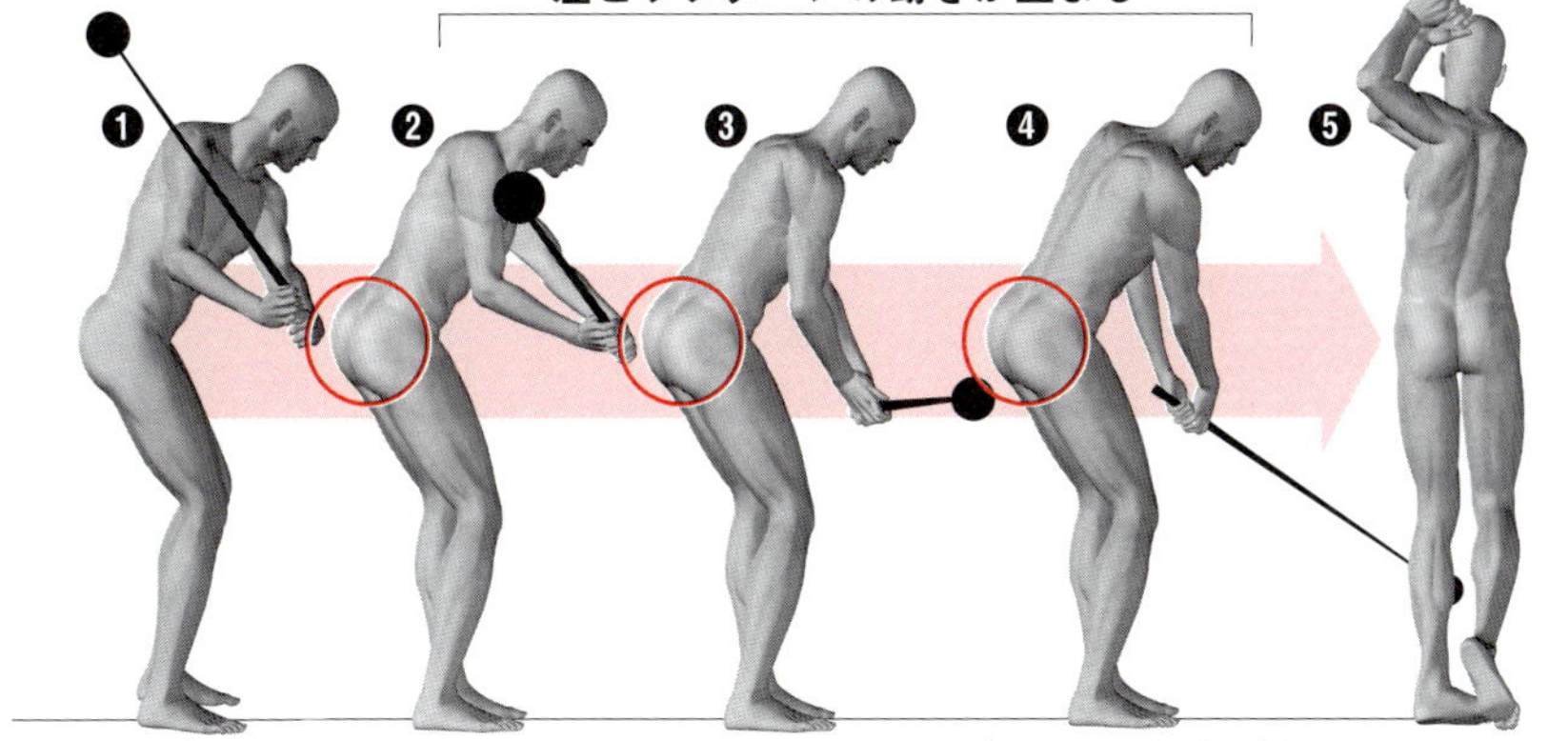
右ヒップターン
逆転終了
左ヒップターンは不可思議な動きをする
左ヒップターンの動きが止まる

右ヒップターン逆転で腰が正面に向いた状態

ソラックスターン逆転がクラブヘッドを加速し始めると、左ヒップターンの動きは急に止まる運命

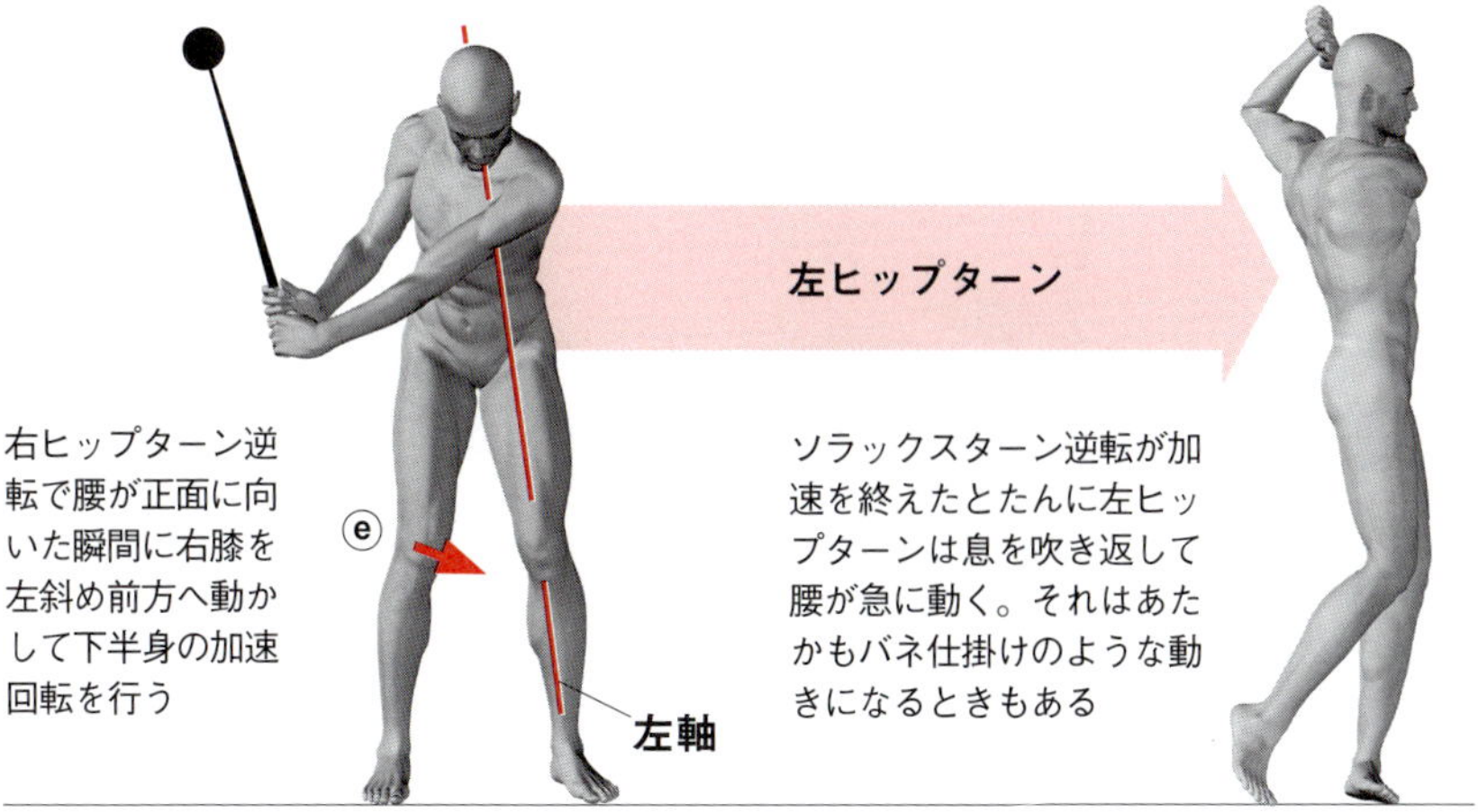
❶の正面図
❺の正面図

右ヒップターン逆転で腰が正面に向いた瞬間に右膝を左斜め前方へ動かして下半身の加速回転を行う

ソラックスターン逆転が加速を終えたとたんに左ヒップターンは息を吹き返して腰が急に動く。それはあたかもバネ仕掛けのような動きになるときもある

フルスウィングの中枢《ちゅうすう》はヒッティング

切り返しを右ヒップターン逆転で行い、加速しながら右小指を胸の中央前方へ下ろせば、ダウンスウィングの前半は終了です（図84）。そのとき「胸の中央前方」は図のように右斜め前方を向き、腰は正面を向いていなければなりません。注意したいのは、ダウンスウィングで遠心力により勢いが付いたクラブが、右前腕とシャフトで作る直角を広げようとすることです。その遠心力に逆らって「ピストンスナップ」を開始できる図85のハンドファーストの形にしなければなりません。**ここで重要な事は、ダウンスウィングを右ヒップターン逆転で開始して、腰を正面に向けるまでに「両肩と右手右肘《ひじ》を下ろす動作」で右小指を胸の中央前方に進め、その位置を維持することです。**

腰が正面に向いたら左ヒップターンを行いながらソラックスターン逆転（胸の左回転）の初期に左力点を左肩で引き寄せると、自ずと図85のハンドファー

図 84　右小指を胸の中央前方に下ろせば ダウンスウィング前半終了

右前腕とシャフトが作る「直角」を維持

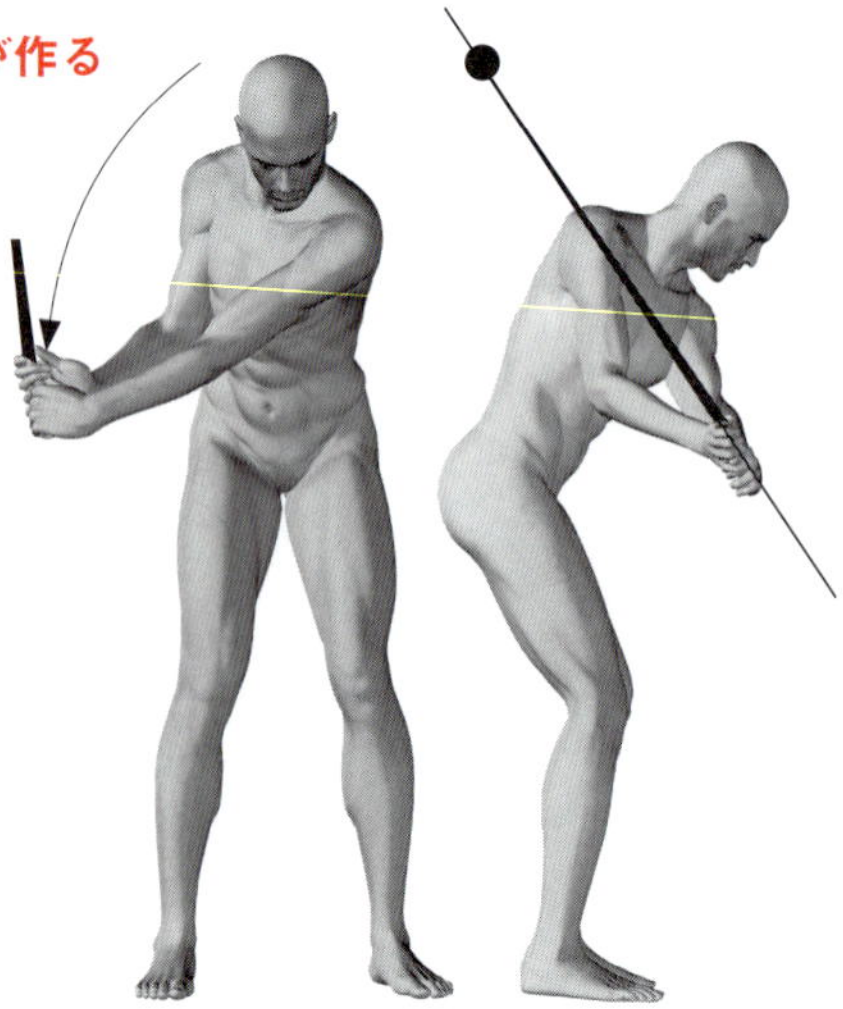

右ヒップターン逆転終了までに右手右肘を下ろしつつ右小指を胸の中央前方へ進める。その際に左右前腕左捻り

左手は平面上にあって身体から遠い位置。そのときの右小指は胸の中央前方

ストの形が現れます。それは左力点をUターンさせるための準備であり、ピストンスナップを行う準備ができた形です。多くの人はここまで待てず、分水《ぶんすい》嶺《れい》（左軸《さじく》）を越えずに手で打ちに行ってしまう。

本来ダウンスウィングでクラブヘッドを加速する主力は右ヒップターン逆転と左ヒップターンであり、下肢の動作をしっかり練習する必要があるのです。

図85以降は左ヒップターンを緩《ゆる》めずに胸を左へまわすことでクラブヘッドを加速しながら、ピストンスナップを行います。ピストンスナップを開始するタイミングは胸が少し左へ開きかけたときです。

分水嶺（左軸）を越えた図85からは、左肩を上げながら背後へまわしつつピストンスナップを行います。その右力点の動きは15㎝ほど、左力点が５㎝ほどのわずかなものです。これに左力点を引き寄せる動きが加われば「クラブヘッドを加速する手や腕の動作のすべて」です。その15㎝と５㎝でクラブヘッドは約３ｍも走ります。

図 85 ダウンスウィング後半終了。ここからピストンスナップ開始

ハンドファーストの位置と形が重要

ダウンスウィング後半では左ヒップターンが左力点を分水嶺（左軸）の左側へ進める。このあと左力点をハンドダウンの位置へ戻してピストンスナップを開始する

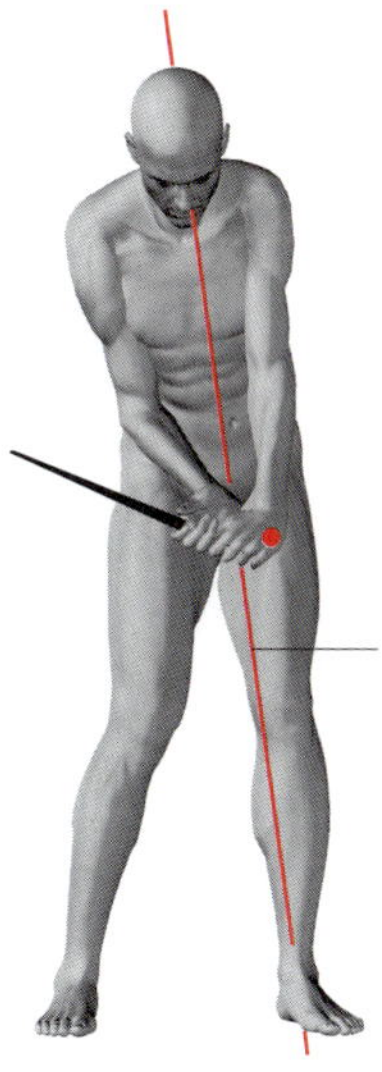

困ったことに「平面」は見えない

これまでに幾度となく、「クラブシャフト全体をオンプレーンで進める」とか「クラブヘッドを平面上で加速する」などと述べてきましたが、その「平面」は見えません。

それにもかかわらずクラブヘッドを動かすときの定規《じょうぎ》は、クラブヘッドが走るべき平面と目標線（ターゲットライン）しかないのです。

参考図1のように平面から出っ張った手やクラブをどの程度平面の下側に引っ込めるかを決めるのは、「左手をどの程度引き寄せればクラブヘッドが平面上を走るか」にかかっているのであり、平面が見えなければ、漠然《ばくぜん》とクラブ操作をすることになってしまいます。

平面全体が傾斜しているので、クラブヘッドが走るその瞬間の「クラブヘッドの高さと距離（目標線から身体の方への距離）」が問われるのです（座標の問題）。

それでいて豆粒ほどのスウィートスポットでボー

参考図1 「平面」は見えない

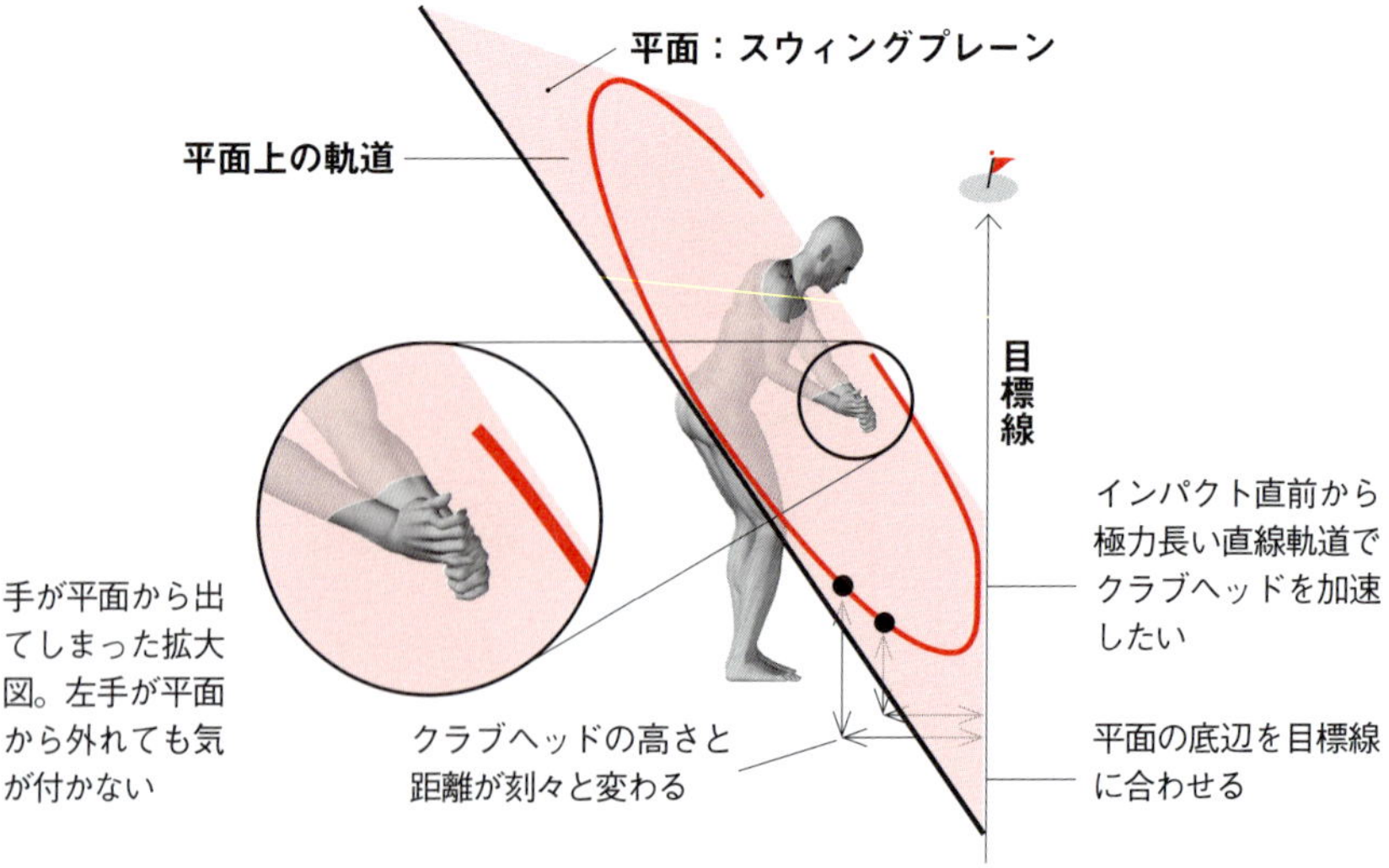

平面：スウィングプレーン
平面上の軌道
目標線
インパクト直前から極力長い直線軌道でクラブヘッドを加速したい
手が平面から出てしまった拡大図。左手が平面から外れても気が付かない
クラブヘッドの高さと距離が刻々と変わる
平面の底辺を目標線に合わせる

ルを打たなければならないのに、平面が見えないので何らの根拠もなしにクラブを動かさなければならない。いうなればこれほど理《り》不尽《ふじん》なことはないのです。

でも、平面が見えないなら参考図2のように見える平面を置いて定規にすれば良い。

薄いベニヤ板一枚でも絶大な効果があります。これから説明する手や腕の単純動作のそれぞれを行いながらクラブヘッドがベニヤ板をさわるか、さわらない程度でゆっくりと動かせば、「直角を維持して右手右肘《ひじ》を一緒に下ろす」「左右前腕《ぜんわん》左捻《ねじ》り」「下コック」などの微細な動きやフィーリングをつかめます。

どうしてもベニヤ板を立てる場所を確保できない場合は、クラブの番手ごとに異なる平面の傾斜を正確に強くイメージする必要があるのです。

それでは、ソラックスターン逆転とピストンスナップの協同作業で手や腕が「どのように動くか」「動かすか」を具体的に説明していきましょう。

参考図2 ベニヤ板で「平面」を実感

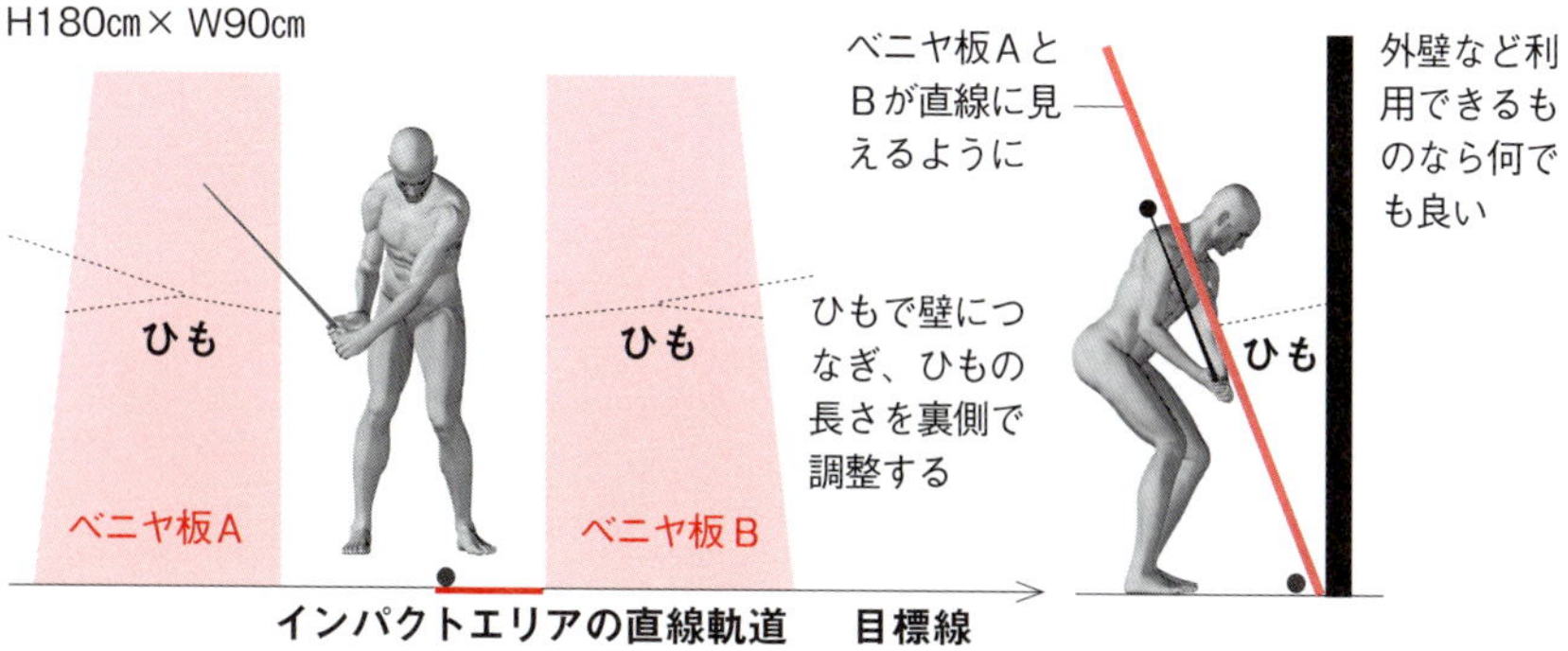

H180㎝× W90㎝
ベニヤ板AとBが直線に見えるように
外壁など利用できるものなら何でも良い
ひも
ひも
ひもで壁につなぎ、ひもの長さを裏側で調整する
ひも
ベニヤ板A
ベニヤ板B
インパクトエリアの直線軌道
目標線

実験8 ベニヤ板AとBが片目で直線に見えるように配置する。「ひも」でベニヤ板の傾斜を支え、ひもの長さで傾斜を調整する。スウィングプレーンの傾斜はクラブの番手ごとに変わる。それらの平面を確実にイメージできればベニヤ板はいらない

左力点を胸の回転と左肩で引き寄せる

インパクトへ向かうとき、左力点を胸の回転と左肩で引く動きが最良の加速行為《かそくこうい》の半分なのです。

バックスウィングでは、スナップバックで左手を遠い平面へ上げ、さらに胸を右へまわしつつ両肩と右手右肘《ひじ》を一緒に上げてクラブシャフト全体をオンプレーンにしました（左手を二度も身体から遠ざけた）。

切り返し以降は、左手を身体から遠ざけた分だけ身体に近づけ、ハンドダウンの位置へ戻さなければクラブヘッドがボールの位置へ戻りません。

クラブが目標線に平行の左力点をハンドダウンの位置へ戻してクラブを目標線に直交《ちょっこう》させる。これが急激な加速を可能にする（図86・図87・参考図）。

クラブは胸の前方で90度も向きを変え、左力点が半分ほどUターンします。ここでピストンスナップを開始すると、Uターンの残り半分が行われるというわけです。左手の平面上からの帰還《きかん》は理想軌道で効率良く加速できる絶妙な仕組みなのです。

図86 左手をハンドダウンの位置へ戻す

❶切り返し以降、左力点をオンプレーンで動かすとシャフト全体がオンプレーンで進む。その際に左右前腕左捻りを行う
❷身体の回転で左力点を進めつつ左軸を遠まわりさせて、左肩で引き寄せるとハンドファーストの位置と形が現れる。このときに「左力点のUターン」が始まっている（手首や腕力に頼らない）
❸続けて左力点をハンドダウンの位置（まわっている胸との相対位置）へ下ろす。「左右前腕左捻り」が不可欠

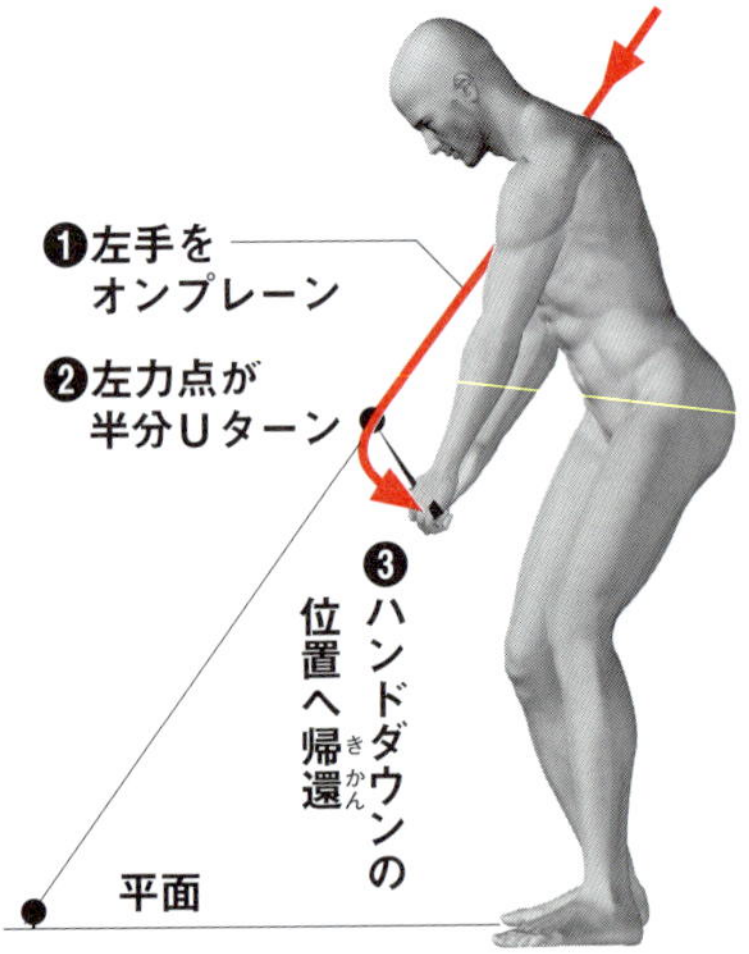

左手を絶対に左へ振らないその理由

右小指を胸の中央前方に維持して、平面上にあるシャフトを左図のように胸の前方で目標線に直交させると、クラブヘッドが急激に加速する。これが「左力点Uターン」の半分。その左手を左へ振ってしまったらクラブヘッドが走りません。

参考図 Uターンの感覚的なイメージ

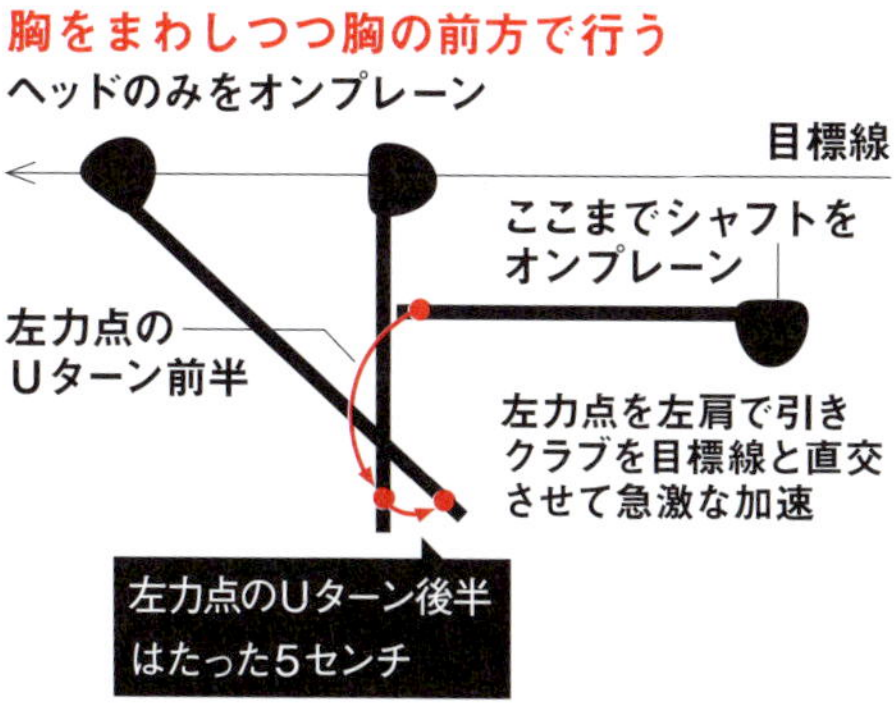

胸をまわしつつ胸の前方で行う
ヘッドのみをオンプレーン
目標線
ここまでシャフトをオンプレーン
左力点のUターン前半
左力点を左肩で引きクラブを目標線と直交させて急激な加速
左力点のUターン後半はたった5センチ

インパクトへ向かうハンドダウンの状態から、ピストンスナップで、左力点Uターン後半が行われる。その「たった5cm」のUターンでヘッドは3mも走る

図87 飛ばして曲げない絶好の位置がハンドダウン

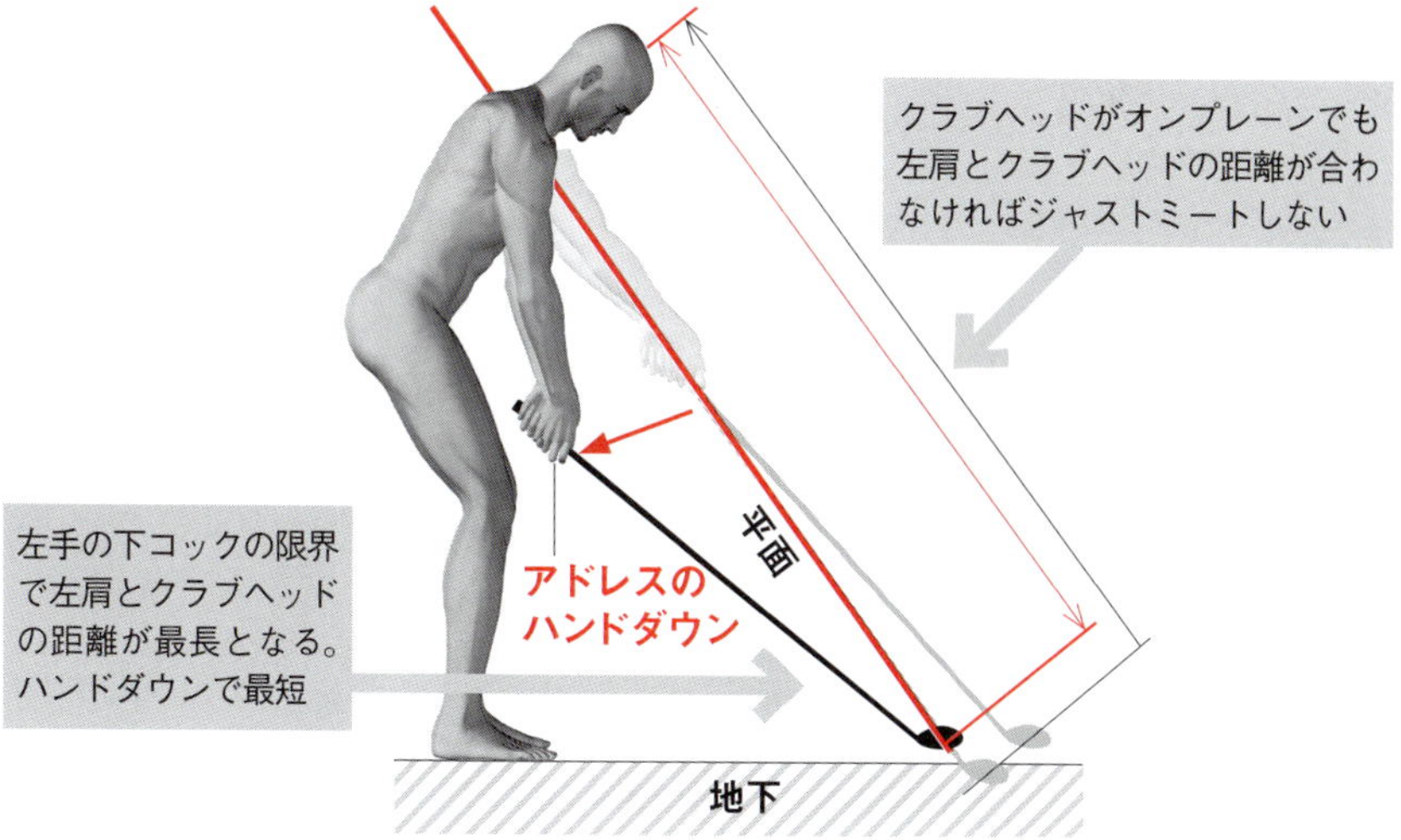

クラブヘッドがオンプレーンでも左肩とクラブヘッドの距離が合わなければジャストミートしない
平面
アドレスのハンドダウン
左手の下コックの限界で左肩とクラブヘッドの距離が最長となる。ハンドダウンで最短
地下

第5章 フルスウィングとヒッティングの違い

左力点に働く物理現象

手や腕を左へ振ってクラブヘッドを加速すれば、右小指は胸の中央前方を右から左へ横切ってしまいます。それはいわゆる手打ちスウィングであり、安定した球筋は得られないし、飛距離が伸びません。

図88①のハンドファーストの位置と形で左腕を左へ振らずに「ソラックスターン逆転」を行いながら左肩（左肩甲骨）を上げつつ背骨の方へまわし、クラブを右手の棚（力点）で胸の中央前方へ押すと、クラブヘッドと左力点と左肩が直線上に並ぼうとする力が働きます（左図）。

左力点と右手の棚《たな》（力点）は左腕を基準に見ると段違いになっているので（左図下段）、棚の押しで左腕を左捻《ねじ》りにローリングさせる力が働きます。

その結果、左力点はクラブヘッドと反対方向へ動き、半自動的にUターンします（クラブヘッドは大きい加速度を得る）。

右手の棚（力点）は、インパクト後も右肘《ひじ》を伸ばしながら行うスナップ動作で胸の中央前方へクラブを押し続けます。すると左力点は①から③へとUターンします。

しかし、Uターンしている最中にソラックスターン逆転が肩や腕や手やクラブを刻々と③④へ進めてUターンの現場を左へ移動させます。

ですから、Uターンしているようには見えないし、半自動的にUターンしてしまうのでその感覚すらなく、いわば無意識の作業になっているのです。**実際の左力点は胸との相対位置で見るとクラブヘッドと逆方向へ動いてUターンしています。**

ピストンスナップの一連の作業は、クラブヘッドの重量を含む身体全体の力が絡《から》み合ってバランスするので身体の一部を特に強く動かす感覚はありません（二重増速回転構造：110頁《ページ》、66頁のコラム参照）。

留意《りゅうい》すべきは、左力点がUターンしている最中に行うべき左手首の下コックです。これは左手首の山ヒンジ或《ある》いはフラットヒンジの形を崩さずに行う必要があります。

図 88 「左手力点」がUターン

左力点が左軸《さじく》方向へ動かされてUターン

右手の棚でクラブを胸の中央前方へ押し下げ、左肩が左腕を引き上げると左力点が左軸の方へ動く。これもUターンの要素

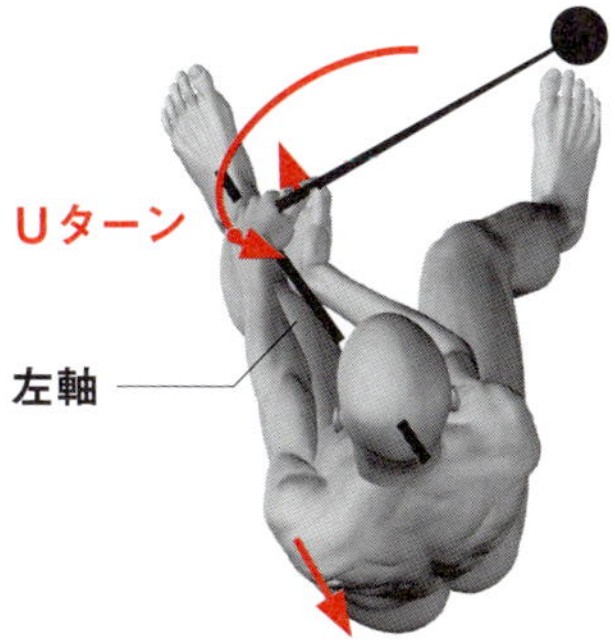

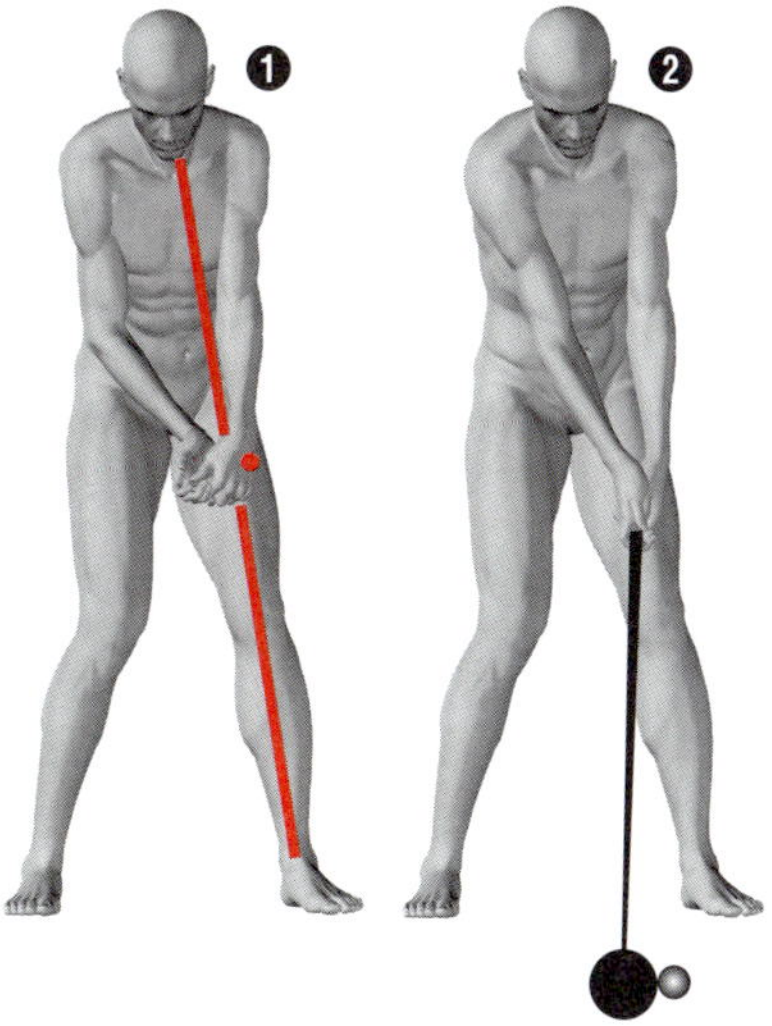

二つの力点が段違いでUターン

右力点と左力点は段違いになっている。右力点（棚）でクラブを押すと左前腕はクラブを介して左回転に捻られてローリングする。これもUターンの要素になっている

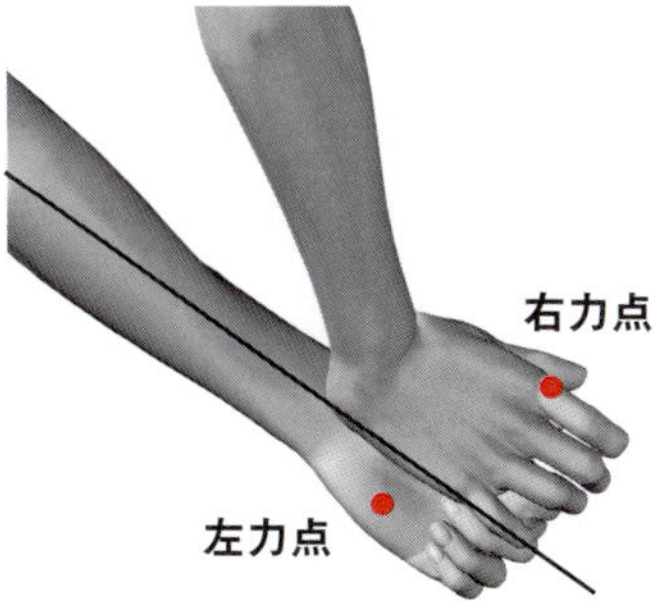

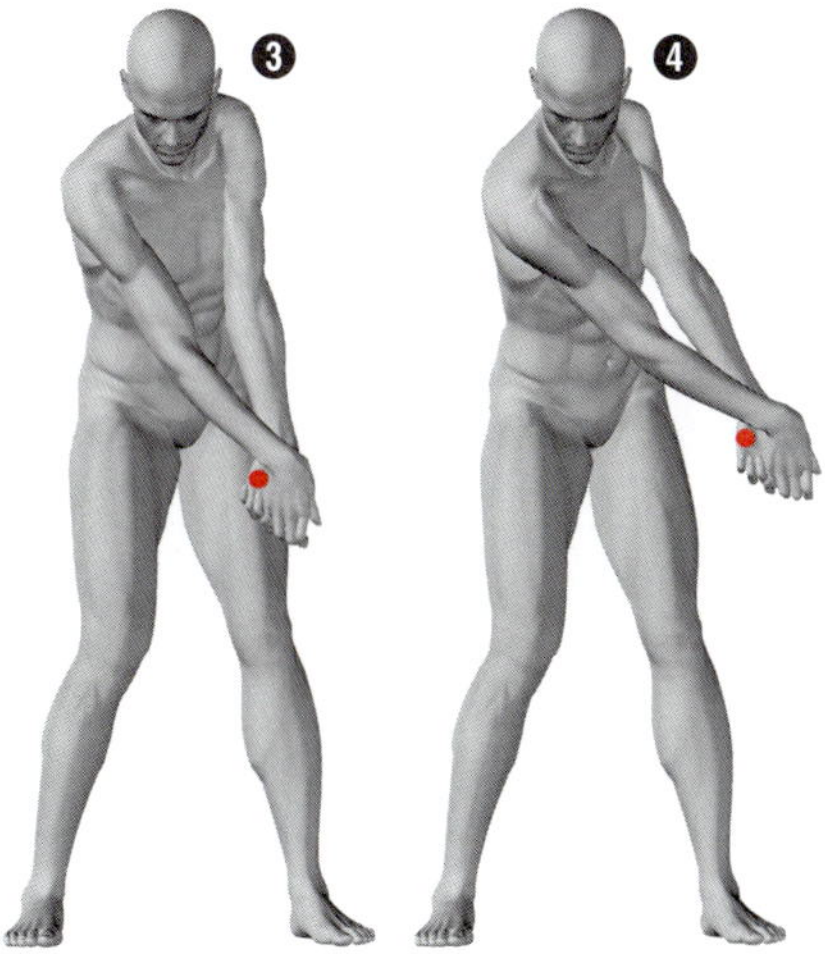

直線軌道の秘訣は折れている右肘(前腕)を胸の前方に伸ばしていくこと

図89①は左ヒップターンを継続しソラックスターン逆転を始めながらクラブヘッドのみを平面上で動かしつつ、左力点を身体に近づけてハンドファーストの位置と形にしたところです。

留意すべきは、右手はクラブに添えるだけで積極的に動かさないことです。それでも右手は胸の回転で左へ進みます。その右手を、クラブを目標線と直交させるときの「支え」にします。

左力点を身体に近づけてハンドファーストの位置と形にしたときに左力点は低い位置にある。その左力点を胸の回転と左肩の動作が引き上げるときに左足を踏ん張ります。あわせて下コックを行いつつ左右前腕を45度捻り戻すとインパクトの②です。

②から③へソラックスターン逆転を継続し、「左右前腕左捻り」をさらに45度行いながら胸の中央前

で加速

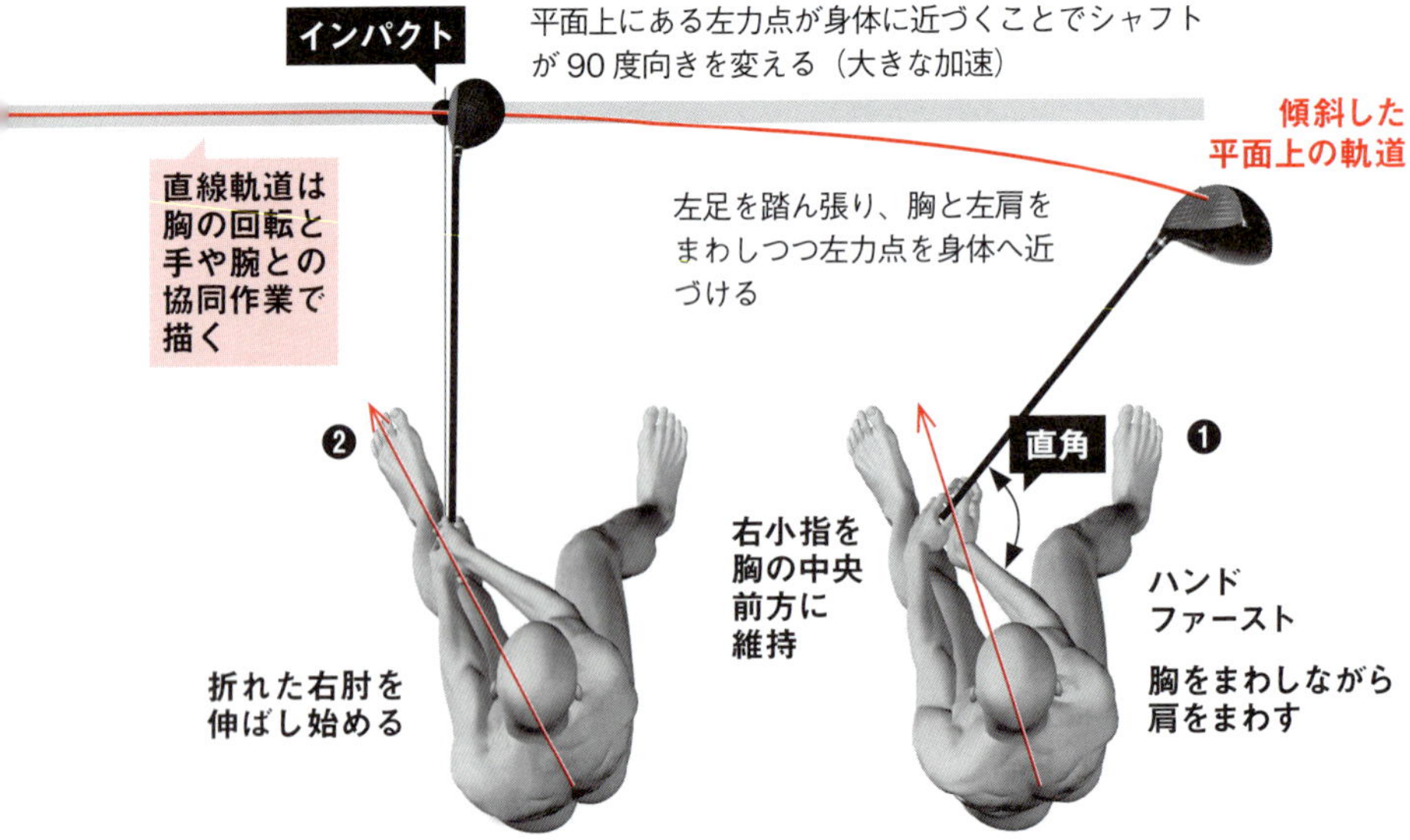

インパクト
平面上にある左力点が身体に近づくことでシャフトが90度向きを変える(大きな加速)
傾斜した平面上の軌道
直線軌道は胸の回転と手や腕との協同作業で描く
左足を踏ん張り、胸と左肩をまわしつつ左力点を身体へ近づける
❷
直角
❶
右小指を胸の中央前方に維持
ハンドファースト
胸をまわしながら肩をまわす
折れた右肘を伸ばし始める

方へ右肘を伸ばしつつスナップ動作を行う。

その際に留意すべきは、下コックで軌道の高さを調整しながらクラブヘッドがスウィングプレーンの底辺（目標線）を直線で走るようにすることです。

その秘訣は②で折れている右肘を④へ至るまでに徐々に胸の中央前方へ伸ばしつつ左右前腕を左へ捻る（手や腕を左へ振らないことが絶対条件）。
②→③の手や腕の微妙な動作の決め手は、クラブヘッドがスウィングプレーンの底辺（目標線）から外れないことにつきるのです。

図 89 左力点をUターンさせ直線軌道

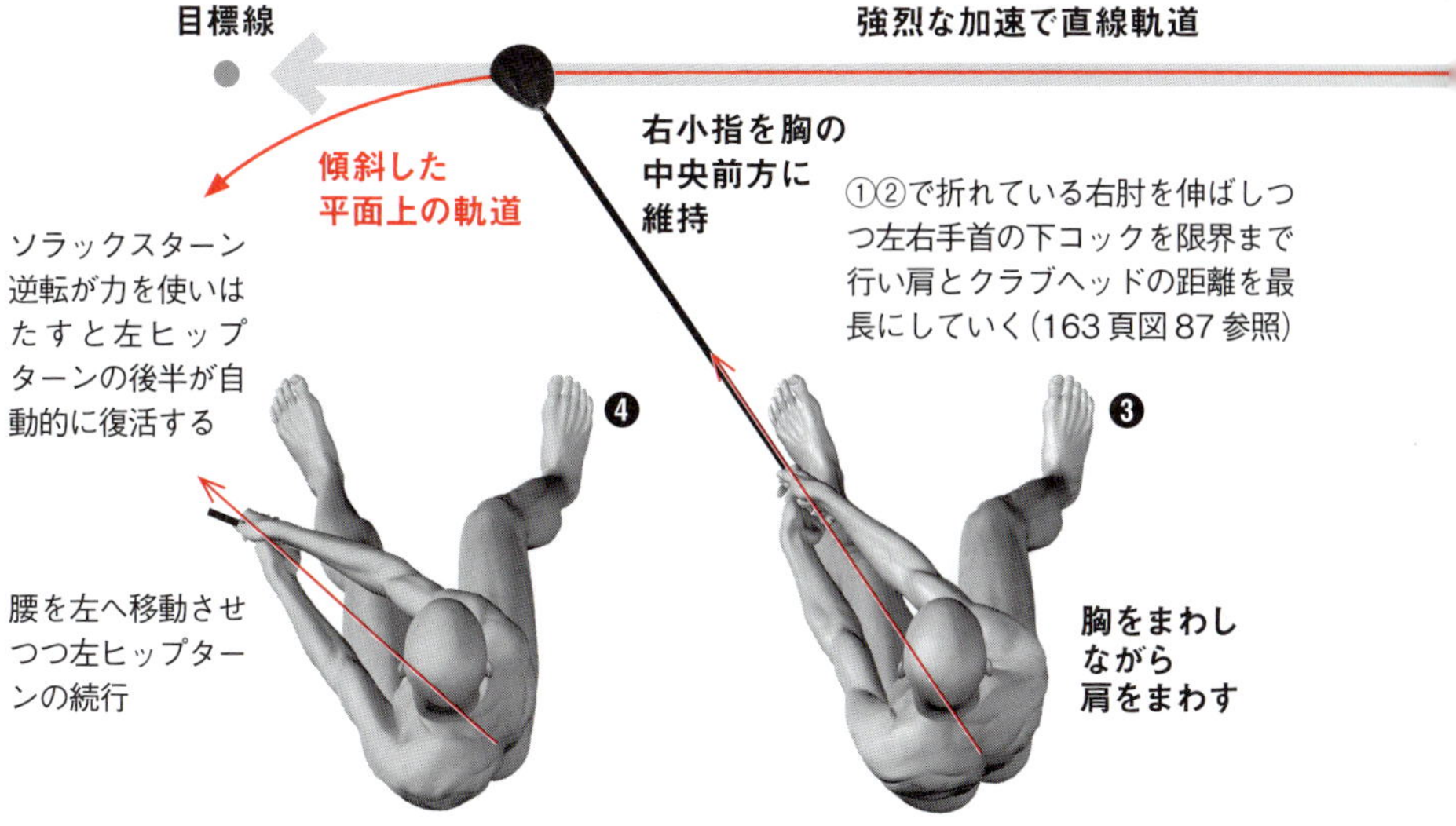

目標線
強烈な加速で直線軌道
傾斜した
平面上の軌道
右小指を胸の
中央前方に
維持
①②で折れている右肘を伸ばしつつ左右手首の下コックを限界まで行い肩とクラブヘッドの距離を最長にしていく（163 頁図 87 参照）
ソラックスターン逆転が力を使いはたすと左ヒップターンの後半が自動的に復活する
❹
❸
腰を左へ移動させつつ左ヒップターンの続行
胸をまわしながら肩をまわす

神の領域《りょういき》はまさに本能《ほんのう》と理性の闘い

　手が下の図の⑤まで来たときにはすでに「強く打て！　手を目標方向へ振れ！」と、本能が命令しています。厄介《やっかい》な習慣が身に付いていて、理性を働かせようにも手が勝手に動いてしまうのです。

　ここは本能を振り払い、スナップバックの逆行（ピストンスナップ）を単純に行い、クラブヘッドをアウトサイドへ下降させます。

　ヒッティングに関わるすべての動作を整然と説明することは非常に困難です（図90ⒶⒷの⑤→⑧）。

　有《ゆう》機《き》体《たい》（人体）が総合運動で行うヒッティングは、各部位で行うすべての動作が絡《から》み合って、たがいに干渉しています。ですから簡明《かんめい》な機械構造のように理《り》路《ろ》整然《せいぜん》と説明できるような仕組みではないのです。それをあえて「単純な動作」になるまで掘り下げて現しています。

　⑥から⑧に至る加速では右小指を胸の中央前方に維持する拮抗《きっこう》運動（動作が現れない筋肉の働き）を行い手

図90-Ⓐ　この区間は本能と理性の闘《たたか》い

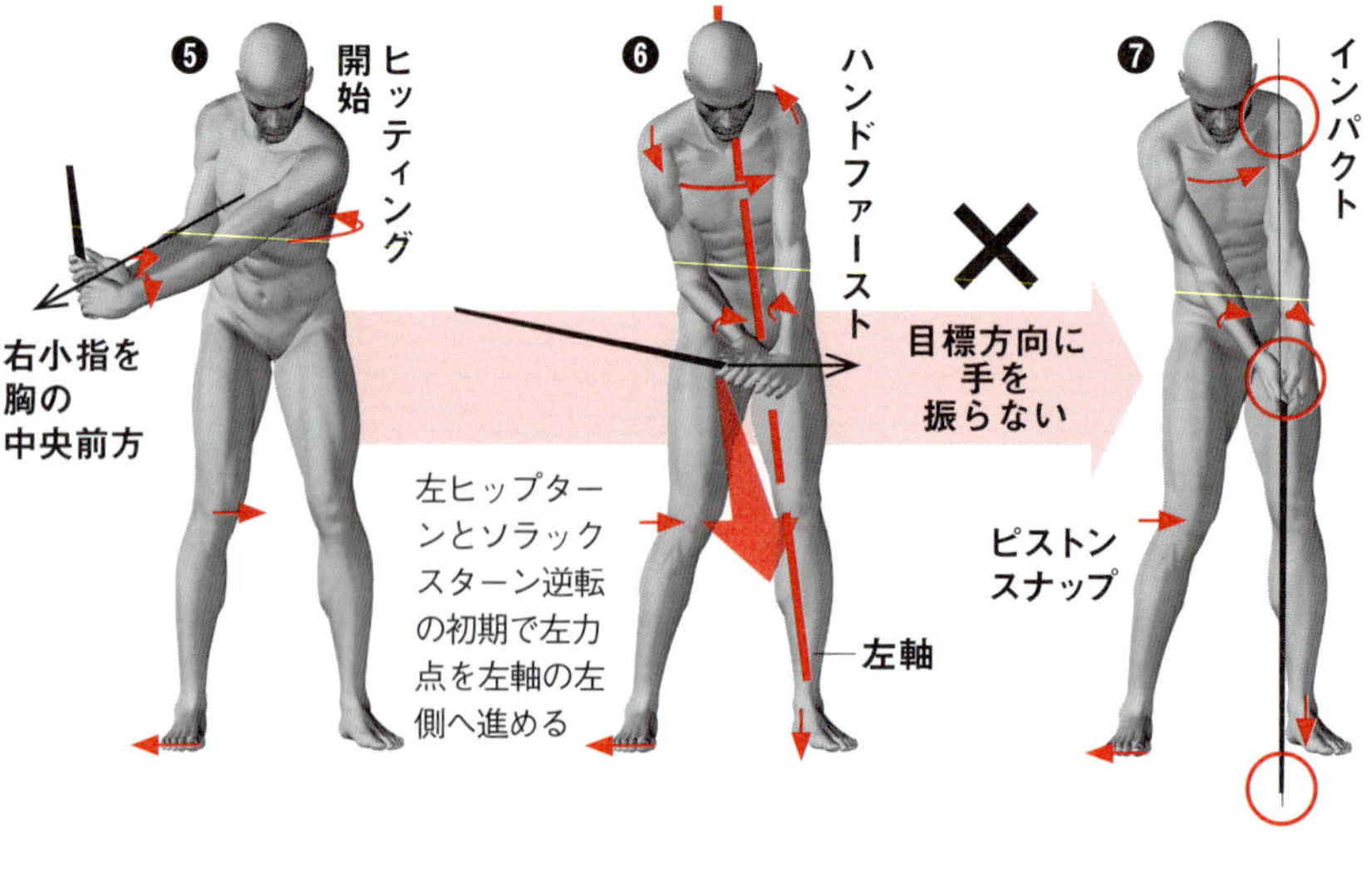

を絶対に左へ振らない。
クラブの左力点（109頁《ページ》）を左肩が引き寄せる際には、右手の棚が支点として働き、右腕がピストンスナップを行う際には、左力点が支点の役割を果たします。

手や腕やクラブを左へ動かす働きは身体の回転であり、とりわけソラックスターン逆転によるものです。その回転を支えているのが左足。クラブの左力点を左肩が引き寄せる際の支点も左足の踏ん張りです。

右足は、身体をまわすために踏ん張り、右腕のピストンスナップを行うためにも踏ん張ります。如何《いか》なる動作も足の踏ん張り（支点）なしには力を発揮できないのです（全身運動）。

このような仕組みなので特にインパクトゾーンは、「左足と右足の踏ん張り」に注目することが、上達のキーポイントとなるのかも知れません。

仕組みがわかったのですから、〝神の領域〟などといわせないように一つずつ覚えていきましょう。

図90-Ⓑ インパクトから更に左右前腕《ぜんわん》を45度捻る

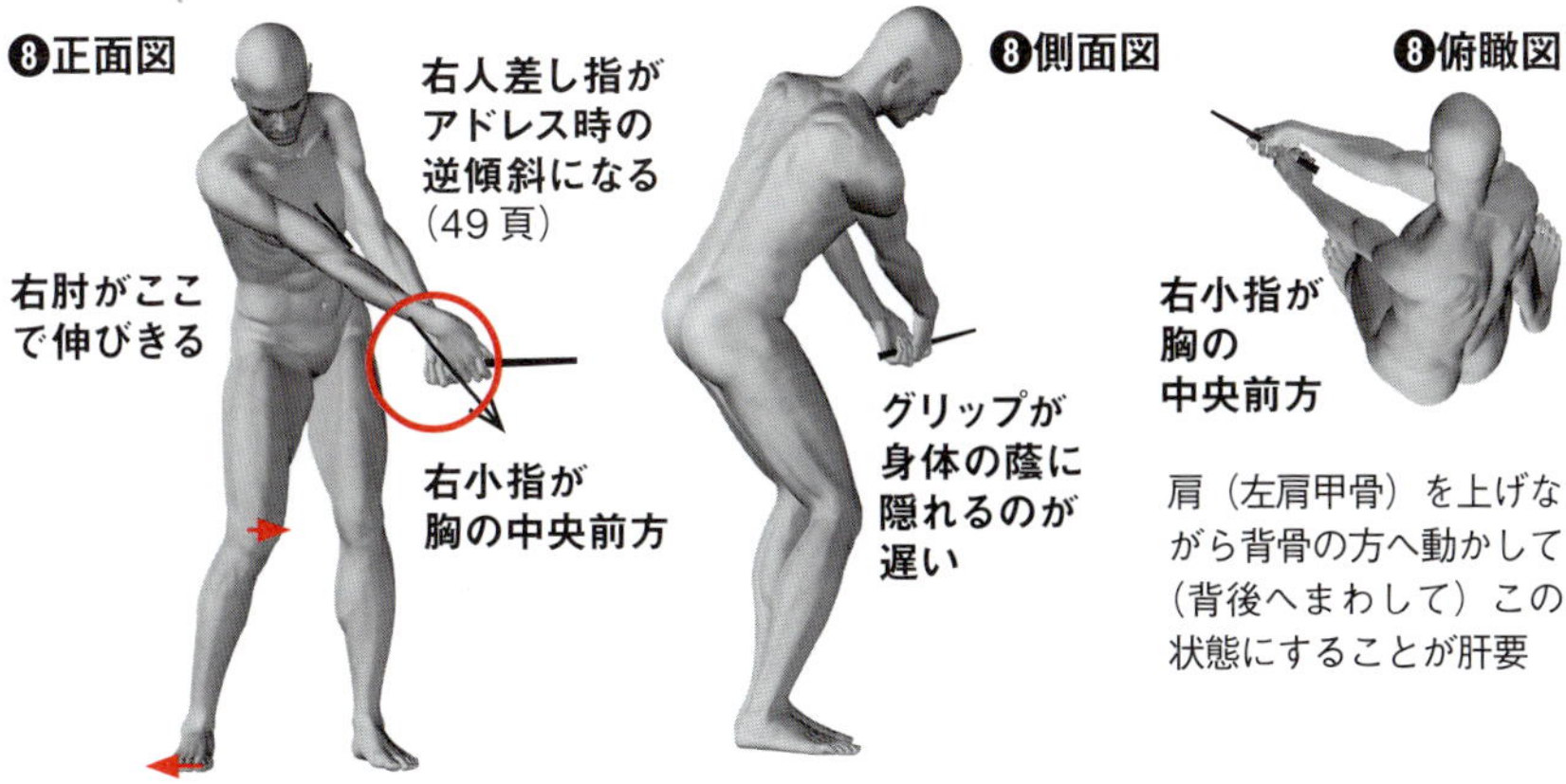

⑧正面図
右人差し指がアドレス時の逆傾斜になる（49頁）
右肘がここで伸びきる
右小指が胸の中央前方
⑧側面図
グリップが身体の蔭に隠れるのが遅い
⑧俯瞰図
右小指が胸の中央前方
肩（左肩甲骨）を上げながら背骨の方へ動かして（背後へまわして）この状態にすることが肝要

トップからインパクトまでに左右前腕を別々に90度捻り戻し、加速を終える⑧までに更に45度左捻り（トップから合計135度）

身体の回転と手の動きは、正反対の事をしなくてはならない

ピストンスナップを行いつつある「肩・腕・手・クラブ」は、身体の回転によりまるごと左へまわされます。そのとき、身体の回転とピストンスナップ、さらには大胆な下コックまでもが連動し、クラブヘッドを加速しながら軌道と打面開閉を三位一体でコントロールしています。

ただし、そのためには身体の回転と手の動作は、各々が正反対のことを「しなければならない」のです。

一例をあげるなら、身体の回転が下まわりの下降軌道でクラブをダフらせようとする時に……手や腕が「上まわりの上昇軌道」を描きダフらせない。などです。

それは、「仕組みや構造」で結果として現れるものであり、その構造を動かす手や腕はいたって単純な動作です。

図91のように、左手のコックの形をⓨにして、ピストンスナップでクラブを胸の中央前方へ押すと、クラブヘッドが「上回り軌道」で大きく上昇してから下降する。

左手の下コックが進んで参考図下段左のⓩの形になると、ピストンスナップによる加速能力は長い直線軌道を描いて消滅しています。

その「上まわり上昇」や「上まわり下降」の度合は左手首の下コックの度合いで調整します。

そのように、左手首のコックの形状とピストンスナップが織りなす絶妙な動きと、身体（胸）の回転があいまって、自在に軌道の形状を変えながら三位一体でコントロールしつつ加速できるのです。

強く受け止めて欲しいのは、すべてが「単純な動作」だということです。ボールを打つときは手や腕を身体に合わせて動かすことで精一杯。しかも、折角覚えた動作もボールの行方に気を取られて種々な工夫をしたあげくに壊してしまう。それでは出口の見えない迷路に突入してしまう恐れがあるのです。

図91 左手首の下コックの働き

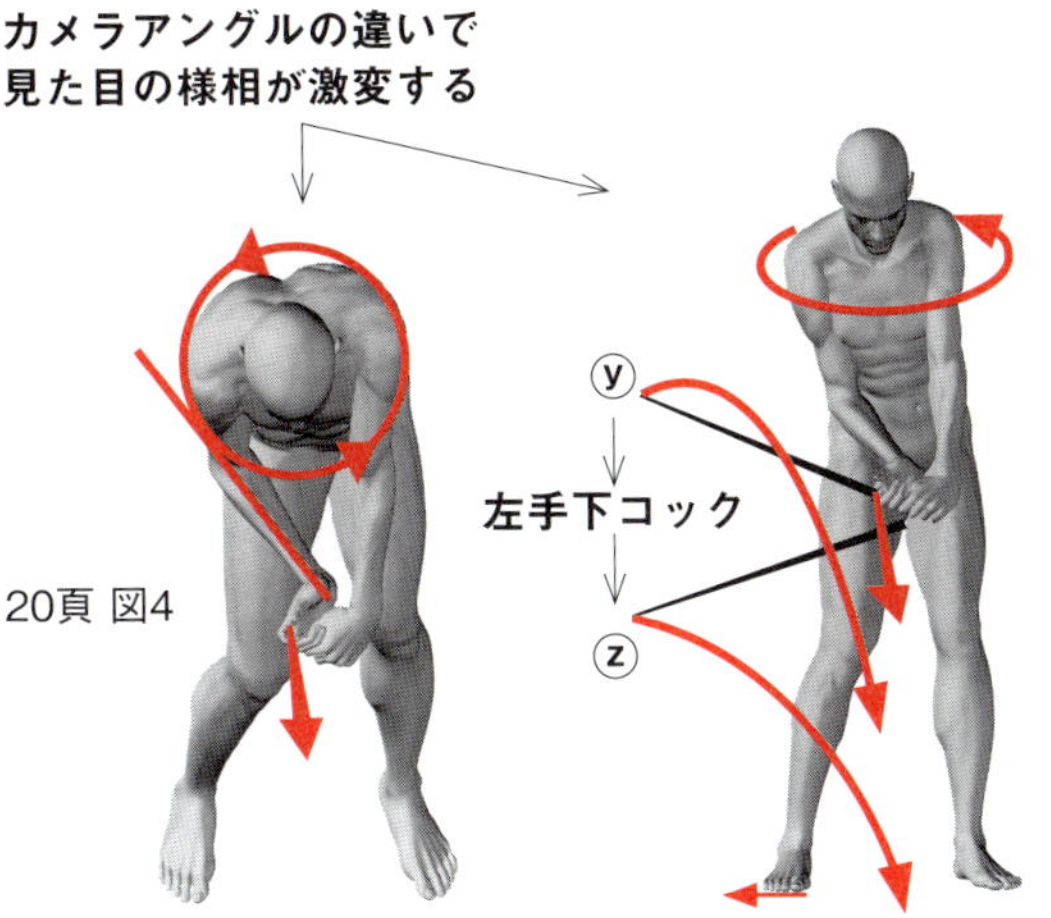
カメラアングルの違いで
見た目の様相が激変する
20頁 図4
ⓨ
左手下コック
ⓩ

下コックが絶妙な働き

ⓨで左手首のコックを維持すれば、前半は「上まわり上昇軌道」、後半は「上まわり下降軌道」に変化する。左手首の下コックでクラブヘッドをⓨからⓩへ下げると、クラブヘッドは上昇せずに「上まわり下降軌道」を描く

胸をまわしながらクラブを右力点で胸の中央前方へ押す（ピストンスナップ）。その際「左手下コック」がクラブの軌道を決定する

参考図 ピストンスナップの左手

左腕は左力点を左肩で引くための連結棒とピストンスナップのつっかい棒として働く。握り方は「パーフェクト・パーム・グリップ」（PPグリップ）が絶対条件。親指をショートサムにすることで、限界まで下コックすることが可能となる

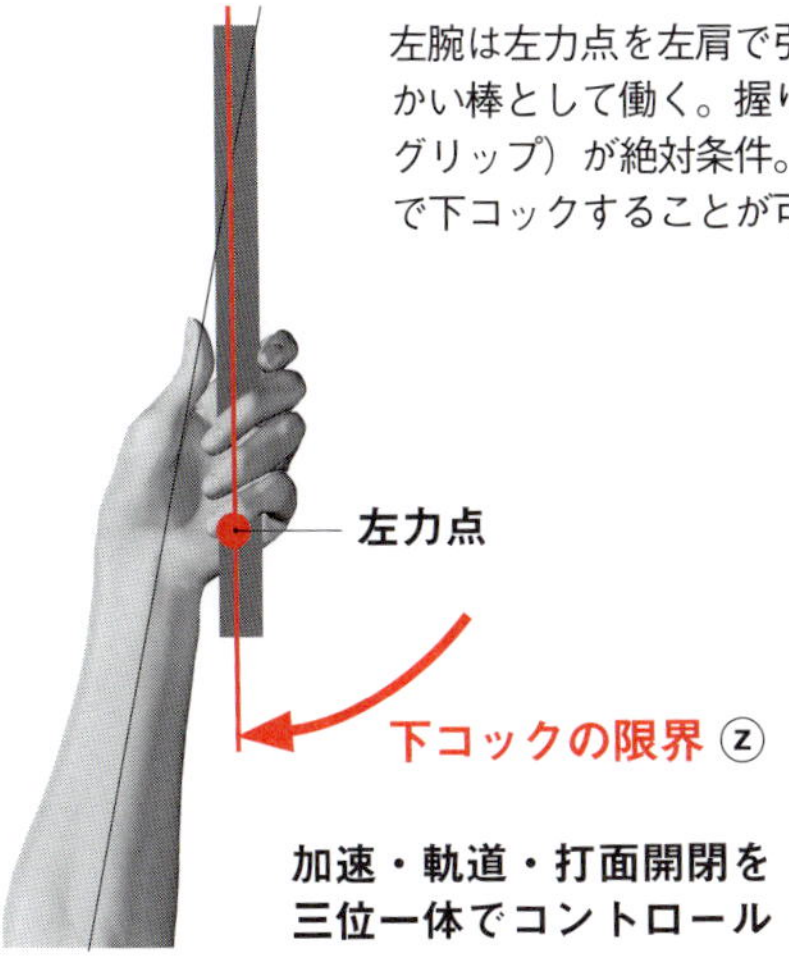
左力点
下コックの限界 ⓩ
加速・軌道・打面開閉を
三位一体でコントロール

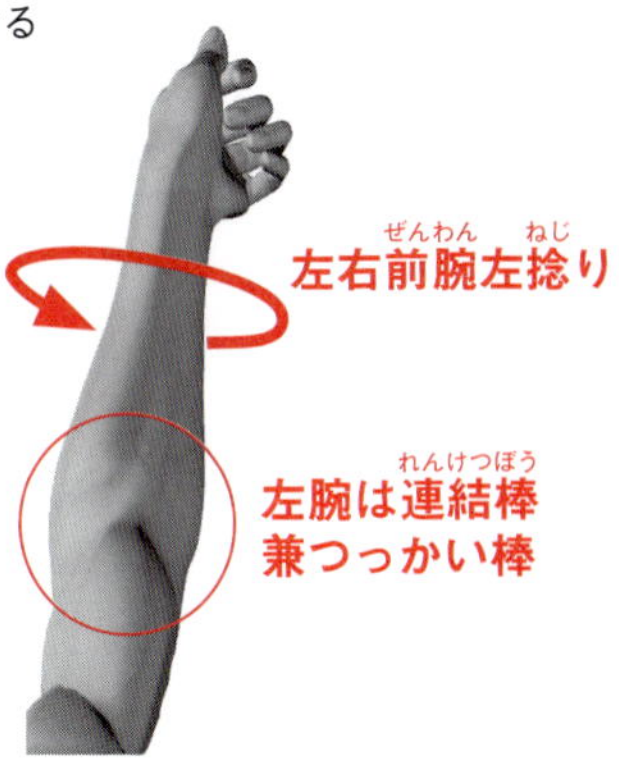
左右前腕《ぜんわん》左捻《ねじ》り
左腕は連結棒《れんけつぼう》
兼つっかい棒

インパクトゾーンの軌道

ヒッティングゾーン（図92）は悩むほどに難解です。それはクラブヘッドの軌道ⓒがこのようにして現れるとは想像さえもできなかったことによるものです。

図92の①からピストンスナップが上まわりの上昇軌道ⓐ1を描き、身体の回転が下まわりの下降軌道ⓑ1を描きます。理想軌道ⓒ1はその二つが働いた結果として現れます。

ⓐ1は「上まわり上昇軌道」です。それが②のⓐ2では、左手首の下コックで171頁のように「上まわり下降軌道」に変わり③へと進みます。

そのときのⓑ1とⓑ2は身体の回転ですから「下まわり下降軌道」ですが、回転軸が傾斜しているため、スタンスの中央前方で「下まわり上昇軌道」ⓑ3に変わる宿命《しゅくめい》です。

すると軌道ⓐと軌道ⓑはスタンスの中央前方で交差します。交差して現れたⓒ3軌道は直線軌道（上

図 92　実際に行う動作は「単純な動作」

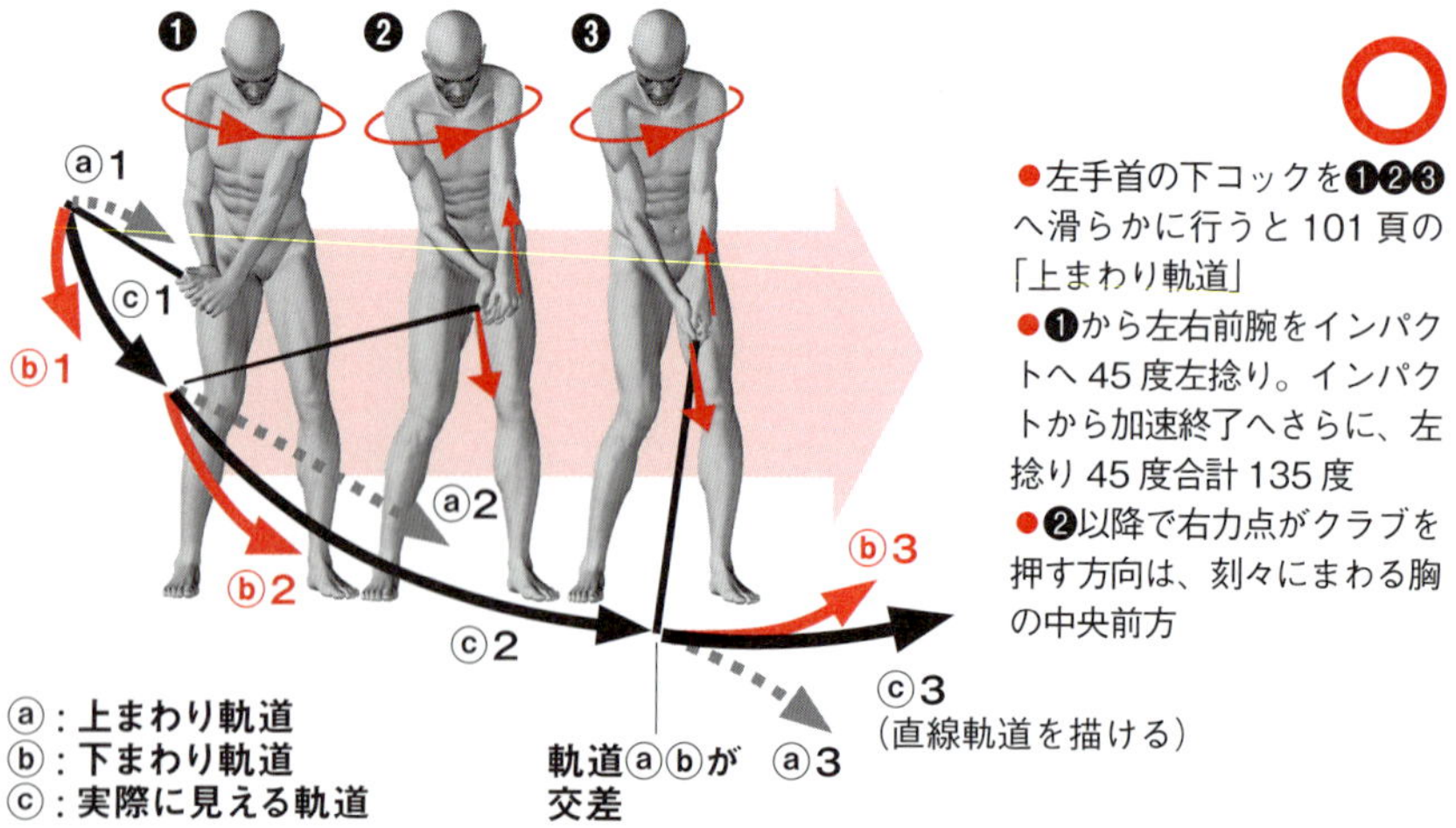
❶
❷
❸
ⓐ1
ⓒ1
ⓑ1
ⓐ2
ⓑ2
ⓒ2
ⓑ3
ⓒ3
（直線軌道を描ける）
軌道ⓐⓑが
交差
ⓐ3
○
●左手首の下コックを❶❷❸へ滑らかに行うと101頁の「上まわり軌道」
●❶から左右前腕をインパクトへ45度左捻り。インパクトから加速終了へさらに、左捻り45度合計135度
●❷以降で右力点がクラブを押す方向は、刻々にまわる胸の中央前方
ⓐ：上まわり軌道
ⓑ：下まわり軌道
ⓒ：実際に見える軌道

から見て）を描きます。

　最大の留意点《りゅうい》は、「分水嶺《ぶんすいれい》」（左軸《さじく》）を意識してピストンスナップを胸の左回転を主力にして動かすことです。すると②以降はクラブヘッドと左力点が逆方向へ動いて左力点がUターンします。ところが身体の回転が手や腕をまるごと一括して左へ回してしまうのでUターンは動画でも見えません。


上達しない人は、本能が命ずるままに右手と左手を一体にした感覚で左へ振ってしまう（図93）。


　しかし、手や腕を左へ振ってしまったら、やさしくボールを打てる理想軌道ⓒは絶対に描けません（理想軌道：効率良く加速しながら、なおかつ容易に打てる軌道）。

　加えて「きちんとした身体の回転」を覚えなければ「両手で動かす小さな滑車」と「胸と両肩で動かす大きな滑車」、この二つを連動させた「二重増速回転構造」（110頁《ページ》）を活用することができません。

　これが、上達しないだけでなく飛距離を出せない最大の原因になっているのです。

図93 手を左へ振れば迷路に踏み込む

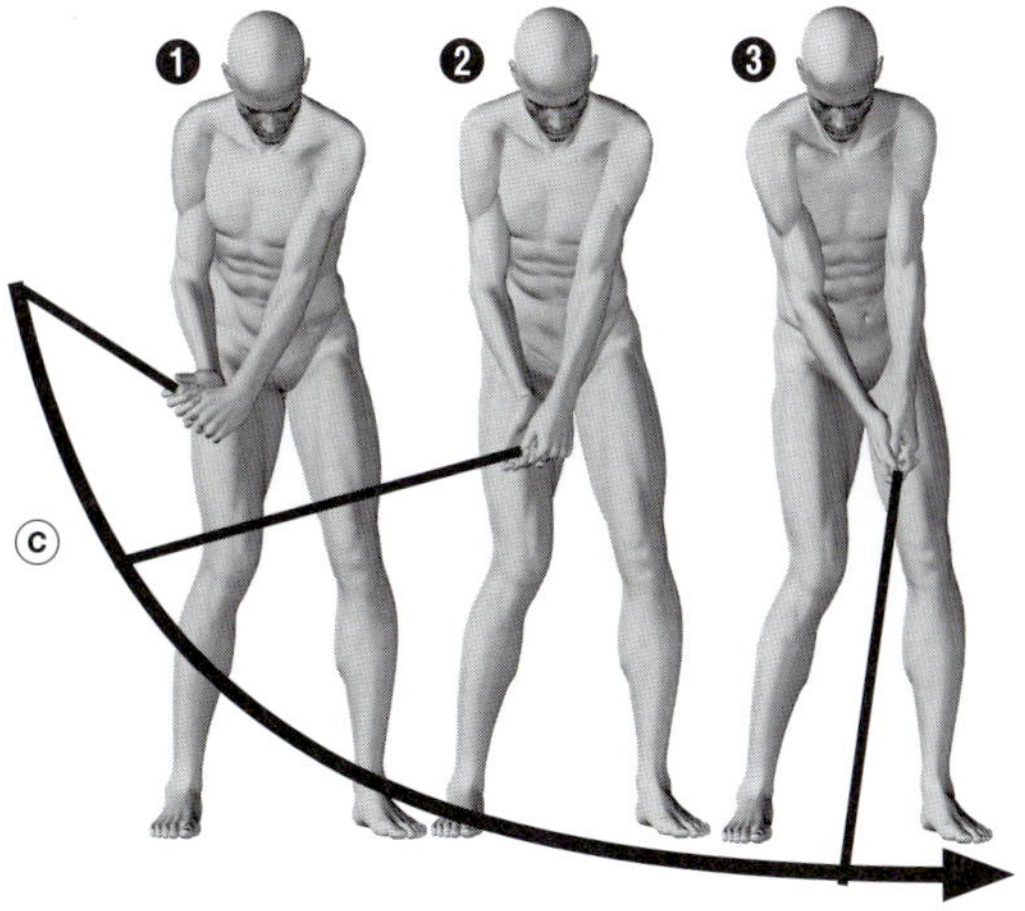

✕

理想軌道ⓒを手でなぞっても、理想軌道は描けない。なぜなら、身体の回転がインサイドへクラブヘッドを上昇させてしまうからだ

なめらかに減速し、フィニッシュへ導く

腰と胸をまわしながらピストンスナップでクラブヘッドを加速すると、加速機能を使い果たした図94ⒶⒷ⑧の形になります。クラブや手はさらに惰性で走るのでそれをなめらかに減速しながら⑪のフィニッシュへ導かなければなりません。

しかし、⑧の加速終了から⑪のフィニッシュにいたる道のりをなめらかに減速する方法がわからないと、トップから加速終了の⑧にいたる加速を思い切ってできません。なぜなら、さきゆきに不透明な部分があると怪我《けが》などの危険を察知《さっち》して本能的に加速を緩《ゆる》めてしまうからです。

⑧から⑨では身体全体を緩めますが、特に両肩、両肘《ひじ》、両手首の筋肉は加速したときの緊張を解いて意識的に柔らかく動かさなければなりません。

両肩を上げながら両肘を折り、左肘を上げながら左へまわしつつ左右前腕右捻り、左手首を谷ヒンジに折り、山ヒンジだった右手首を谷ヒンジに折りな

図94-Ⓐ 腰と胸を回しながら ピストンスナップで加速

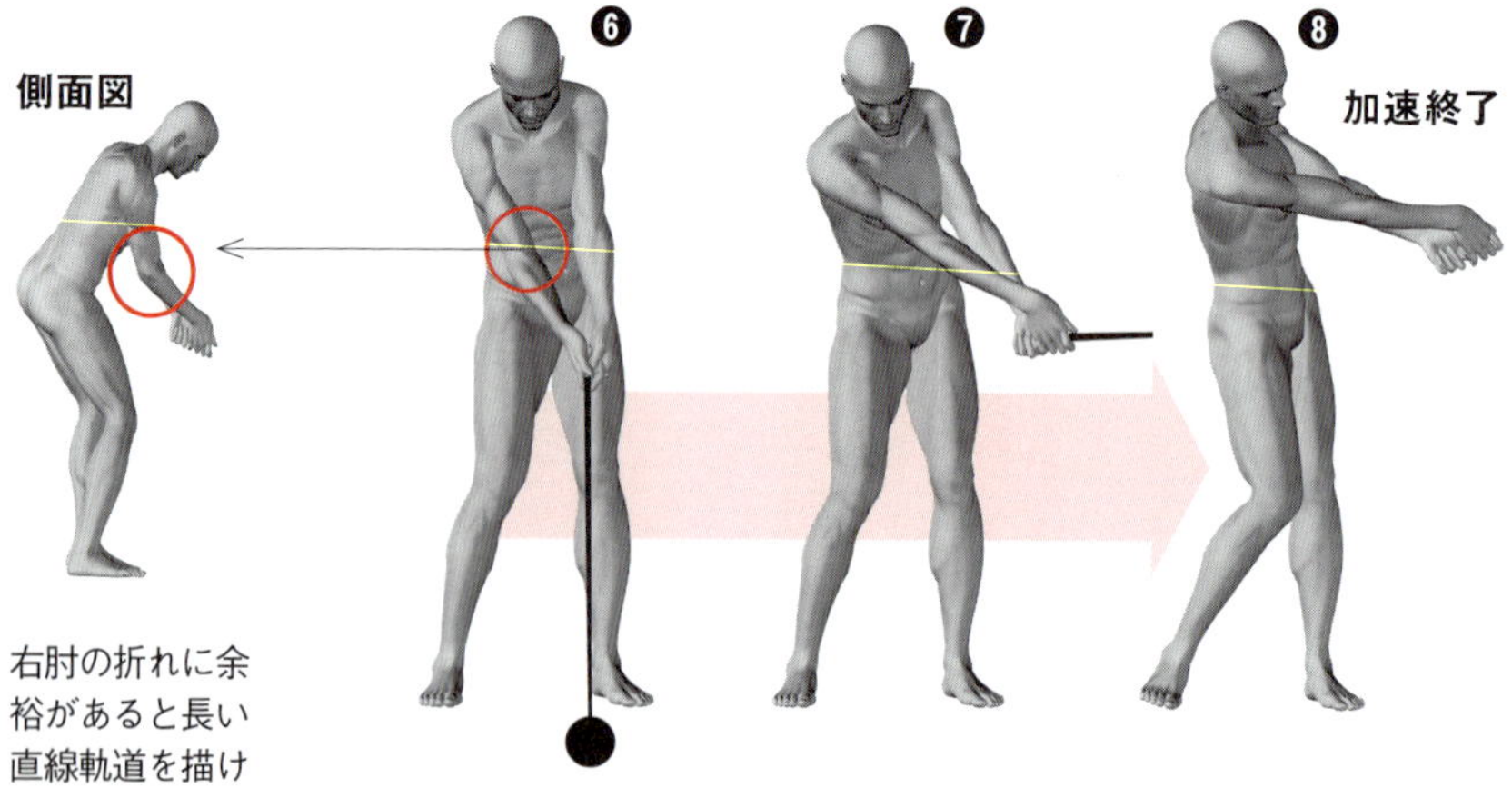

右肘の折れに余裕があると長い直線軌道を描けるうえに強い力を出せる

正面から見た右肘は伸び切ったように見えるが⑥では伸ばして加速する余地が残されている

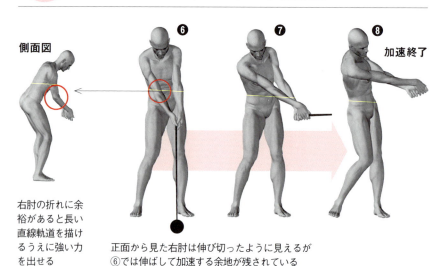

がらコックをしつつ左肘を背後方向へまわすと、⑪でクラブシャフトが後頭部にあたります。この間、身体を柔らかくまわし続けることもクラブの減速に寄与《きよ》しています。

このフィニッシュまでの減速をなめらかに行える経験が安心感を生み、トップから⑧にいたる区間で全力を出し切れるのです。

昔から、振り切るまで頭を動かすな！　と厳しくいわれてきました。しかし、それではいわゆる逆C字型のフィニッシュになって腰を痛めます。

現代スウィングは、インパクトエリアで胸を強くまわし、クラブがボール位置の左へ抜けたら前傾姿勢を解《と》いて目でボールを追いながら、頭を上げ身体を真っ直ぐに立てて腰痛の原因を作りません。

ちなみに、⑥のインパクト直後にボールはクラブフェースから離れているので、⑥の直後からボールに影響を与える事はできません。しかし、⑥のインパクトエリアで直線軌道を描きながら最大の加速度を得るには⑪までの行程が必要なのです。

図94-Ⓑ　フィニッシュへ導く

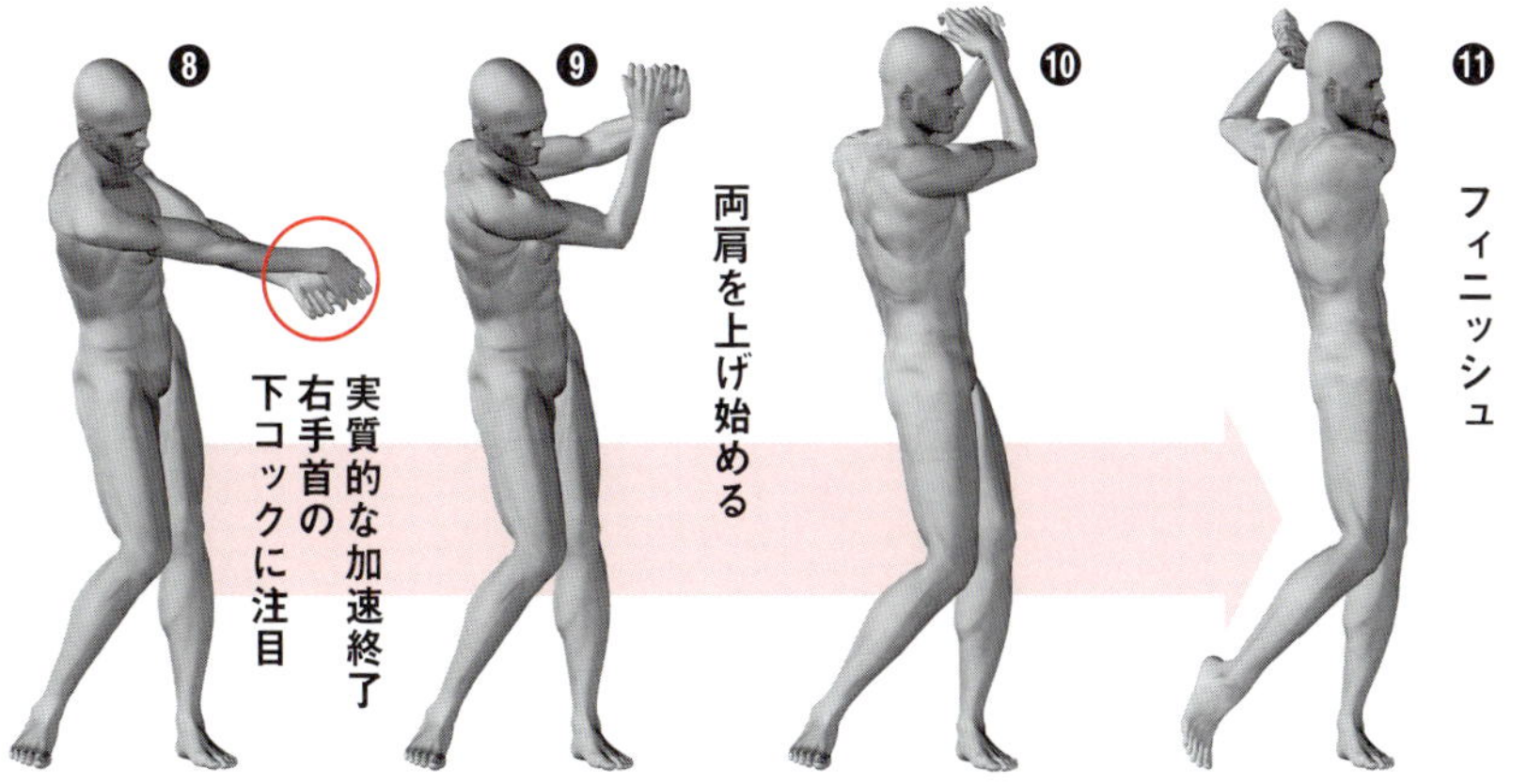

⑧
⑨
⑩
⑪
実質的な加速終了
右手首の下コックに注目
両肩を上げ始める
フィニッシュ

⑧の状態から身体を正面に戻し、左右前腕を 45 度右捻り、右肘を折り、手を身体に近づけるとアドレスの状態に戻る。それは手や腕をいささかも左へ振ってはいけないことを物語っている

フルスウィング練習のまとめ

構えてから加速を終えるまでを、ゆっくりと順番に行ってみましょう。

- 左足踵内側の延長線をボールに揃えて左足をセットする（ボール1個分程度の左右の調整あり）。
- 右足を肩幅より広めに開いてスクェアスタンス。
- 頭をスタンスの中央線上にセット（基本）。
- 肩幅を狭《せば》めて力を抜く。
- パーフェクト・グリップでクラブを支え、ハンドダウン（グリップを握ってしまうと、すべてがだいなしになる）。
- 前傾姿勢の法則で構える。
- 頭の付け根と右膝《ひざ》を右軸上に死守。
- スナップバックを先行しつつ右ヒップターンを行う。（もし仮に右ヒップターンを先行すると、当初クラブヘッドがアウトサイドへ出っ張ってしまう。ただし意に介《かい》さないなら、それでもかまわない）。
- スナップバックと右ヒップターンでクラブシャフト全体をオンプレーンで動かす（その際、右ヒップターンがクラブヘッドを動かす方向は右軸にゆだねざるを得ない。その軌道修正がスナップバックによる「上まわり軌道」）。
- 右ヒップターンがきつくなったら、ソラックスターンを行いながら両肩と右手右肘《ひじ》を一緒に上げつつ三角形を極限まで崩す。
- その際、左右前腕《ぜんわん》をさらに右捻《ねじ》り45度（クラブを高い位置でバックスウィングの終盤を作る。左右前腕右捻りを忘れるとオーバースウィングになってしまう）。
- バックスウィングがきつくなった終盤に、すかさず右ヒップターン逆転を開始（それが「切り返し」）。
- 直後に左右前腕左捻り45度を開始する。
- 右ヒップターン逆転を行うと腰が正面に向き、胸が右斜め前方へ向く。それまでに右小指が「胸の中央前方の平面上」へ下りるように、両肩と右手右肘《ひじ》を一緒に下ろす（位置は意外に遠く高い右斜め前方）。
- 右ヒップターン逆転で腰がアドレスの位置に戻ったら左ヒップターンを開始（その際、右踵を上げていくか否かは自由裁量《さいりょう》）して加速を終えるまで力を抜かない。左ヒップターンで胸が正面に向いたタイミングでソラックスターン逆転を開始。
●その初期に左力点を左肩で引き寄せるとハンドファーストの位置と形になる（左手やクラブシャフトが平面から離脱してクラブヘッドのみが平面上を走っている状態であり、すでに左力点のUターンが始まろうとしている）。
●ソラックスターン逆転を主力に、「折れている右肘を伸ばしながら」右手を胸の中央前方へピストン、一直線に伸ばした左腕を「つっかい棒」にスナップを行うとクラブヘッドが急激に加速される（その際に左力点がUターンしている）。
●右肘を伸ばし始めたときがインパクトであり、クラブフェース（打面）が目標方向へ自動的に向く（左右前腕を右へ捻った分だけ捻り戻し、手を上げた分だけ下げるので打面がスクェアになるのは当然のこと）。
●この「折れている右肘を伸ばしながら」が、極めて重要。インパクトから進行するにしたがい目標線上のクラブヘッドが遠くなるので、右肘を伸ばしていかないとクラブヘッドが目標線上を走れない。加えてボールをつぶしながらシャフトで押せる。
●右小指を平面上の胸の中央前方へ右手と右肘を一緒に下ろすときに、下ろしすぎると左手が平面の下側に潜り右肘の折れ具合が広がる。それは、左力点のUターンが終わった時の状態なので、もはや左力点を力強くUターンさせることは不可能。すると直線軌道を描けず、クラブヘッドがアウトサイドへ出っ張ってしまう。その結果、弾道は右へプッシュか、スライスになってしまう。
●折れている右肘を一直線に伸ばし切ったときが、加速の限界であると共に直線軌道を描ける限界であり、ソラックスターン逆転の力を使い果たしている。するとソラックスターン逆転の反作用で止めらていた左ヒップターンが息を吹き返し（活力を取り戻し）、バネ仕掛けのように左へ急回転する。
●その際に、頭を左へ回しながらルックアップして目でボールを追いつつ前傾姿勢を解き、腰を真っ直ぐに伸ばして左足で直立すると腰を痛めない。
●クラブヘッドを加速する動作そのものが、軌道を整え打面の向きをも制御する（三位一体の制御）。

あとがき

本書で述べた「規準スウィング」は、アマとプロや老若男女の区別はありません。あなたの現状の体格でその潜在能力を引き出し、美しいといわれるスウィングにできるのです。しかも怪我をしにくい合理的なスウィングです。なぜなら、身体全体の筋肉をまんべんなく過度にならないように使っているから力まないのにボールはグングンと伸びる。

ここで述べた具体的で詳細な動作は、多くの達人のスウィングを解析して、人体構造と力学の法則とクラブヘッドが走るべき平面（二次曲線）に照らして導き出したものです。ゴルフは「身体をまわしながら」「手や腕を動かして」、各々異なる方向へクラブヘッドを動かさざるを得ないのですから、どうしてもベクトル平行四辺形の法則（力学の基本）に頼らなければならない。その考え方はバックスウィング開始から加速を終えるすべての行程（区間）で同じです。さらに、「如何なるスウィング」もすべての動作は、「加速・軌道・打面の開閉」に三位一体でリンクしていなければならないのです。

〝変則スウィング〟といわれるジム・フューリック選手を見てみましょう。彼は世界ランキングの上位にいて度々優勝している。そのバックスウィングは、美しいスウィングといわれる人達のバックスウィングに必要不可欠な各動作が順番を変えて行われているのです。それとてベクトル平行四辺形の法則で考察すると合理的なスウィングです。ゴルフスウィングは、本書に示した各動作が何一つ欠落しても欠陥スウィングとなり、何らかのデメリットが現れます。世界ランキングの上位にいるプロといえども完璧なスウィングとはいえません。彼らもそれぞれに悩みを抱えているし完全無欠ではないのです。

その根本原因はクラブヘッドを加速する仕組みや「理論」を知らないことによるものであり、すべての動作は経験と勘に頼ったものといえる。ですから優勝した人でも予選落ちが続いたり、調子を崩して再起不能に陥ったりもするのです。ゴルフは自然との闘いでもあるのでスウィングが良ければ必ず勝てるものではありません。しかも打数のほぼ半分はパッティングによるものです。それはともかく、必須の動作とその裏付けになる理論を熟知すると精神的に余裕が生まれます。ミスショットはゴルフに付きものといわれていますが、そのときに加速する仕組みやその理論を知っていればミスした原因をいち早く発見できるし、何よりも自信を持って直せるのでプレー中であっても精神的に焦ることが無くなると思われるのです。

アマチュアは、それぞれがお気に入りのプロをお手本にする場合が多いのです。

彼らが著したレッスン書で意味がわからないときや、動画を見たときに、本書が手元にあればそれを通訳してくれます。注意すべきは、300ヤード飛んだ人のスウィングが「良いスウィング」とは限らないことです。その人の体格や体重と「腕力」も考察しなければなりません。

もし仮に、その人が合理的なスウィングに改造すれば、350ヤード、あるいはもっと遠くへ飛ぶかも知れないのです。

殆どの人が仕組みや「理論」を知ったときの将来は、オリンピックのゴルフもレスリングやボクシングのように体重別にティ（イング）グラウンドを幾つにも区別して闘う時代が来るかも知れません。

ともかく、ゴルフは親子三代が同じ場所で同時に楽しめる奥行きの深い知的な側面をもった素晴らしいスポーツです。

本書を上達するためのツール（道具）と考えれば、その内容の価値は高価なクラブ数セット分にも匹敵すると思われます。是非、友人や知人にご紹介くださるようお願い申し上げます。

栗林保雄

参考資料

体重配分で球筋の高低を変える

先ずは、前傾姿勢の法則（72頁《ページ》）に基づいて構える。構えたときの基本的な前後の体重配分は、足の親指付け根と踵《かかと》の着地点の体重配分を感覚で均等にして、構えたときに前後方向に安定して簡単にはよろけないバランスにします。アドレス前傾姿勢の法則で構えると、持ったクラブの長短で体幹の前傾度合とスウィングプレーンの傾斜角度が決まります。そのうえで左右の体重配分を任意で決めます。

図95の真ん中のように頭の位置をスタンスの「中央から前方へ伸びる線上」にセットすると、体重配分は両足に均等に掛かっています。それが基本的な構え方で、左右の軸の傾斜は対照形です。右軸《うじく》と左《さ》軸《じく》は頭の付け根（第1頚椎《けいつい》）で交差しています。左右の体重配分を変えると右軸と左軸の傾斜が変わりヘッド軌道が変わります（図96）。

①のように頭の位置を左寄りにすると、左軸が立ち右軸が左へ倒れます。この場合、ヘッド軌道は身体の右側では下降がきつく左側では上昇が緩《ゆる》やかなのでボールは低い球筋で出て行きます。

②のように頭の位置を右寄りにすると、右軸が立ち左軸が右へ倒れます。この場合、右側の下降が緩やかで左側の上昇がきつくなりボールは高い球筋で出ていきます。当然のことながらボールを置く位置の変更でロフト（打面の傾斜）の度合が変わり球筋の高低はより顕著に現れます。

本来〝体重移動〟（ウェートシフト）は錯覚です。体重配分をアドレスで決めたら、その頭を左右へ動かさない限り、体重配分は変えようがない。

①や②のように右軸の傾斜が変わっても、右膝《ひざ》を右軸上に死守してバックスウィングとダウンスウィング前半の身体の回転を行います。

少し脱線しますが「左一軸打法」の名称には右軸による身体の加速回転がない。それは加速不足を意味し、この名称は成立しないと考察しています。

図 95 体重配分で弾道の高低が変わる

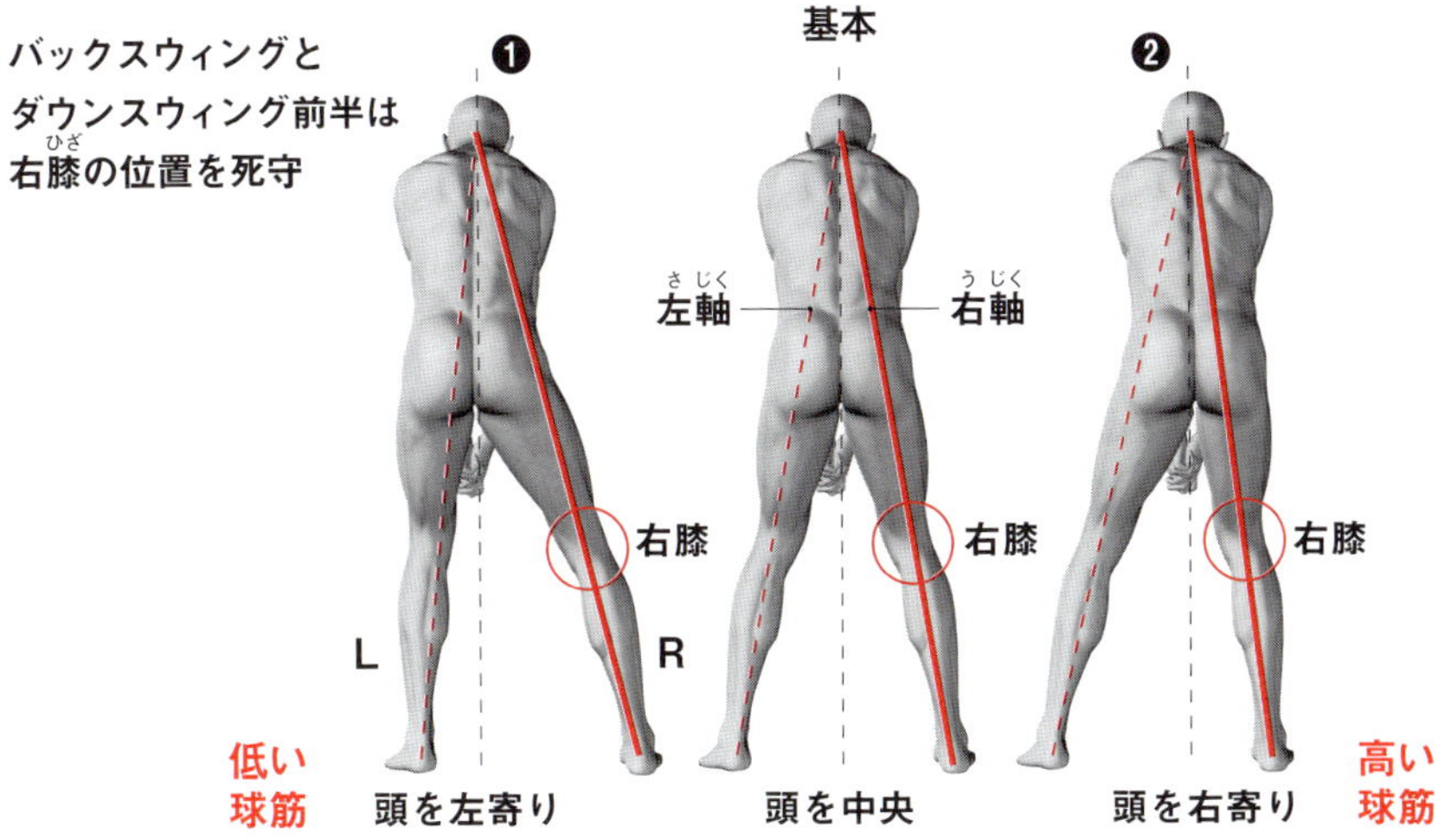

図 96 軸の傾斜が変わると円弧（軌道）の傾きも変わる

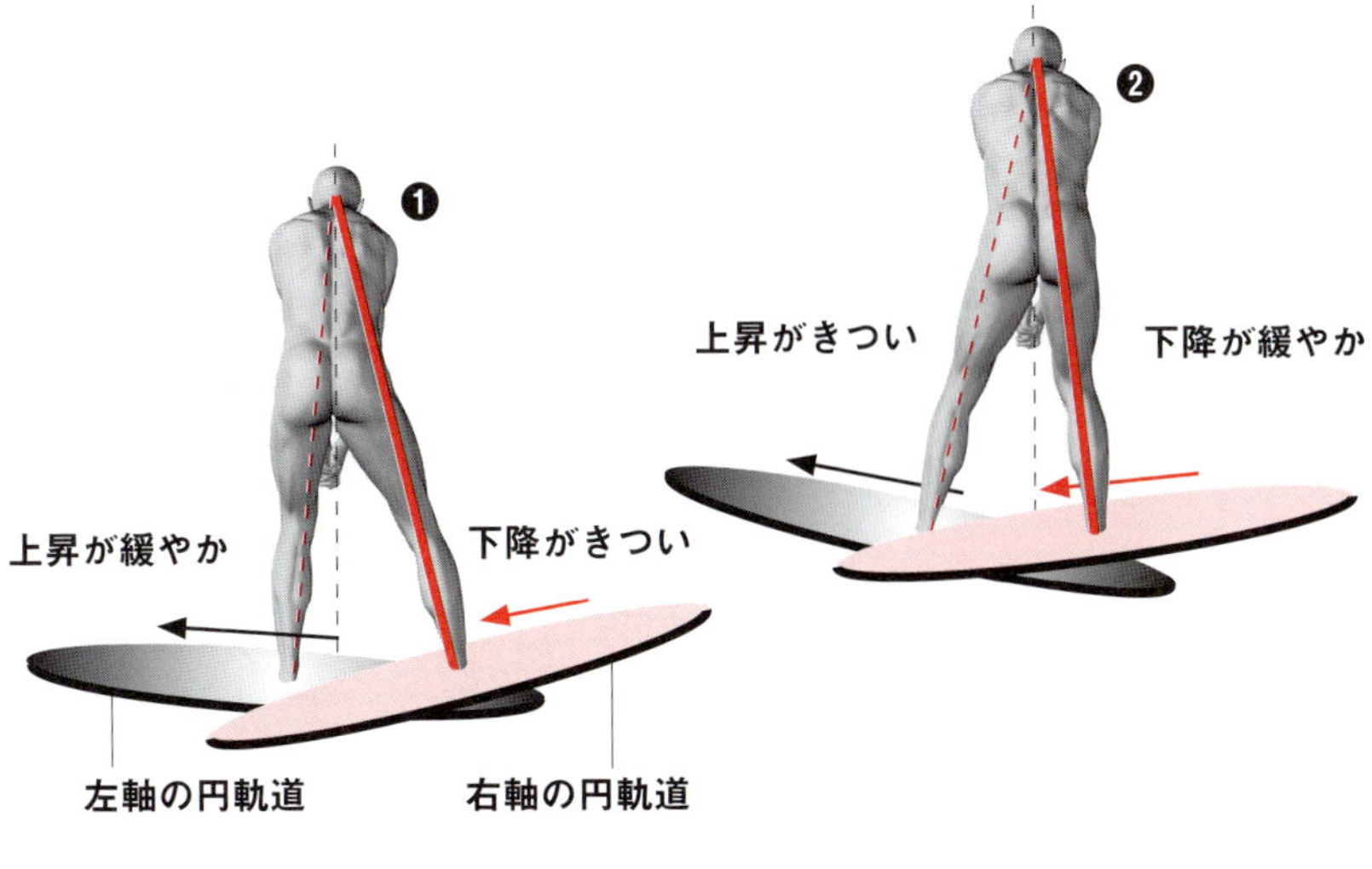

スウィングプレーンの概念《がいねん》

スウィングプレーン（平面）の概念で最も重要な事は、フォワードスウィングの平面の下辺が目標線と一致していることです。切り返し以降は、クラブヘッドがインパクトへ向かうとき、その平面上に常にクラブヘッドとボールがあることです。その平面の概念は玩具《がんぐ》のカチカチボールが描く平面とまったく同じことです。

図97で示したように、高い位置のトップから左手の「導き《みちびき》」でクラブシャフトを平面に沿ってボールめがけて下ろすと、クラブヘッドは平面に沿って（オンプレーンで）続けようとします。それはクラブヘッドが一定方向へ走り続けようとする慣性《かんせい》です。

インパクトゾーンではクラブヘッドのみを平面上で走らせ、左手は平面の下側（裏側）へ動かしますが、そのときにもクラブヘッドが平面上を走ろうとする慣性を活用しながら左力点をUターンさせます。

その際、二重増速回転構造を働かせて大きな加速度を得ながら、加速、軌道、打面開閉を三位一体でコントロールすることでジャストミートの確率が増大しますが、クラブを握るとクラブヘッドが平面上を走り続けようとする慣性を阻害《そがい》します。パーフェクトグリップはピンポイントでクラブを操作するので握りません。

バックスウィングの平面は実戦ではさほど重要ではありませんが、バックとフォワードを一枚の平面で行った方が美しいスウィングになります。

ベン・ホーガンが、バックスウィングとフォワードスウィングの平面を二枚のガラス板で表しましたが、フォワードスウィングの平面を目標の右へ向ければ、フック系の球筋しか打てなくなります。しかし、彼が平面の概念を示した偉業に比べれば、それはたいしたことではありません。

なぜなら、スウィングをここまで解析できた要因の一つが、その「平面の概念」だったからです。

図 97 バックスウィング終盤の左手の位置

バックスウィングの終盤では
クラブシャフト全体が
平面上にあることが理想

●スウィングプレーンとはクラブヘッドが走るべき平面のこと。クラブヘッドが二次曲線を描かなければボールにジャストミートしない
●ダウンスウィングではクラブが左手に引かれてシャフト全体が平面上になければならない

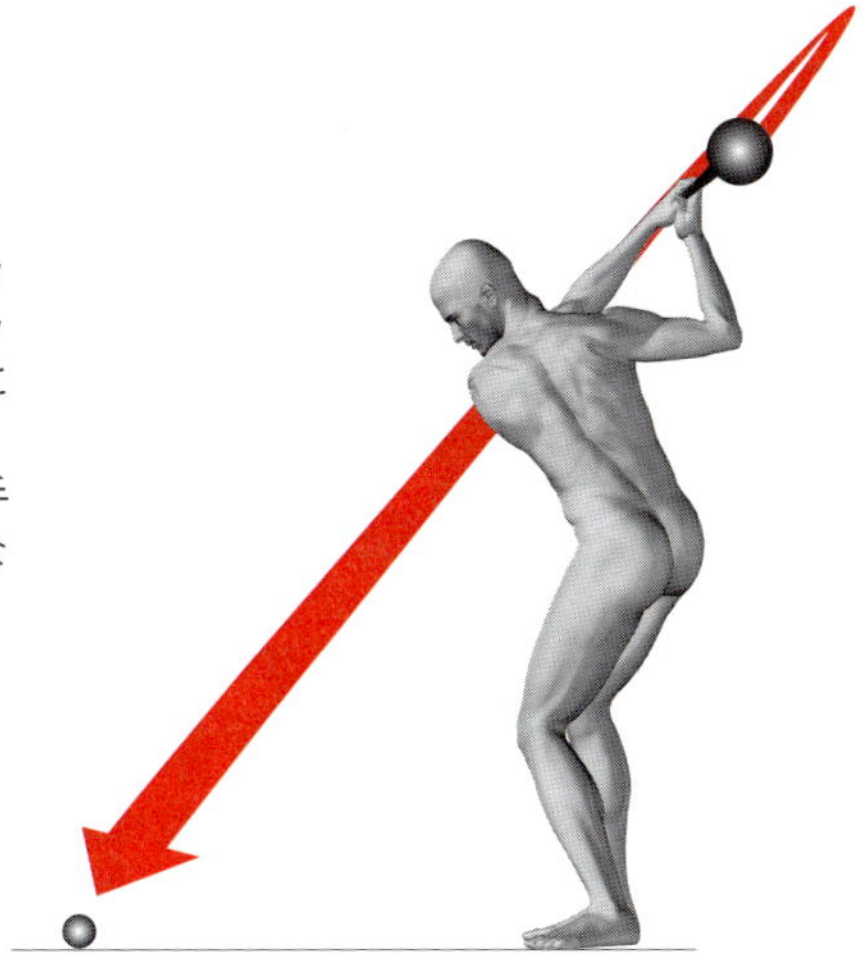

参考図 玩具《がんぐ》のカチカチボール【アメリカンクラッカー】

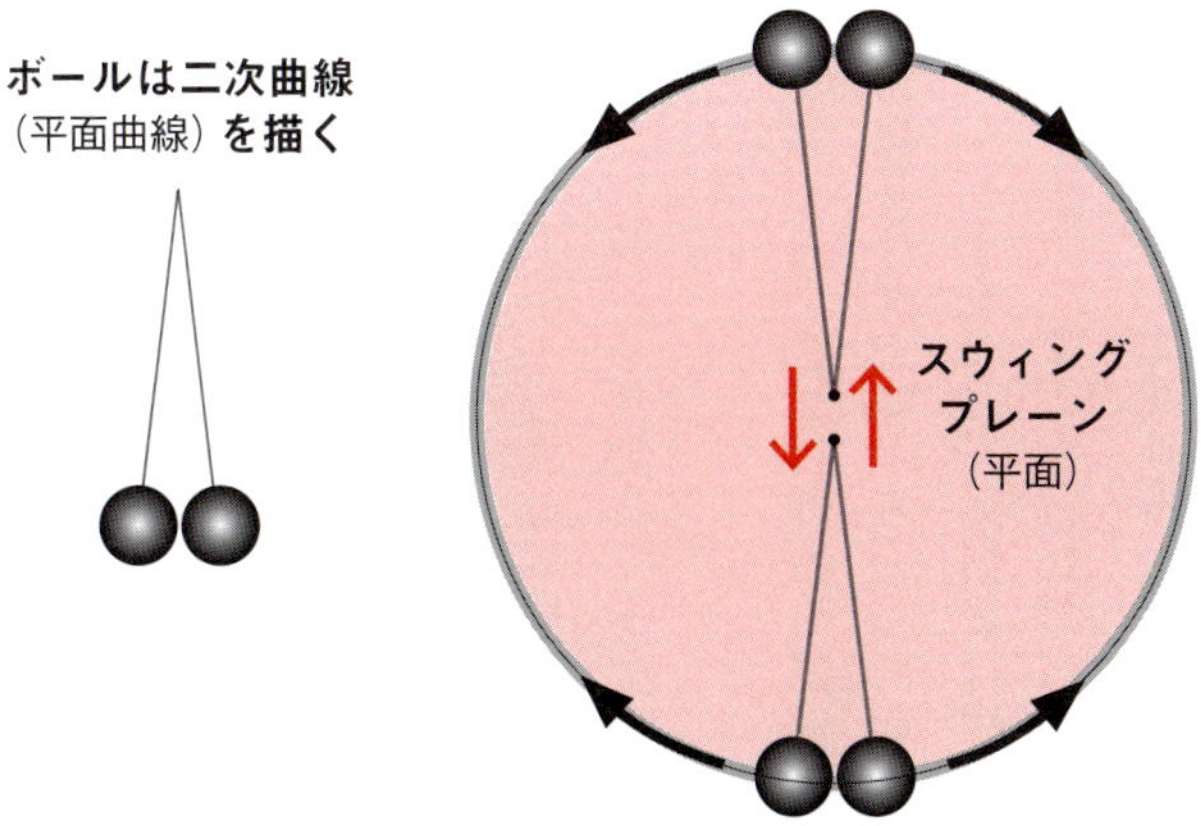

この玩具はボールが平面からたった1ミリでもそれたら失敗に終わる。ゴルフの場合は打面が扁平なので少し救われるが原理は同じなのだ

手や腕の動作について

手や腕の動作を「腕振り」と「ピストンスナップ」の二つに分けましたが、現在のツアープロにも二つの動作を見受けます。但し、上手なプロは「腕振り」に見えても加速の最終段階でピストンスナップに変わっています（13頁のイラスト）。

今はほとんど聞かなくなりましたが、V字理論は「下まわり軌道」であり、ベクトル平行四辺形の法則をもってしても、ボールへ向かう軌道を作れません。ですから力学との整合性がありません。ゆえに理論として成り立たないと考察しています。

手や腕の問題で真っ先に考察すべきは、手や腕の動作と身体の回転の関係です。

右上腕は右肩関節と右肩甲骨で支えられています。この部分の筋肉量は、胴体や股関節の筋肉量に比べれると圧倒的に少なく弱い部分です。ですから、下半身（右ヒップターン逆転・左ヒップターン）や胸郭の回転（ソラックスターン逆転）が発揮する強大な力を、腕の骨を活用して手に効率良く伝える方法を確かめたのが18頁の実験1です。

手の動作に関《かか》わる怪我《けが》

ドライバーで飛ばそうと思えば全身の総力の限界で行う総合運動となります。「手で一気に加速しようとすると」、腕が腱鞘炎になったり、肋骨の骨折などの怪我をする場合が多々あるのです。なぜ怪我をするのでしょうか。

仮に、動かせそうな「巨大な鉄球」があったとします。その鉄球を指でゆっくり押してみたら、ほんの少し揺れたとします。

その場合、指で強く速く押せば怪我をすると予感したら、足を踏ん張り身構えてから手で押します。もっと速く転がそうとするなら、身体を斜めにして足をさらに強く踏ん張って肩で押します。

床が平らなら、転がり始めた鉄球はその速さで転がり続けようとします。それを更に手で押せば、その分だけ鉄球は速く転がります。

スウィングの場合、動かし方は異なりますが身体を動かす部位の順番の考え方は同じです。先程の鉄球のように、弱い手や腕を真っ先に動かすのが「腕振り」「手打ち」に相当するのです。

腰を痛める原因

腰そのものをまわそうとする感覚を捨てて、右ヒップターンとその逆転のように「左膝を前方右寄りへ出して戻す動作」で腰がまわれば、腰を痛めることはありません。左ヒップターンも同様です。

最も警戒すべきはインパクトからフォロースルーの区間です。ここで頭をアドレスの位置に残そうとしてはいけません。

インパクトからクラブヘッドが数㎝も進んだらボールはクラブヘッドから離れて空中を飛んでいます。その時に何をしようがボールに影響を与えることはできません。

膝《ひざ》の怪我

ダウンスウィングの前半では、右膝には予想外に大きな力が掛かります。その右膝を右軸に合わせて移動させない気遣いが怪我を未然に防ぎます。なぜなら、右膝に神経が繋がっていれば、過大な力が掛かりそうになったときに身体の予防センサーが働いて原因となる力の出力を緩めます。コワイのは無意識の膝に過大な力が掛かることです。

左ヒップターン（右膝を前方左寄りへ動かすことで腰が左へまわる）を開始するときの左膝は、左軸上に留めようとせずに左軸の少し左へ置きます。こうすれば最大の加速度を得るときの左膝に逃げ場がありますが、左軸の右にあると逃げ場がなくなって半月板を損傷する危険があります（実験をたった一回行っただけで半月板を損傷した経験あり）。

スライスの主な原因

アウト・インの軌道でフェースが開けばスライス、閉じれば引っかけ。これは誰でも知っていることです。問題は、なぜアウト・イン軌道になってしまうのか、なぜフェースが開いてしまうのか、その原因は何か、なぜ振り遅れになってしまうのか、なのです。

ピストンスナップ・スウィングの場合、胸の左回転とピストンスナップの力のバランスで球が曲がりません。

胸の左回転は打面を開き続け、ピストンスナップは閉じ続ける。

胸の左回転がインサイドへ上昇させるから、ピストンスナップでアウトサイドへ下降させる。

そのバランスに於いて、球が曲がらないのです。

ただし、シャフトが柔らかければ押し出しのスライスになります。

「ピストンスナップ」の場合、その本人にとってクラブが重すぎなければ、シャフトはいくら硬くてもかまわない。なぜなら、撓り不要だからです。

ピストンスナップ・スウィングを試みてもスライスが出る場合は、大雑把にいうなら、身体の回転に比べて手や腕の動作が弱いか、必要な動作が欠落しているはずです。

具体的には

♠ピストンスナップを行っていない

♠「つっかい棒」の不備脆弱《ぜいじゃく》（インパクトゾーンで左前腕と左上腕の骨を一直線にしていない）。

♠切り返しから行うべき左右前腕の左捻りをしていない（クラブが寝た状態になる）（左捻りは身体の回転が打面を開き続けることに対応したもの）。

♠右小指を胸の中央前方に維持する拮抗運動の欠落（振り遅れの状態になる）。

♠ダウンスウィングでシャフトと右前腕の「直角」が解けてしまう（ピストンスナップを行う前提となる形が崩れているのでピストンスナップを行えない）。

♠ダウンスウィングで右肘を胴へ向けてしまう（右

上腕のローリングがクラブを寝かせた状態にする）。

♠グリップが身体の近くを通る（そこは、左手の力点がUターンを終えた位置より更に身体に近いのでUターンを試みても、それは無駄な努力となる）。などが考えられる。

引っ掛けやフックの主な原因

大雑把《おおざっぱ》にいうなら、手や腕の動作が身体の回転運動に勝ちすぎている。それは身体の回転を構成している三つの回転構造の何《いず》れかの欠落か脆弱です。

具体的には

♠特に多いのがソラックスターン逆転（胸左回転）の不足か、欠落（腕振り手打ち）。

♠ピストンスナップの早期起動（ハンドファーストの位置が分水嶺の手前）。（手打ち）。

♠右小指を胸の中央前方に維持する拮抗運動の欠落（手や腕で振りすぎの状態）。

♠バックスウィングで「左右前腕右捻り」を行わずに、ピストンスナップで左捻り（外転）を行っている。

♠インパクトエリアで、せっかく直線軌道を描けてもフェースが閉じれば左へフック。

♠ピストンスナップでクラブヘッドをアウトサイドへ下降させなければならないが、その軌道がアウトサイドへ行きすぎている。


などが原因でしょう。

オーバースウィングの原因と対策

バックスウィングの後半で胸を回して胴を捻るとき、両肩と右手右肘を一緒に上げながら左右前腕をそれぞれ45度右へ捻ればオーバースウィングになることはありません。その際に頭の位置死守と右膝の位置死守が重要な前提条件となります。

栗林保雄（くりばやし・やすお）

1936年生まれ。大型精密機械のSEとして活躍。97年に定年退職した後、ゴルフ研究に専念。02年より週刊ゴルフダイジェスト誌上で「理系のゴルフ」を連載、好評を博す。30歳からゴルフを始めたレートビギナーとして「いかに効率良く上達するか」を突き詰めた結果〝スウィングの必須動作〟と〝必須動作の習得方法〟を解明。現在はその普及をライフワークとしている。著書に「遅く始めたゴルファーは『型』から入れ！」（ゴルフダイジェスト新書）、「ゴルフ潜在軌道理論」（日本経済新聞出版社）がある。

練習はインパクトゾーンだけでいい！

2016年２月24日　初版発行
2017年１月27日　第４刷発行

著　　者　栗林保雄
発 行 者　木村玄一
発 行 所　ゴルフダイジェスト社　〒105-8670 東京都港区新橋6-18-5
電　　話　03-3432-4411（代表）
販　　売　03-3431-3060（販売部）

e-mail gbook@golf-digest.co.jp
URL www.golfdigest.co.jp/digest　書籍販売サイトは「ゴルフポケット」で検索

本文デザイン　スタジオ・パトリ
イラスト　栗林 保雄
印刷・製本　大日本印刷株式会社

定価はカバーに表記してあります。乱丁・落丁の本がございましたら、小社販売部までお送りください。
送料小社負担でお取替えいたします。

ISBN978-4-7728-4167-2 C2075

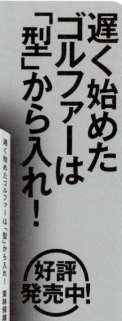